公務員試験
国家一般職・地方上級レベル対応

新
郷原豊茂の
民法I
総則・物権編
まるごと講義
生中継
第2版

TAC公務員講座講師
郷原豊茂

JN073471

TAC出版
TAC PUBLISHING Group

はじめに

学 者 の 仕 事：	真理や正義を探究し、同時に研究者を育成すること
予備校講師の仕事：	受験に必要な内容を、わかりやすく講義すること
読 者 の ニ ー ズ：	公務員試験に最小の努力で受かりたい
合格に必要な学力：	判例と伝統的通説の立場を正確に理解し、記憶する

　御存知のように、公務員受験で予備校を利用する人が急増しています。地方都市でもこの2〜3年急速に増えています。我々予備校講師は、学会の最先端の議論や外国の文献を踏まえたオリジナルな理論を提供するのは苦手です。反面、わかりやすい講義の提供は得意中の得意です。シャベリのプロが思いを込めて講義します。とすると我々予備校講師の出版は、そのわかりやすさが生きるように、講義をそのまま提供するいわゆるライブ形式がふさわしい。そのようなコンセプトからこのまるごと講義生中継シリーズは生まれました。

　さて、私が担当した民法については、以下のことを心掛けました。

> 1．つまらない知識（データ）を埋め込むのではなく、民法的なものの考え方（プログラム）が身につくように。
>
> 2．そもそも民法なんて、少なくとも公務員試験レベルでは、国家総合職も含めてたいしたことないんだと伝わるように。

　まず1ですが、良心的予備校では（TACのことです）、本当のことを教えます。受験上とりあえず覚えなさい、などという教え方はしません。未知の選択肢に直面したとき、自分なりの筋道で推論し正解肢にたどり着けるよう利益状況の分析を極力しているつもりです。逆にいうと、細かい知識は判例付きの六法や過去問集で補う必要があります。でも知識の補充なんて理論枠組みが身についていれば、すぐですよ。

　次に2ですが、これは本当にそう思ってます。TAC受講生は、私の民法を理解し、実際に法学部出身でない人が、裁判所職員や各種地方上級の法律職に数多く合格しています。

　さあ、皆さんも業界最高の講義を堪能してください。

2020年3月
TAC公務員講座
民法担当　郷原豊茂

本書の特長と活用法

本書の特長　〜民法的思考法がどんどん身につく！〜

●民法学習の基礎

　本書は、民法をこれから学ぼうとする方、また、一度は民法に手をつけたものの、いまいち理解が深まらず、「なんだか苦手」と思ってしまっている方に最適の一冊です。

なぜなら…

公務員試験に強い"TAC の教室講義"を書籍化

　毎年多くの受験生に選ばれている「資格の学校 TAC」の教室講義を本にしたものなので、話し言葉で書かれておりスラスラ読み進められます。

　郷原ワールドをぜひご堪能ください。

それに…

イメージがつかみやすい

　講義ならではの具体例がポンポン飛び出すので、イメージをつかみやすく理解が深まります。

その結果

途中で挫折することなく、民法的な思考法を理解して、活用できるようになる！

だから、民法に強くなる！！

本書の活用法　　〜用語に慣れ、考えることで記憶にとどめる〜

① とにかく読む

本書は、今回初めて法律科目に触れる方にも読み進めやすいように、講義をできる限り再現したライブ形式でまとめてあります。聞きなれない単語や表現が出てくることもあると思いますが、とにかくどんどん読み進めましょう。

② 基礎を押さえる

丸暗記はしないとは言っても、最低限の単語の意味や、表現方法、定義等は覚える必要があります。最初の説明を読んでも理解できなかったもの、何回も出てくるのに意味の思い出せなかったものは、声に出して読んでみる、書き出してみる等、自分のやりやすい方法できっちり覚えましょう。

基礎は重要です。焦って飛ばしてしまわずに、ここをしっかり押さえれば、後々の理解にも役立ちます。

③ 民法の原理をしっかり理解する

語彙や定義の暗記は必要ですが、それだけでは民法は攻略できません。条文や判例をただ読むのではなく、「自分ならどう対応するか」を考えながら読むクセをつけましょう。一度読んでも理解できなければ、また読み直して、考える。そうしていくことで、民法的な思考法が身についていきます。

④ 基礎が固まったら問題へ！

基礎が固まれば、あとは演習あるのみです。どんどん問題を解き、どんな問題にも対応できる力を養いましょう。

公務員試験ガイド

公務員の職種と仕事内容

　世のため人のために働く公務員には、大きく分けて、国家公務員と地方公務員があります。

　「国家公務員」とは、国から給与が支給され、司法府・立法府・行政府の各国家機関で活躍する公務員です。国の舵取り役として日本全体を視野に捉えた施策を打ち出します。

　○**一般職：省庁及びその付属機関で事務や技術の仕事に従事する**

　○**特別職：裁判所職員・国会職員・防衛省職員・特定独立行政法人の役員等**

　一方、「地方公務員」とは、地方自治体（都道府県庁・市役所等）から給与が支給され、地方自治体の機関で働く公務員です。地方の実情に即した行政サービスを実施します。

　○**事務職：地方自治体で一般的な事務の仕事に従事**

　○**専門職：教育職・技術職・資格職**

　○**公安職：警察官・消防官…etc**

【公務員の種類と対応試験】

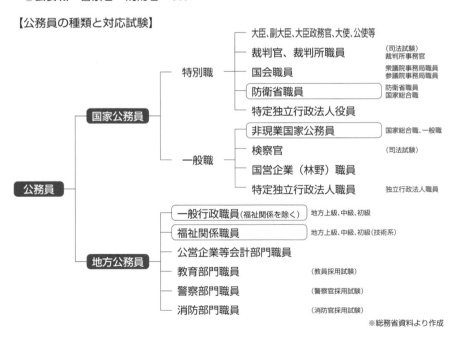

※総務省資料より作成

vi

公務員の試験制度

公務員採用試験の流れ（モデルケース）は次の通りです。

【試験の流れ（モデルケース）】

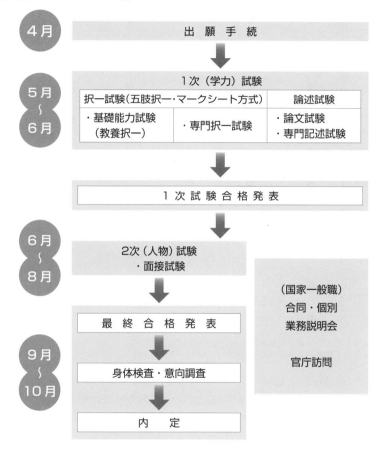

1次（学力）試験について、もう少し詳しく見ておきましょう。

試験種によって異なりますが、基礎能力（教養択一）・専門択一・論文・専門記述から3つ課されることが大半です（次のページの表を参照）。併願受験できるよう、教養択一・専門択一・論文に対応すべく、学習を進めましょう。

試験種	基礎能力 （教養択一）	専門択一	論文	専門記述	面接	集団討論
一般職	●	●	●	−	●	▲
国税	●	●	−	●	●	−
財専	●	●	−	●	●	−
労基	●	●	−	●	●	−
裁判所	●	●	●	●	●	−
東京都	●	−	●	●	●	−
特別区	●	●	●	−	●	−
地方上級 （道府県・政令市）	●	●	●	−	●	▲
市役所上級 （教養＋専門型）	●	●	●	−	●	▲
市役所上級 （教養型）	●	−	●	−	●	▲
国立大学 法人等	●	−	●	−	●	▲

※上記の表は、令和元年度の試験案内をもとに作成しています。
　受験の際は必ず最新の試験案内をご確認ください。

○基礎能力（教養択一）試験

　基礎能力試験は、一般知能分野と一般知識分野に分かれており、出題数に対して、主要な試験種では一般知能60～65％、一般知識が35～40％程度の出題割合となっています。

〈一般知識〉

　　センター試験で出題されるような難易度・内容が中心となっており、場合によっては中学生で習うレベルの問題も散見されます。

〈一般知能〉

　　・文章理解：現代文・古文・英文の趣旨把握・内容合致・空欄補充・文章整序が出題されます。エッセイ・随筆・評論・戯曲・科学・思想・実用書など幅広い分野からの出題が見られます。

・数的処理：教養試験の出題数では概ね40％前後の出題数のため、合格のためには避けて通れない科目といえます。攻略のためには、①基礎的計算能力、②論理的思考能力、③経験学習力の３つが必要とされます。

○専門択一試験

　大学の専門課程レベルの内容から出題されます。１科目あたりの出題数は多くありませんが、出題科目数が多く、必然的に学習範囲が広くなることが特徴といえます。なお、憲法・民法・行政法・政治学・行政学・ミクロ経済学・マクロ経済学は主要な試験では必ず出題される科目なので、優先的に学習を進めましょう。

　なお、択一試験のボーダーラインは得点率が60〜70％です。決して満点を狙う試験ではないので、各科目を最低限苦手ではないと言えるレベルにしておくことが大切です。また、配点比率は試験によって異なります。一部の公務員試験では配点比率が採用試験案内で公表されていますので、必ず確認し、どこに重点を置いた学習をすべきか、計画を立てて、効率的な学習をすることが大切です。

○論文試験

　与えられた課題に対し、800〜1,500字程度の論文を60〜90分程度でまとめる試験です。社会・経済問題など、社会問題について「自分の考え」を手書きで論述します。レポートと論文の違いを理解して答案を作成することが重要です。

○専門記述試験

　内容的には専門択一試験の論述版です。そのため、学習のベースは、専門択一で対応が可能です。専門択一試験では測ることができない「論理展開の一貫性」が試されます。

○面接試験・集団討論（人物試験）

　自治体により異なり、個別面接・集団面接・集団討論で人物試験が実施されます。主に志望動機・自己PR等の一般的な質問をされますが、付け焼き刃の受け答えでは対応ができないので、日頃から志望先の自治体研究・自己分析を進めておく必要があります。

　試験制度の詳細は各試験実施団体のHP等をご確認ください。国家一般職、国税専門官、財務専門官、労働基準監督官の試験情報は、下記HPで確認できます。
　人事院ホームページ「採用情報NAVI」
https://www.jinji.go.jp/saiyo/saiyo.html

CONTENTS

第Ⅰ巻　総則・物権編

Chapter 1 総　則

Chapter 1

総 則

　民法総則は一般ルール。財産法の要石です。それだけに抽象度が高く、勉強しにくい感じがするかもしれません。それが普通です。それでも元気に物権・債権と突き進んでいけば、自ずと総則の個所の疑問点は解消します。では楽しく勉強を始めましょう。

今回の学習テーマは、「民法の全体」です。まず民法典の条文配列上の特徴をつかみましょう。次に、民法の三大原則である「私的自治の原則」「所有権絶対の原則」「過失責任の原則」とはどういうものなのかを、しっかりと理解することが重要です。また、1条に規定されている修正原理についてもお話しいたします。

1　民法とは

（1）公務員受験界における民法の位置付け

　初めに少し、受験上の民法という科目の位置付けについてお話ししておきます。

　従来、公務員受験界では、民法というのは量も多いですし、理論的にもかなり難解な部分も含んでいることから、むしろ、あまり民法にエネルギーを注がずに、他の科目に力を入れたほうが合格という点で有利ではないか、ということがいわれていました。しかし近時の試験全体を見てみますと、やはり、民法は法律系科目の中心科目として避けて通れない重要な科目だといえるのではないかと思うのです。憲法・行政法は、合格レベルにある受験生にとっては、できるのが当たり前。差がつくのは民法だと正しく認識しましょう。

　確かに、量は多いですし理論的にも難解だけれども、一言コツを申し上げておきますと、条文や判例を無味乾燥なものとして、あるいは所与のものとして記憶してしまおうと思わない。ぜひ、この二十数年間皆さんが培ってこられた正義感とか、あるいは価値基準に照らして、自分ならこの紛争をこんなふうに裁く、というものを先に皆さんが考える。その後で条文

なり判例なりに照らし合わせてみる。そうすると、おそらく皆さん方の素直な感覚が、ほとんど条文とか判例にマッチしているというところに気付いていただけると思います。立法者や裁判官は変人でも悪人でもありませんから当たり前ですよね。皆さんが悪人なら話は別ですが（笑）。そんなところに注意して勉強をしますと、決して民法というのは難解な科目ではないといえると思います。

（2）私法の一般法

では次に、民法の特徴について説明したいと思います。

民法という法律を一言でいうと、私法の一般法ということになります。

では、私法の一般法のうちの「私法」とは何なのかということですが、私法に対する対概念は「公法」です。公法というのは、国家と個人との関係、いわば縦の関係を規律する法のことで、例えば憲法、刑法、行政法などが、この公法に属します。

これに対して、民法は私法と呼ばれる法領域に属しています。私法とは、私人と私人との関係、つまり対等な両当事者間の、いわば横の関係を規律する法で、民法のほかに商法や借地借家法などがあります（**ボード1**）。

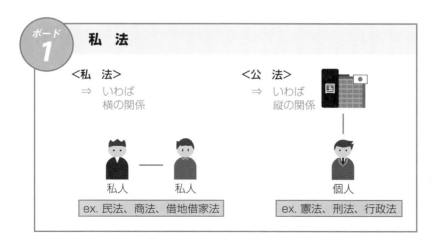

ボード1

私　法

<私　法>
⇒ いわば
横の関係

<公　法>
⇒ いわば
縦の関係

国

私人　　私人

個人

ex. 民法、商法、借地借家法

ex. 憲法、刑法、行政法

次に、私法の一般法のうちの「一般法」とは何なのか、ということについて説明しましょう。先ほど、私法の中には民法や商法、借地借家法があるといいましたが、それらの関係を図で示すと、**ボード2**のようになります。つまり、民法が一番底に幅広く妥当領域を持っており、その上に特殊ルールとして商法や借地借家法があるという関係です。

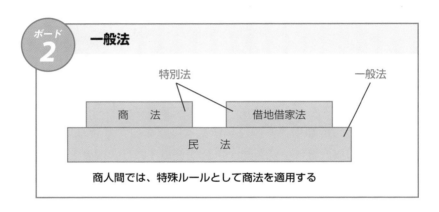

　ちなみに、商法というのはどのような場合に使われるのかというと、商人間の取引にです。つまり、商売のプロ同士の法的な規律はプロ専用のルールを用いましょうということで、我々一般人同士の関係に妥当する民法とは別に、特殊ルールとして商法が置かれているのです。

　借地借家法というのは、土地や家の借り手という立場の弱い人を保護する必要性から制定された法律で、これも商法と同様、民法を修正する特別法という形で、借地借家関係に適用されることになります。

　逆にいうと、商人間の取引や借地借家関係のような特殊な状態ではない場合は、すべて民法がカバーするという意味で、民法は一般法と呼ばれているわけです。

　したがって、民法は私人と私人の関係を規律する私法であり、かつその中でも最も基礎的な部分を規律する一般法であることから、私法の一般法と呼ばれるのです。

（3） 身分から契約へ

　では、次に民法のもう1つの特徴である「身分から契約へ」ということについて、説明したいと思います。

　「身分から契約へ」という言葉は、近代市民法の特徴を表す非常に有名な言葉です。どういう意味かというと、法的な拘束が生じる根拠は契約のみであるということです。言い換えると、**法的拘束が生じる根拠は我々の自由な意思のみ**で、それ以外のことを根拠とした法的拘束を我々は受けないということです。

　法的拘束ってどんなことかおわかりですか？　例えば私がこの講義を「今日はいい天気なので仕事はやめだ。息子たちとサッカーをしよう」ということですっぽかすとしますよね。そうすると私はどんな不利益を受けるのかというと、私はTACと講師契約を結んでいるわけですが、契約の相手方たるTAC株式会社から**損害賠償請求**される、そして契約を**解除**されるというハメになるわけです。

　そういうと皆さんは「郷原は気の毒な奴だ」と思うかもしれません。でも私は気の毒な奴ではありません（笑）。なぜなら私は誰にもだまされたり脅かされたりせず自分の自由な意思でTAC株式会社と契約した。その結果として法的に拘束されているにすぎないからです。もしイヤになったらいつでも契約を更新しないという形で私は自由になれるわけです。覚悟しとけよ、社長！（笑）

　つまり、我々は、生まれや父親の職業など（身分）によって法律上の拘束を受けることはなく、ただ自らが欲し、約束（契約）したことによってのみ、法律上の拘束を受けるにすぎない。**自分をめぐる法律関係は自分が築きあげることができる**、これが民法のもう1つの特徴です。

（4）民法の全体構成

　では、ここで民法の全体を概観してみることにしましょう。

　下の**ボード3**を見てください。

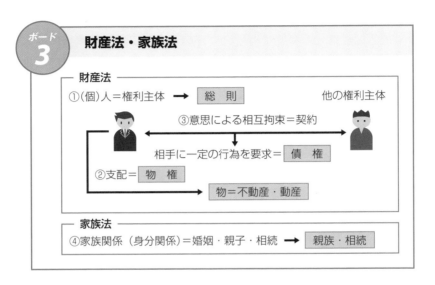

ボード3　財産法・家族法

財産法
- ①(個)人＝権利主体 → 総則　　他の権利主体
- ③意思による相互拘束＝契約
- 相手に一定の行為を要求＝債権
- ②支配＝物権
- 物＝不動産・動産

家族法
- ④家族関係（身分関係）＝婚姻・親子・相続 → 親族・相続

　この図が民法の全体を示しているわけですけれども、大きなくくりが2つあります。上段が「財産法」と呼ばれる民法の一部分です。一部分とはいっても、実際はこれが大半を占めているわけですが……。それから、下段が「家族法」です。つまり、民法を大きく分けると、財産法と家族法の2つに分けることができるわけです。

　では、まず上段の財産法を見てください。この財産法は大きく3つの部分に分けることができます。1つ目が総則。2つ目が物権。そして3つ目が債権です。法学部の方はご存じだと思いますが、通常、債権は債権総論と債権各論に二分されています。

　したがって、皆さんはこれから民法を勉強していくにあたって、まず財産法を民法総則 → 物権 → 債権総論 → 債権各論の順に勉強し、最後に5番目として、家族法の親族・相続を勉強していくことになります。

　さて、今、財産法の中で「総則」「物権」「債権」という言葉が出てきましたが、これについてもう少し詳しく説明したいと思います。

　我々の民法典というのは1条から1050条まであるわけですが、そのうちの財産法の部分について書き出してみたのが**ボード4**の図です。

ボード4

財産法の構造

①**総　則**　　一般ルール　1条〜169条

②**物　権**　　物に対する支配権　175条〜398条の22

③**債　権**　　人に対する請求権　399条〜724条の2

　まず総則ですが、これは財産法全体を通じて妥当する一般ルールのことで、1条から169条まで書かれています。皆さんも中学生のころに、数学の因数分解の解き方で「共通因数でくくる」ということをやった経験があると思いますが、この共通因数にあたるのが総則というわけです。

　続いて、175条から398条の22までが、物権と呼ばれる規定です。物権というのは「物に対する支配権」のことで、この物権の定義はぜひ記憶していただきたいと思います。民法では、総則が終わった後で、人間が物をどのような形で法的に支配しているのかということについて、順番に398条の22まで規定を置いています。物権として民法上10種類のものが規定されていますが、現時点ではその代表例として所有権と抵当権を念頭に置いてください。

　続きまして債権です。債権とは「人に対する請求権」のことで、この債権の定義もしっかり覚えてください。先ほどの物権は人間が物をどのように支配するのかという話だったわけですけれども、今度の債権は人間対人間の話で、そのことが399条から724条の2までずっと書かれてあります。債権の例としては、例えば代金債権や財産権移転債権などがあります。

今説明した中で、何条から何条というのは記憶する必要はありませんが、ここでは物権の定義（＝物に対する支配権）と、債権の定義（＝人に対する請求権）は、必ず押さえておいてほしいと思います。

（5）法律行為

では、次に皆さんが日常頻繁に行っている法律行為について説明したいと思います。同時に、その法律行為の規定がどのような形で民法の各部分に配列されているのか、ということについても概観したいと思います。また、その過程で民法特有の用語についても、少しずつで結構ですから慣れていくようにしてください。

皆さんが日頃頻繁に行っている法律行為は何かというと、通常は売買契約が一番多いのではないかと思います。そこで、その売買契約を例に、売買契約がどのような過程で成立するのかということについて、少し見ていきたいと思います。

① 契約の成立

下の**ボード5**を見てください。

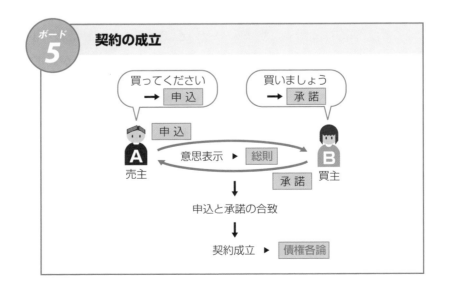

8

　ここではAが売主、Bが買主という設定で、Aが自分の所有するある物をBに売却する際に、どういう過程でこの売買契約が成立するのかというあたりを見ていこうと思います。

　まず売主Aが、「このような商品があるのですが、これこれの条件で買ってくれませんか」と買主Bに持ちかけます。これが契約成立の第1過程です。このような売主が行う「買ってください」という働きかけのことを、民法では「申込」といいます。次に、そのような申込を受けた買主が、買うかどうか検討します。品質を見て、価格を見て、「これならいいかな」と判断すれば、「わかりました。買いましょう。その条件で購入しましょう」と返事をするわけです。これが申込に対する「承諾」といわれるものです。

　この申込や承諾というものは、民法の中のどの個所で学習するのかというと、民法では申込や承諾をそれぞれ「意思表示」というふうに表現するわけですが、この意思表示は93条から96条で勉強することになります。先ほどの3つの分類でいうと、民法総則と呼ばれる個所になります。この意思表示については、後ほど詳しく説明することになりますが、ここで簡単に少しだけ説明しておくことにしましょう。

　例えば、売主Aが買主Bに申込をしたとします。しかし、申込はしたけれども、売主Aは本当は売る気持ちはなく、冗談で申込という意思表示をしたとしましょう。そのような場合に、この申込という意思表示を有効と考えるべきなのか、それとも無効というふうに処理するべきなのか。

　あるいは、買主Bが承諾という意思表示をしました。ところが、買主Bは売主Aにだまされて、つい承諾してしまったとします。そんな場合に、この承諾という意思表示を有効と扱うべきなのか、それとも無効とすべきなのか。それとも、買主Bがその承諾を取り消したくなったときに、取消しができると扱うべきか。以上のようなことを、民法総則の意思表示のところで勉強することになるわけです。

さて、話を戻しましょう。先ほどの売主Aの申込と、買主Bの承諾が両方とも有効なものだったとすると、申込と承諾の合致（意思表示の合致）が生じたことになります。すると、その先はどうなるのかというと、ごく当たり前のことですが、契約が成立することになるわけです。

　ところが、先ほどこの契約の成立過程における申込と承諾、つまり意思表示に関することは、民法総則で出てくるといいましたが、その先の契約の成立については、民法総則では出てきません。どこで出てくるのかというと、債権各論で出てくることになるのです。

　このように、売買契約というのは日常頻繁に行われている法律行為なのですが、民法典上はかなりバラバラの形で規定されているということに、お気づきいただけたかと思います。

②　契約の効果

　続いて、契約が成立するとどのような法律上の変化が生じるのかということについて説明したいと思います。先ほどの売買契約を例に、契約の成立によって当事者、つまりAB間の法律関係にどのような変化が生じるのかを、物権の世界と債権の世界に分けて見てみることにします。

　まずは物権の世界から見てみましょう。物権というのは、物に対する支配権のことでした。さて、契約が成立すると、物権の世界ではどのような変化が生じるのでしょうか？　答えは、目的物の所有権が売主から買主に移転するという変化です。つまり、それまで売主Aの所有物だったものが、買主Bの所有物になったということです。当たり前のことですよね。だいたい勉強なんてものは、当たり前のことをもっともらしく説明する方法を学ぶという程度のものです。

　では、債権の世界ではどうでしょうか？　債権というのは、人に対する請求権のことでした。さあ、売主Aは買主Bに対して、どんなことが請求できるのでしょうか？　これは皆さん、必ずわかるはずです。答えを聞い

て覚えようとせずに考えてみてください。答えは簡単です。売主Aは買主Bに対して「代金を払ってください」と請求できるわけです。このことを民法では「AはBに対して代金債権を持つに至る」と表現します。これを逆に買主Bのサイドから表現すると、「BはAに対して代金債務を負担する」と表現するわけです。

民法が全く初めてという方は、どうしても専門用語になじみにくいという感じを持つかと思いますが、すぐに慣れますので、ぜひ普段からこういう言葉を使って、ものを考えるようにしていただきたいと思います。

さて、今、売主Aは買主Bに対して代金債権を持ちました。では、逆に買主Bは売主Aに対してどんなことが請求できるでしょうか？　物を買ったわけですから、「私にその物を渡してください」と請求できることになります。これも同様に民法では「BはAに対して引渡債権（財産権移転債権）を持つに至る」と表現し、Aサイドからは「AはBに対して引渡債務（財産権移転債務）を負担する」と表現します。

このように、売買契約が成立すると、その瞬間に物権の世界で目的物の所有権が移転し、債権の世界では2本の債権（今の例でいうと代金債権と財産権移転債権）を売買契約の両当事者が持ち合うという変化が生じるわけです。

ところが、日常頻繁に行われている売買契約、例えば皆さんがコンビニでウーロン茶を買ってきたというような場合には、皆さんはもはやコンビニに対して代金債務は負っていませんし、引渡債権も持っていないという状態にあります。なぜだかおわかりでしょうか？

債権・債務というのは、「履行」により消滅するからなのです。履行というのは日常用語といえるかな？　「債務者として為すべきことを為すこと」をいいます。具体的にいうと、物を買った買主は代金を支払い、売った売主は物を渡すということで、このような履行がなされると債権債務関係は消滅する、という流れになるわけです。この債権債務の消滅について

は、債権総論と呼ばれるところで勉強することになります。

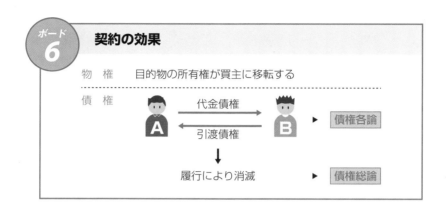

ざっと民法の全体を概観してみましたが、ここで何を皆さんにお伝えしたかったのかというと、民法の条文の配列上の特色です。日常頻繁に行われている売買契約でさえ、売買契約の成立から消滅までを説明するには、民法総則の知識も必要ですし、物権および債権総論、債権各論の知識も必要になるということで、民法典全体にバラバラに散りばめられている条文についての有機的な理解が要求されるというわけです。

これが我々の民法典の特徴です。つまり、民法は1条から1050条まで、先ほど見たように、日常頻繁に行われる売買契約のような法律行為をバラバラに分解しています。そして、分解した後で、一般ルールは総則、物に対する支配のことは物権、人間対人間のことは債権というように、理論的に整理して条文が配列されているわけです。

そうすると、1条から順番に民法総則を勉強していくときに、前提として物権や債権の知識がないと、どうしても民法総則を完全には理解できないという科目としての特性があるわけです。民法が難しいと一般にいわれている最大の理由は、おそらくこのあたりにあるのではないかと思います。

では、どうすればいいのかということですが、民法総則を勉強するうえでは、物権や債権の知識がないために少々わかりにくいなと思っても、そ

こで我慢するということです。確かに、民法は全体像が見えにくく、どこがどういう形でつながっているのかということを理解しにくいため、最初のうちは難解に思えます。しかし、一度しっかりわかってくると、もともとが体系的にできていますので、スムーズに理解できるようになるだけでなく、民法全体の考え方がわかってくるようになるのです。

ボード7　民法典の特色（パンデクテン方式）

法律行為等をバラバラに分解

↓

理論的に整序して条文を配列

↓

はじめは、全体像が見えにくく難解に思える

↓

慣れると体系的なので、頭に定着する

　皆さんは本試験では必ず未知の選択肢に遭遇することになります。いくら勉強しても全選択肢を知識として完全に記憶しておくことは不可能です。そんな場合に、体系的に理解ができていると、その場で推論して正解肢にたどり着くことができるということになるわけです。

　誤解している方も多いかと思いますが、法律系の科目、とりわけ民法というのは、たとえ本試験で未知の問題に遭遇したとしても、ほとんどの場合はその場で登場人物の利益状況を分析することにより、推論で正解肢にたどり着くことができる科目であるということを知っておいてほしいと思います。

ここまでをCHECK

①民法は私法の一般法。
②物権とは物に対する支配権。
③債権とは人に対する請求権。
④法律行為とは意思表示に基づいて法律関係を形成する行為。

では次へ行きましょう！

2　民法の基礎にあるもの

（1）民法の三大原則

　では、次に「民法の基礎にあるもの」について説明していきたいと思います。

　まず、民法には次のような三大原則があります。この三大原則は非常に重要ですから、記憶するようにしてください。

　第1は、私的自治の原則です。内容は「社会関係は、諸個人の自由な意思による相互拘束によって形成される」というもので、このような原則を私的自治の原則（契約自由の原則）というわけです。これは初めて聞く人にとっては、イメージがわきにくいと思いますので、まずは2つのキーワードをチェックしてください。1つ目は「自由な意思」、2つ目が「相互拘束」という部分です。

　先ほど、近代市民法の特徴として「身分から契約へ」という話をしました。法的拘束の根拠は我々の自由意思のみである、と。そのことを言い換えたのが、私的自治の原則といわれるものです。つまり、本人がそうしたいと思ったから、そのような法律上の拘束を受けるという意味です。

　したがって、この私的自治の原則というのは、逆にいうと「当事者の自

由な意思に基づかない場合には、原則として相互拘束は生じない」という形でよく使われる原則だと理解しておいてください。

　第2は、所有権絶対の原則です。これはどういう意味かというと、「諸個人は、自己の所有財産を自由に使用・収益・処分できる」ということです。この原則が生まれた歴史的背景も、近代市民革命にあります。

　ご存じのように、近代市民革命の担い手はブルジョアです。彼らはなぜ革命を起こしたのかというと、封建領主がなんの根拠もなくブルジョアの財産を没収したり、民主的なルートによらずに租税を課したりすることに、我慢できなくなったからです。

　その結果、自由で平等な近代市民社会が生まれたわけで、そんな背景から近代市民法である民法の世界でも、所有権絶対の原則が妥当するようになったのです。

　第3は、過失責任の原則です。この意味は、「損害賠償責任を負わされるには、少なくとも過失がある場合でなければならない」ということです。逆にいうと、「過失がない場合には、損害を生じさせたとしても、賠償責任を負わされることはない」という原則です。

　なぜ、民法ではこのような原則がとられているのかというと、「国民の行動の自由を確保する」というような狙いがあるといわれています。

　例えば、皆さんが車を運転していたとしましょう。制限速度も守っていたし、前方にも十分注意を払っていた。また、ブレーキ操作などにもなんのミスもなかった。そんな状況下で、急に小さな子供が飛び出してきたためにはねてしまい、損害を与えたとします。しかし、運転をしていた皆さんにはなんの落ち度もないのです。そんな場合にまで、その事故によって生じた損害について賠償責任を負わされるとなると、これはかなり厳しいですよね。そんな社会だと、誰も怖くて車の運転などできないでしょう。

　そうなると、活気のある元気な社会というのは実現しにくくなります。そこで出てきたのが、過失責任の原則というわけです。

（2） 三大原則の修正原理

　先ほど説明したように、民法には①私的自治の原則（契約自由の原則）、②所有権絶対の原則、③過失責任の原則という三大原則があります。これらは自由主義経済を制度的に実現するために必要不可欠な原則です。

　しかし、近代市民社会において、この原則を徹底的に貫いた結果、私有財産が集中・偏在し、貧富の差が顕著になってしまったことから、これらの三大原則を修正する必要が生じました。その修正原理として、民法は１条で次の３つのことを規定したのです。

① 　公共の福祉

▶ 第１条
① 　私権は、公共の福祉に適合しなければならない。

　まず１つ目は、「公共の福祉による制限」で、１条１項に規定されています。これは一言でいうと、「私権の行使も社会全体の幸福・安全のために制限を受ける」ということで、主として先ほどの所有権絶対の原則を修正したものといえます。

　皆さんの中には、すでに憲法で人権の制約として内在的制約と政策的制約の２種類があるということを勉強されている方も多いと思いますので、民法では特に掘り下げて説明する必要はないと思います。

② 　信義則

▶ 第１条
② 　権利の行使及び義務の履行は、信義に従い誠実に行わなければならない。

　２つ目は、「信義誠実の原則」です。これは１条２項に書かれており、通常「信義則」と呼ばれています。内容は「権利の行使および義務の履行は、相手の信頼を裏切らないよう、誠実に行わなければならない」という

ことです。

　まず次の事例を読んでみてください。

　「AがBに1,000万円支払うべきところを、数え間違えて999万円支払っ
た。この場合、BはAに対して履行遅滞責任を追及できるか？」

　Aの支払いは1万円足りないわけです。もちろん不足分の1万円につい
て、支払いの用意はAの下にあります。履行遅滞というのは債権のところ
で詳しく説明しますが、一言でいうと債務者の履行（債務者が為すべきこ
とをすべて行うこと）が遅れたり不完全だったりすることで、このような
履行遅滞が生じた場合、債権者は債務者に対して損害賠償請求や契約の解
除をすることができることになっています。

　事例のケースでは、Aは1,000万円の支払い義務を負っているのに、実
際Bに提供したのは1万円足りない999万円ですから、履行としては不完
全ということになります。そうすると、BはAの履行遅滞責任を追及し
て、損害賠償請求や契約の解除ができそうですよね。

　さて、皆さんはどう考えますか？　この事例は、皆さんの民法的な感覚
が進んでいるかどうかということを試すうえで格好の機会ですので、ぜひ
真剣に考えてほしいと思います。

　理屈どおりに考えると、確かに金額は1万円不足しています。だから、
BはAに履行遅滞責任を追及できるようにも思えます。しかし、他方で
は、「確かに1万円不足しているけれども、支払いの用意はあるというこ
とだし、ちょっと数え間違えただけでしょ。それなのに、揚げ足を取るよ
うにBが履行遅滞責任を追及するというのは、ちょっとやりすぎなのでは
ないか」という考え方もあります。

　結論をいうと、Bは履行遅滞の責任を追及することはできません。その
根拠として、今勉強している信義誠実の原則（信義則）が用いられるとい
うわけです。つまり、信義則というのは、権利者による揚げ足取り的な行
為を封じ込める働きをしているんだと理解してもらえればと思います（**ボ**

ード**8**）。

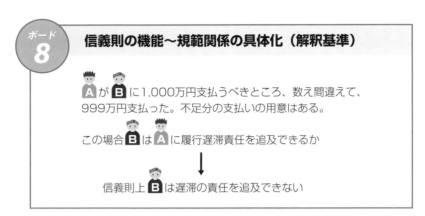

ボード
8

信義則の機能～規範関係の具体化（解釈基準）

Ａ が Ｂ に1,000万円支払うべきところ、数え間違えて、999万円支払った。不足分の支払いの用意はある。

この場合 Ｂ は Ａ に履行遅滞責任を追及できるか

↓

信義則上 Ｂ は遅滞の責任を追及できない

　今の事例は、信義則が法律行為の解釈の基準として用いられる場合についての話でしたが、続いて「信義則の分身」という話をしたいと思います。

（ア）禁反言

　禁反言ってなんかゴツゴツした言葉ですが、要するに矛盾挙動禁止の原則ということです。第1行為と矛盾することとなる第2行為の効力を否定することで、相手方の信頼を保護しようとするものですね。

　例えば、「Section 5　代　理」のところで出てくるのですが、無権代理人が本人を相続した場合、本人から受け継いだ追認拒絶権を行使することは矛盾挙動として許されません。詳しくは代理のところでお話ししますが簡単に言うと、無権代理人というのは代理権がないのに本人の代理人として相手方と法律行為を行った人です。この場合、勝手に代理行為をされちゃった本人は、Ｂの行為に対して追認拒絶権を持つわけ。その本人を本人の子供だった無権代理人が相続する。その結果、自分にきた追認拒絶権を行使するのが、最初に行った無権代理行為と矛盾するというわけです。

　この禁反言が信義則の分身というか派生原理の第1ですね。

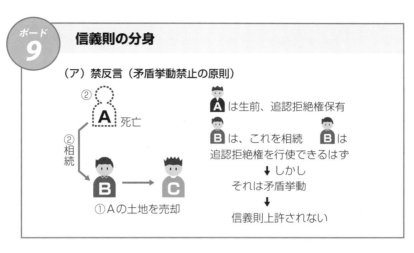

ボード
9　**信義則の分身**

（ア）禁反言（矛盾挙動禁止の原則）

②
Ａ 死亡

②相続

Ｂ → Ｃ

①Ａの土地を売却

Ａ は生前、追認拒絶権保有

Ｂ は、これを相続　Ｂ は
追認拒絶権を行使できるはず
↓ しかし
それは矛盾挙動
↓
信義則上許されない

（イ）クリーンハンズの原則

　信義則の分身には、もう1つ「クリーンハンズの原則」と呼ばれるものがあります。

　これも、まずは事例を読んで考えてみてください。

　「Ａは愛人Ｂに対して、関係を維持するために自己所有のマンションを贈与した。しかし、民法90条によりこのようなマンションの贈与契約は無効になることを友人から聞いたＡは、愛人Ｂから贈与したマンションを返してもらおうと考え、マンションの返還請求訴訟を起こした」

　はたしてＡの主張は認められるでしょうか？

　民法90条については、すでに憲法を勉強した方は見たことのある条文だと思います。日産自動車の女子若年定年制事件のときに出てきました。どういう事件だったかというと、女性のほうがただ女性であるという理由だけで、5年早く退職しなければならないという就業規則は、公序良俗違反により無効であるとされた事件です。これと同様に、愛人関係を維持する目的でなされたマンションの贈与契約は、公の秩序（公序）、あるいは善良な風俗（良俗）、つまり公序良俗違反ということで、本来これも無効になるわけです。

だとすれば、Aは愛人Bに対して「マンションを返せ」と言えるのではないでしょうか。マンションの所有権の移転原因となるAB間の贈与契約が無効なのだから、マンションはあくまでAの所有物ということになるはずです。すると、愛人Bにはマンションを所有するための法律上の根拠がないことになり、マンションをAに返還しなければならなくなりそうです。

ところが、Aはどんな人物かというと、自らの意思で公序良俗に反する行為をしている人です。本来、Aは愛人Bに対して「マンションを返せ」といえるはずなのですが、自ら公序良俗に反する行為をした以上、Aの手は汚れています。この「Aの手は汚れている」という表現は、日常用語として不自然に感じられるかもしれませんが、民法ではこのような表現をします。

そこで問題になるのが、このように手の汚れた者に対してまで、裁判所が力を貸すのかどうかということです。答えはノーです。自らの意思で、道徳に反するような愛人関係の維持を狙った贈与をしたAの手は汚れています。つまり、クリーンハンズではないわけです。だから、本来であれば、Aはマンションを返せといえるはずだけれども、例外的にクリーンハンズの原則により、Aの返還請求を認めないということになるのです。

これがきれいな手の原則、すなわちクリーンハンズの原則で、これが信義則の分身の2つ目であると覚えておいてほしいと思います（**ボード10**）。

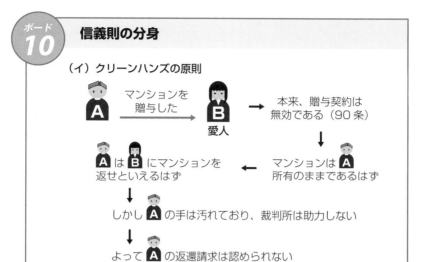

③　権利濫用（らんよう）の禁止

> **第1条**
> ③　権利の濫用は、これを許さない。

　3つ目は、「権利濫用の禁止」です。これは1条3項にあります。意味はというと、「たとえ権利があったとしても、それを社会的に見て不当な方法で行使すること、つまり濫用することは許されない」ということです。

　これについては非常に有名な判例がありますので、それを紹介しておこうと思います。

　その判例というのは「宇奈月（うなづき）温泉事件」です。ご存じの方も多いと思いますが、どのような事例だったかを、あらためて確認しておきたいと思います。

　当初、山奥の急斜面をAが所有しているという状況下で、温泉会社であるY会社がAの土地の一部分をかすめ通る形で、温泉を引くパイプ（引湯管）を設置していました。この話を聞きつけたXが、Aからその土地を購

入するわけです。そして、XがY会社に対して、「その引湯管が邪魔なので撤去してくれ」というようなことを請求したという訴訟です。

　さて、皆さんなら、Xの請求を認めるべきか、棄却[1]すべきか、どう考えますか？

　今は「権利の濫用はこれを禁止する」という話をしているわけだから、結論はだいたい想像がつくと思うのですが、最初からXの請求は認められないという結論に飛びついてしまうのはよくありません。なぜなら、その結論に至る思考の過程を理解する必要があるからです。では、なぜXの請求を棄却すべきなのかということについて、過程を示しながら説明することにしましょう。

　まず、XはAからその土地を購入したわけだから所有者です。だから、本来であれば「その引湯管が邪魔だから撤去せよ」という請求（妨害排除請求）ができるはずです。これはしっかりと押さえておいてください。

　ところが、いくらXが所有者だからといって、妨害排除請求を認めてしまうと、引湯管が設置されている場所が山奥の急斜面なので、撤去するには膨大な費用がかかります。これがXの請求を棄却すべき第1の理由です。第2の理由は、もともとこの土地は利用価値が小さいのだから、膨大な費用をかけて引湯管を撤去したからといって、Xにそれほどメリットがもたらされるわけではないということです。さらに、第3の理由として、そもそもXはこのような事情をわかっていながら、あえてその土地を買っているということです。この3つの理由の違いも意識しておきましょう。第1の理由は請求を認めることのマイナス効果が大きい、第2の理由はプラス効果が小さい、以上が客観面ですね。そして第3の理由は主観面です。

　判例は、以上の3つの理由を示して、Xの妨害排除請求は権利の濫用にあたるとして、Xの請求を棄却しました（**ボード11**）。

1）裁判所が一応、訴訟は適法として訴えの内容を審理し、その結果、訴えを退けること。

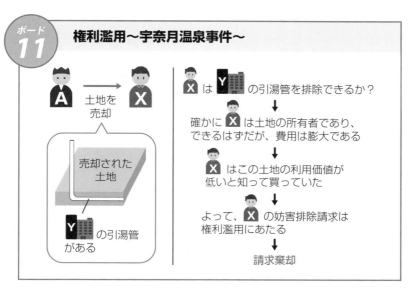

　この宇奈月温泉事件は非常に有名な判例なので、民法だけでなく、一般知識の社会科学や法学でも出題される可能性が十分考えられます。ぜひこの機会にしっかりと理解しておいてほしいと思います。

　以上、信義則で2つ、権利濫用で1つと、合計3つの事例を見てきたわけですが、これらの事例に共通していることは、どんなことだと思いますか？

　先ほどの事例はすべて、「本来であれば、これこれのことはできるけれども、結論としてそれを認めるのはいかにもまずい。そこで、それは信義則上許さない。あるいは、権利の濫用にあたるから許さない」という展開になっていました。つまり、信義則あるいは権利濫用の禁止は、法の形式適用から生ずる不都合を回避するための最後の手段である、という特徴、共通点があるのです。これを「一般条項の補充性」といいます（**ボード 12**）。

　では、これがなぜ最後の手段なのかわかるでしょうか。その理由は、いきなり信義則や権利濫用の禁止を使って、すべての紛争を裁くというようにしてしまうと、結局、民法というのは1条の2項と3項、2つだけあれ

ばいいということになってしまいます。すると、確かに妥当な結論は出るかもしれないけれども、我々国民が民法を読んで「こんな場合にはこうなるな」という予測ができなくなるからです。結果さえ正しければ、それでよいということであれば、遠山の金さんや大岡越前の世界になってしまうわけです。

ボード 12　信義則・権利濫用の共通点

法の形式適用から生じる不都合を
回避するための最後の手段
（一般条項の補充性）

　国民主権の社会では、紛争解決の一般ルールとして、国民が民法典を作っています。だから、一般条項と呼ばれる信義則や権利濫用の禁止というのは、非常に意味内容が漠然としているので、これをやみくもに振り回すのではなく、最後の手段として使いましょうということになるわけです。

　この点については、例えば記述試験などで「信義則と権利濫用の禁止について論じなさい」というような問題が出題される可能性も十分ありますので、ここで説明したことをしっかりと理解しておくようにしてください。

ここまでをCHECK

①三大原則：私的自治、所有権絶対、過失責任。
②信義則の派生原理：禁反言、クリーンハンズ。
③権利濫用の考慮要素：－大、＋小、主観。

では次へ行きましょう！

今回の学習テーマは、「権利能力・意思能力・行為能力」です。ここでは、各能力の概念を押さえたうえで、特に行為能力について、具体的に未成年者、成年被後見人、被保佐人、被補助人が、どのような行為をなし得るかについて、しっかりと理解するようにしてください。

1　権利能力

（1）自然人

では、ここからは権利能力の説明をすることにします。

権利能力とはどういうことかというと、「権利義務の主体となることができる資格」。これが権利能力の定義です。少々言葉としてなじみにくいところもあると思いますが、権利義務の主体ということですから、例えば所有権者や債権者、債務者になることのできる資格のことを権利能力という、と理解しておいてください。

では、誰が、どんな存在が権利能力を持っているのでしょうか？

権利能力を有する者には、次の2種類があります。まず1つは「自然人」で、もう1つが「法人」です。自然人というのは聞き慣れない言葉かもしれませんが、これは我々人間のことで、民法では法人と区別する意味で、人間のことを自然人と呼んでいます。法人については後ほど説明するとして、まずは自然人から説明していくことにします。

さて、「自然人は、生きているかぎり、平等に、権利能力を有する（権利能力平等の原則)」とされています。

▶ 第3条
　① 私権の享有は、出生に始まる。

　つまり、生きていることが前提となるので、我々人間が権利能力を有するのは、出生から死亡までということになるわけです。ここで「出生に」というところをチェックしておいてください。産まれたばかりの赤ちゃんも、意識不明で寝たきりの人も、150歳のお年寄りも皆、権利能力を有するわけです。

（2）胎児の権利能力

　では、ここで出生というのは、いったいどの瞬間を指すのでしょうか？

　これはいろいろ考えられます。例えば、受精した瞬間、着床した瞬間、母体から出始めた瞬間、母体からすっかり出てきた状態など、いろんな考え方があるわけです。胎児はいつから人間になるのか。言い換えれば、胎児はどの瞬間に権利能力の主体となることができるのかという問題です。

　この問題について、民法にははっきりと規定されていませんが、解釈上は「全部露出説」、つまり胎児が母体から全部出終わった瞬間に権利能力者になるというのが通説となっています。逆にいうと、完全に出終わるまでは民法上、人間ではない（権利能力はない）ということになるわけです。まずはこの点をしっかりと押さえておいてください。

　ところが、この原則を常に貫くと、若干まずいケースが生じます。例えば、父親が何らかの事故に巻き込まれて死亡した場合に、その事故を起こした者に対して損害賠償請求するようなケースです。

　基本的に、父親を殺された子供は損害賠償請求をすることができます。しかし、その事故があったときに、まだ母親のお腹の中にいたとすると、損害賠償を請求する権利がないことになってしまいます。逆に、事故の1日前に産まれていれば、損害賠償請求ができます。このようにたった1日の違いで、0か100かにくっきり分かれてしまうというのは、あまりにも

かわいそうだと思いませんか。

　そこで、民法は4つの例外を設けています。1つ目は、先ほどの不法行為に基づく損害賠償請求をする場合。2つ目が、相続を受ける場合。3つ目が、遺贈を受ける場合。4つ目が、父親に認知をしてもらう場合です。この4つの例外は、完全に記憶するようにしてください。

ボード 1　　胎児の権利能力

いつから人間になるか？

↓

全部露出説

↓

原則：胎児には権利能力なし

例外：4つ
　　　　不法行為に基づく損害賠償請求権
　　　　相続
　　　　遺贈の受遺者
　　　　父による胎児の認知

（3）停止条件説

　ただし、胎児にこのような例外を認めたとしても、胎児は生きて産まれてくるとは限りません。死産になる可能性もあります。そこで、判例・通説は胎児の権利能力について、次のような立場を取っています。

　「胎児は生きて産まれるとは限らないから、胎児の時点で権利能力を取得するわけではなく、生きて産まれた場合に、胎児中に、問題が生じた時までさかのぼって権利能力を取得する」という考え方です。これは「停止条件説」と呼ばれています。「停止条件」というのは「条件が実現（成就）して初めて法律効果が発生するもの」なのですが、このあたりはかなり複雑な理屈になっていて、非常にわかりにくいので、もう少し詳しく説明し

たいと思います。

　停止条件説の説明をする前に、もう一度前提を確認しておきましょう。

　まず、胎児には権利能力がないのが原則でした。しかし、不法行為に基づく損害賠償請求のような4つの例外については、胎児にも権利能力があると扱うわけです。ただ、例外的に扱うといっても、どのように扱うのかが問題で、その例外の扱い方の説明が、先ほどの停止条件説なのです。この説が判例・通説ですので、正確に理解しておく必要があります。

　では、停止条件説の考え方を、先ほどの父親の事故死を例にして、**ボード2**を使って詳しく説明することにします。

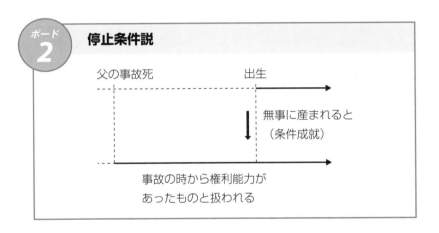

ボード2　停止条件説

父の事故死　　　　　　　　　出生

無事に産まれると
（条件成就）

事故の時から権利能力が
あったものと扱われる

　この場合は、不法行為[2]に基づく損害賠償請求の場面ですから、例外的に胎児にも権利能力が認められるはずです。しかし、停止条件説では次のように考えます。「事故の時から産まれてくるまでの間は、とりあえず胎児に権利能力はないものとして扱っておく」と。**ボード2**でいうと上の点線になっている部分です。

　そして、停止条件説は、「無事に産まれてきた場合には、事故の時までさかのぼって権利能力を取得する」と考えます。したがって、胎児が無事に産まれると、先ほど点線になっていた部分が実線に変わるというわけで

2）人の権利を侵して損害を与える行為。

す。つまり、「産まれるまでは権利能力はないものとして扱うけれども、無事に産まれた場合は、事故があった時から胎児は権利能力主体だったとして考えましょう。だから、損害賠償請求できますよ」という立場が、判例・通説の停止条件説なのです。

　もう一度確認しておくと、無事に産まれてくるまでは法律効果つまり権利能力の取得が生じないように止めておいて（停止条件）、無事に産まれるという条件が成就するとドーンと権利能力を与えるということです。

（4）解除条件説

　この停止条件説を正確に理解してもらうために、反対説の話もしておきたいと思います。それは解除条件説と呼ばれるものです。

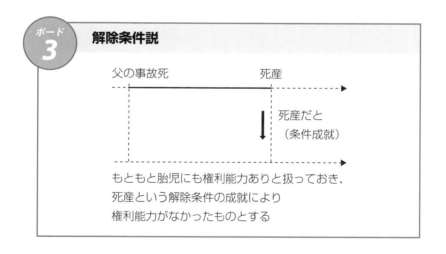

ボード3　解除条件説

父の事故死　　　　　　　　　死産

死産だと
（条件成就）

もともと胎児にも権利能力ありと扱っておき、
死産という解除条件の成就により
権利能力がなかったものとする

　この解除条件説は、停止条件説とは逆に、事故があった時点から胎児には権利能力があると扱っておきながら、死産だった場合は事故の時点にさかのぼって、実は権利能力がなかったということにするものです。

　もう一度確認しますと、「当初から権利能力はあったと扱うけれども、死産という解除条件が成就した場合は、もともと権利能力がなかったとい

うように事後的に評価を変えますよ」というのが、反対説としての解除条件説というわけです。**ボード3**の点線と実線が、先ほどの停止条件説と逆になっているのがわかると思います。

　少しややこしいかもしれませんが、覚え方としては、「本来、胎児に例外的に認められている権利能力を、産まれるまで停止させておいて、無事に産まれるという条件が成就したら、さかのぼって権利能力を認めましょう」というのが停止条件説。逆に、「本来、胎児には例外的に権利能力が認められているのだから、まず認めておいて、死産という条件が成就したら、これまで認めていた権利能力をさかのぼって解除します」というのが解除条件説だと覚えておけば、覚えやすいかと思います。

　ただし、あくまでも判例・通説は停止条件説の立場に立っていますので、皆さんが問題を解くときは、停止条件説の立場に立って解いていただきたいと思います。

　最後に、もう1つだけ付け加えておきたいと思います。

　判例・通説の立場である停止条件説は、胎児が無事に産まれてくるまでは、胎児には権利能力を認めないという考え方でした。したがって、ここからが大切なのですが、胎児が産まれる前に、母親が胎児の代理人となって、胎児の損害賠償請求権などの権利を放棄してしまうといったことはできないことになります。そりゃそうですよね。まだ、胎児には権利能力が与えられていないのですから。このことは停止条件説からの論理的な帰結として、ぜひ理解しておいてほしいと思います。

ここまでをCHECK

①権利能力とは権利義務の帰属主体たりうる資格。
②例外的に胎児に権利能力ありとされるのは、損害賠償請求、相続、遺贈を受けること、認知をしてもらうこと。
③胎児の権利能力の説明方法：停止条件説

では次へ行きましょう！

2 意思能力

　次に、意思能力の説明に移りたいと思います。

　ここは、Section 1 で説明した私的自治の原則と関係があります。どういう原則だったかというと、法的な拘束を受ける根拠は我々の自由な意思のみである。だから、意思がなかったならば法的な拘束は受けない、ということでした。逆にいうと、自分の意思に基づいて行った行為は法的拘束を受けることになる、ということです。

　しかし、自分の行った行為が自分の意思に基づいてなされたといえるためには、少なくとも、その行為の結果を理解できる力がなければなりません。そのような「自己の法律行為の結果を理解できる程度の精神能力」のことを、意思能力といいます。

　したがって、このような意思能力がない者（意思無能力者）が行った行為は「無効」となります。3条の2です。

　では、意思能力というのは、どの程度の精神能力なのかというと、だいたい 7～10 歳くらいです。かなりアバウトな印象を持たれると思いますが、これは民法にはかなり幅広くグレーゾーンを認めておいて、裁判官に事案ごとに妥当な結論を出してもらおうという考えがあるからです。意思能力については、7～10 歳程度の知能すらない意思無能力者の法律行為は、無効であるということを理解しておけば十分だと思います。

ここまでをCHECK

①意思無能力者の法律行為は無効。
②意思能力は7〜10歳程度の精神能力。

では次へ行きましょう！

3 行為能力

（1）制限行為能力者の種類

　では、次に行為能力について説明します。

　行為能力というのは、「自ら単独で確定的に有効な法律行為をなしうる資格」のことです。この定義の中で「単独で」という個所と「有効な」という個所は重要ですので、チェックしておいてください。

　さて、これから説明する行為能力と、先ほど説明した権利能力をよく混同する人がいますので、少し振り返ってみたいと思います。権利能力というのは、権利義務の主体となることができる資格のことでした。原則として、胎児には権利能力は認められないけれども（4つの例外あり）、産まれたばかりの赤ちゃんには権利能力が認められたわけです。

　それに対して、行為能力はというと、産まれたばかりの赤ちゃんが単独で有効な法律行為ができるわけがありませんから、その資格はないということになります。

　つまり、権利能力は法的に人間として認められている者に認められるものであるのに対して、行為能力というのは自分で自分の周りの法律関係を変化させることのできる資格である、と考えてもらえばいいのではないか

と思います。

　行為能力のところで重要なのは、民法は「行為能力を制限された人が単独で行った法律行為は取り消すことができる」という制度を設けて、法律上の拘束から解放してあげようとしていることです。この制度のことを「制限行為能力者制度」といいます。

　では、どんな人がこの制度の対象となるのかというと、次の4種類に該当する人たちです。

　まず1つ目は、未成年者です。未成年者は制限行為能力者として扱われ、単独で行った法律行為は取り消すことができます。

　2つ目は、成年被後見人です。これは何者かというと、「精神上の障害によって、事理を弁識する能力を欠く常況にある人」のことです。わかりやすくいうと、日常的に判断能力を欠く状態にある人です。

　ただし、成年被後見人と認められるためには、単に日常的に判断能力を欠く状態にあるだけでは足りず、これに加えて家庭裁判所の「後見開始の審判」も必要とされています。

　3つ目は、被保佐人です。これは、「精神上の障害によって、事理を弁識する能力が著しく不十分な人」をいいます。先ほどの成年被後見人の定義とよく似ていますが、「常況（常にそういう状態）にある」わけではなく、ただ「能力が著しく不十分」なだけなので、成年被後見人よりも症状は多少軽いといえます。被保佐人も、こういう状態にあることに加えて、家庭裁判所の「保佐開始の審判」が必要になります。

　4つ目は、被補助人です。その定義は「精神上の障害によって、事理を弁識する能力が不十分な人」となっています。被保佐人の定義にあった「著しく」が取れていますので、症状も被保佐人よりさらに軽くなっています。被補助人も家庭裁判所の「補助開始の審判」が必要になります。蛇足ながら、同時に同意権付与・代理権付与の一方または双方の審判も必要になります。

（2）法律行為の取消し

　このような4種類の方々は、一般的にいうと、判断力という点で一般人よりもやや劣ります。そうすると、彼らに自由な法律行為をさせてしまうと、厳しい取引社会で食い物にされかねない。そこで、損な契約をしてしまったら、制限行為能力者側に取消権を与えることによって、この人たちを保護しようということが考えられているわけです。この点について、**ボード4**の事例を使ってより詳しく説明したいと思います。

　まず、この事例は9歳の未成年者Aが、自分が所有する自転車（時価1万円）を、リサイクルショップBに売ってしまったというケースです。

　結構大胆な子供ですが、キャッシュが欲しいということで、時価1万円の自転車を、親の承諾を得ることなく、自分の判断で売り飛ばしたのです。

　この場合、いくらで売却する契約をしてきたのかによって、分けて考えておく必要があります。

　例えば、5,000円で売却したとしましょう。本当は時価1万円の価値が

あるのに、5,000円で売ってしまった。これは未成年者Aにとっては不利ですね。そこで、このような場合には、Aは損をしていると感じたときに、A側は契約を取り消すことができるということになります。

契約を取り消すと、どのような結果になるかというと、現在、自転車は契約成立と同時にリサイクルショップBの所有物になっているのが、取消しの効果により、自転車の所有権の移転原因が消えて、AはリサイクルショップBに対して「自転車を返せ」ということができるようになるのです。ところが、9歳の子供はいつも損をすると決めつけることはできません。例えば、未成年者Aが時価1万円の自転車をリサイクルショップBに2万円で売りつけてきたという事例です。将来出世しそうな9歳ですよね（笑）。

この場合は、Aはどうすればいいのでしょうか。Aは得をしていますから、この契約を取り消さなければいいのです。取消権を行使しなければ、AからBへの売却は有効なものとして、その効果が存続することになるからです。

つまり、制限行為能力者制度というのは、制限行為能力者（未成年者、成年被後見人、被保佐人、被補助人）側が、自分が単独でなした行為が損だと考えれば、これを取り消すことでき、逆にうまくいった場合は、取消権を行使せずに契約の効果を有効なものとして存続させることができるという制度なのです。言い換えれば、制限行為能力者側に取消権を行使するかしないかの選択権を与えることで、厳しい取引社会で食い物にされないように保護しようという制度であると理解してもらえればいいと思います。

（3）各種の制限行為能力者

制限行為能力者に取消権があることは、先ほど説明したとおりです。しかし、取消権を行使するかしないかは、微妙な判断を要する場合がありま

すので、制限行為能力者をそのまま単独で放っておくのはまずい。そこで、保護者を付けて制限行為能力者が損をしないように守ってあげる必要が生じます。

　では、それぞれどういう保護者が付くのかというと、未成年者に対しては「親権者または後見人」が、成年被後見人には「成年後見人」がそれぞれ法定代理人として、被保佐人には「保佐人」、被補助人には「補助人」が付きます。まず、このことは押さえておいてください。それぞれの制限行為能力者と保護者との関係については、次から順に説明していくことにします。

①　未成年者

　未成年者の保護者は親権者または後見人でした。未成年者の場合は、通常は親が親権者として法定代理人になります。そして、先ほど9歳の少年の事例で説明したように、未成年者が法定代理人（親）の同意を得ないで、単独でなした法律行為は取り消すことができることになっています。

　しかし、未成年者も男性は18歳、女性は16歳になると結婚できることは、皆さんもご存じだと思います[3]。その場合、お店で牛肉や大根を買うときに、いちいち親の同意がいるとなると、新しい夫婦としての生活が機能しなくなってしまうのではないでしょうか。そこで、民法では、未成年者であっても婚姻すれば「成年擬制（せいねんぎせい）」が生じて、成人したもの、つまり行為能力者になったものと扱うことにしています。「成年擬制」というのは、「成年とみなす」という意味で、地味ですが知っておくべき知識なので、チェックしておいてください。

　ただし、婚姻していない未成年者にも、例外的に法定代理人（親）の同意がなくても、単独で法律行為ができる場合がいくつかあります。

　まず1つは、「単に権利を取得し、または義務を免れる行為」です。これはどういうことかというと、例えば誰かに物をもらうとか、物の代金や

3）平成30年の民法改正（2022年4月1日施行）により、婚姻適齢は男女とも18歳となる（民法731条）。同時に成年年齢が18歳となる（民法4条）ので、これに伴い成年擬制の規定（民法753条）は、同改正法施行日に削除される。

借金を免除してもらうといったような、一方的に未成年者側が得をする行為のことです。

　2つ目は、「法定代理人が処分を許した財産を処分する行為」です。要するに、親からもらった「お小遣い」は自由に使っていいということです。

　3つ目は、「営業を行うことを許可された場合の、その営業に関する行為」です。これは「営業の許可」と呼ばれるものです。例えば、18歳や19歳でも、やたらに野菜に詳しい少年がいたとします。そうすると、その少年に野菜の仕入れを任せたほうが、いい野菜が仕入れられます。しかし、その少年がいい野菜があったから仕入れようと思っても、いちいち親の同意がいるのでは、スムーズな仕入れができないことになります。そこで、あらかじめその少年の親が、少年に八百屋の営業の許可を与えた場合は、未成年者でも自分の判断で仕入れや販売など、営業に関する行為をしてもいいということになるわけです。

②　成年被後見人

　先ほどの未成年者には、保護者（法定代理人）の同意がなくても法律行為ができる例外がありました。成年被後見人も日常生活に関する行為については同様に単独で有効な法律行為ができるとされています。平成11年の法改正で認められるに至った部分です。しかし、成年被後見人の場合は、保護者（成年後見人）の同意があったとしても、前記の例外の場合を除いては、単独でなした行為は常に取り消すことができるとされています。ここでは、「常に」という個所をチェックしておいてください。

③　被保佐人

　被保佐人の場合は、下記のような「重要な法律行為」を、保護者（保佐人）の同意なしに行った場合のみ、取り消すことができます。逆にいうと、それほど重要ではない行為は被保佐人が単独でできるということです。

　では、「重要な法律行為」とは、どのような行為かというと、借財、保証、不動産の処分、贈与、訴訟、相続の承認または放棄、家屋の新築その他大修繕などです。ただし、これらの行為自体が本試験で問われることはあまりありませんので、「こんな行為が重要と扱われているんだな」という程度でよく、これらの項目を暗記する必要性は少ないです。

④　被補助人

　被補助人の場合は、原則として、法律行為を行うのに保護者（補助人）の同意は必要ありません。原則として単独でできます。逆にいうと、被補助人が単独でなした行為は、取り消すことができないということです。しかし、それでは被補助人が損をするケースが十分に考えられ、被補助人を保護することにはなりません。

　そこで、被補助人については、先ほどの被保佐人のところで出てきた「重要な法律行為」のうち、被補助人の能力あるいは被補助人がなすであろう法律行為の重要性に応じて、家庭裁判所が特別に認めた特定の法律行為のみ、例えば、東京、大阪、イスタンブールの土地のうち、東京の土地の売却のみ、取り消すことができることになっています。

（4）各保護者の権限

　では、次に、各保護者（親権者・後見人、成年後見人、保佐人、補助人）はどのような権能を行使して、制限行為能力者を保護しているのか。逆にいうと、各保護者にはどのような権限が与えられているのか、ということについて説明していきたいと思います。

まず、どんな権限があるのかについて説明した後、各保護者がその権限を持っているのかどうかについて、一つひとつ検討していきたいと思います。

　1つ目の権限は、代理権です。代理権というのは、制限行為能力者に代わって、保護者が一定の法律行為をすることができるという権限です。

　2つ目は、取消権です。これは先ほどから何度も出てきているように、制限行為能力者が行った行為を、保護者が取り消すことができる権限のことです。

　3つ目は、追認権です。追認というのは、制限行為能力者が単独である行為をしたときに、それが制限行為能力者にとって有利だと判断される場合に、後から保護者がそれを確定的に有効なものとする行為のことで、この権限を追認権といいます。

　4つ目は、同意権です。同意権というのは、読んで字のごとく、制限行為能力者がやろうとすることに、保護者が同意することができる権限です。例えば、何かの行為を行うにあたって、100の能力が必要だとすると、制限行為能力者は能力が80あるいは30しかないので、その足りない20あるいは70の能力を、同意ということで補うわけです。

　以上の4つが、保護者に与えられる権限ですが、すべての保護者にこれら全部の権限が与えられているわけではありません。そこで、どの権限が、どの保護者に与えられているのかということについて、これから順に説明していきたいと思います。

① **代理権**

　まず代理権ですが、これは制限行為能力者に代わって法律行為を行ってもよいという権限ですから、かなり強力な権限です。もし、成人した皆さんが、たとえ親とはいえ、勝手に自分の財産を処分されてしまったら怒るでしょう。

　したがって、保護者にこの権限が与えられるためには、よほど制限行為

能力者の能力が低くなければなりません。そういうことから考えると、まず未成年者の保護者である親権者・後見人すなわち法定代理人はどうでしょうか？　これは「代理人」と付いていることからもわかると思いますが、未成年者は未熟ですから代理権が認められます。次に、成年後見人はというと、これも成年被後見人が日常的に判断能力を欠く状態にあるわけですから、代理権が認められます。

　しかし、被保佐人および被補助人については、成年被後見人に比べると、まだ行為能力は高いですから、それぞれの保護者である保佐人と補助人には、原則として代理権は認めないということになります。ただし、被保佐人および被補助人の状態によっては、特定の行為についてのみ、家庭裁判所がそれぞれの保護者に例外的に代理権を認めることはあります。

② 取消権

　続いて、取消権です。この権限も代理権と同じように、かなり強力です。

　なぜなら、制限行為能力者が行った行為に介入、口出しして、その行為を取り消してしまうからです。そういうことからすると、先ほどの代理権と同じ結果になるような気もします。

　しかし、ここで注意してほしいのは、取消権もかなり強度の介入権限ではあるけれども、制限行為能力者を保護するという観点からすれば、代理権よりも幾分広く認めてもいいのではないかということです。皆さんも、代理権を行使して勝手にやられるのは困るけれども、自分が損をした行為を取り消してもらえるなら「まあいいか」となるのではないでしょうか。

　したがって、取消権に関しては、親権者・後見人、成年後見人に加えて、保佐人にまで認められています。しかし、補助人については、取消権はやはり強力な権限なので、原則として認められないことになります。ただ、これについても、家庭裁判所が例外的に認めた場合は、補助人にも取消権が付与されることになります。

③　追認権

　追認権については、制限行為能力者が行った行為を追認するだけなので、代理権に比べると介入の程度はかなり緩やかですし、取消権に比べてもやや緩やかです。したがって、追認権はすべての保護者に認めてもいいような気もしますが、補助人にだけは、原則として認められていません。

　ただし、先ほどの取消権と同様に、家庭裁判所が例外的に認めた場合は、補助人にも追認権が付与されることになります。

④　同意権

　さて、最後は同意権です。同意権は制限行為能力者のやろうとしている行為に同意を与える権限ですから、それほど強力な権限ではありません。

　したがって、先ほどの追認権と同じ扱いになるような感じがします。

　しかし、同意権については、少し注意が必要です。

　もう一度、先ほど説明した同意権の話を思い出してください。同意権というのは、同意を与えることで、制限行為能力者の足りない部分を補うことでした。そこで皆さんに考えてほしいのですが、成年被後見人はどんな人でしたか？　日常的に判断能力を欠く状態にある人でしたね。

　そうすると、仮に有効な能力になるために100の能力が必要だとした場合、成年被後見人はいったいいくらの能力を持っているのかというと、0なわけです。ということは、0しかできないところを有効にするには、100全部を保護者である成年後見人が補うことになりますよね。これははたして同意権だといえるでしょうか？　これは足りない部分を補うというよりは、代わりにしてあげる、つまり代理権を行使しているのと同じことになるわけです。

　成年後見人に代理権が認められていることは、先ほど説明したとおりです。しかし今申し上げた理由で、成年後見人には同意権は認められないということになります。この点はよく試験に出ますので、意識的に記憶して

42

おいてほしいと思います。

　その他の保護者に関しては、先ほどの追認権と同じで、法定代理人と保佐人には同意権が認められており、補助人には原則として同意権はなしということです。ただし、補助人については、先ほどの追認権と同様の例外はあります。

ボード
5

各保護者の権限

	保　護　者	代 理 権	取 消 権	追 認 権	同 意 権
未 成 年 者	法定代理人	◯	◯	◯	◯
成年被後見人	成年後見人	◯	◯	◯	×
被 保 佐 人	保　佐　人	△	◯	◯	◯
被 補 助 人	補　助　人	△	△	△	△

　今説明してきたことは、**ボード5**の表にまとめましたが、この表を丸暗記するのではなく、なぜこの保護者にはこの権限が認められているのに、この権限は認められていないのかという意味をもう一度よく考えながら、覚えるようにしてください。

（5）取消しの効果

　制限行為能力者を保護する制度として、制限行為能力者には取消権が与えられているということは、すでに述べたとおりです。そこで、この「取消し」の定義ですが、これまでの説明ですでにおわかりかと思いますが、改めて説明しておくと、「いちおう有効な行為を、その行為時に遡って無効にする、取消権者の意思表示」ということになります。簡単にいうと、取消しをすると、それまで有効だった法律行為が遡って無効になり、もともとなかったことになるということです。ここでは「その行為時に遡って」という個所をチェックをしておけばいいと思います。

では、そのような取消権は、誰が行使できるのでしょうか。つまり、取消権者は誰なのかということです。これまでの説明の中にも出てきましたが、あらためて確認しておきたいと思います。

　まず、制限行為能力者本人です。つまり、未成年者、成年被後見人、被保佐人、被補助人は、自ら取消権を行使することができます。取消しをして、新たにマイナスをしょい込むことはないからですね。それから、先ほど説明したように、補助人以外の保護者（法定代理人、成年後見人、保佐人）も取消権を行使できます。よく、保護者にばかり目がいってしまって、制限行為能力者本人も取消権者だということを忘れてしまう人がいますので、本人も取消権が行使できるということはチェックしておいてください。

　また、制限行為能力者の中で、特に注意すべきは成年被後見人です。なぜ注意が必要かというと、成年被後見人は日常的に判断能力を欠く状態にある人ですから、自分が行った行為を取り消すと得なのか、損なのかの判断ができません。それなのに、成年被後見人に取消権を認めてしまうと、本人が取消権を行使したばかりに損をしてしまうケースが出る可能性があるため、本人には取消権を認めないほうがいいんじゃないか、という考え方もあるからです。

　しかし、よく考えてみてください。確かに、そのままにしておけば１万円儲けられたのに、取消権を行使したばかりに、その１万円の儲けがパーになってしまうことはあるかもしれません。でも、それは１万円の儲けが０になるだけで、マイナスになってしまうという危険性は絶対にないわけです。取消権を行使したことで積極的に損をするということはないのです。ということで、成年被後見人本人にも、取消権を認めてもいいということになっているのです。

　次に、取消しの効果について説明したいと思います。

　取消権を行使すると、先ほど取消しの定義で説明したように、もともと

そのような法律行為はなかったことになります。すると、例えば、すでに売主が物を引き渡している、あるいは買主が代金を支払っているという状況下で取消権が行使された場合、原状回復や清算関係をどうするのかという問題が生じます。この点について、**ボード6**の事例を使って説明していきたいと思います。

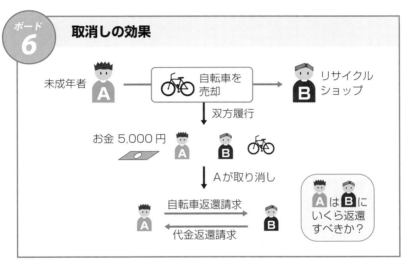

ボード6　取消しの効果

未成年者AがリサイクルショップBに自転車を売却し、自転車を渡して代金を受け取りました。つまり、双方の履行は終わっています。このような状況下で、A側が取消しをしたとしましょう。細かいことですが、Aではなく「A側」としてあるのは、取消権者が未成年者A本人だけでなく、その保護者である法定代理人も取消権者だからです。

取り消すと、自転車の所有権移転原因たる売買契約がなくなるわけですから自転車所有権がBにあることの法律上の原因はなくなり、逆に、今Aの手元にある代金もその法律上の原因がないということになるわけです。したがって、Aは「自転車を返せ」という返還請求をすることになりますし、Bは「代金を返せ」と返還請求することになります。つまり、取消権を行使した結果、お互いに原状を回復せよという義務が生じるわけです。

そこで、問題となるのは、すでに未成年者Aが受け取った代金を少し使ってしまっていた場合です。このとき、未成年者Aはいったいいくら返さなければならないのでしょうか？　皆さんはどう思いますか。全額返さなければいけないのか、それとも残っている分だけ返せばいいのか？

　結論をいうと、「意思無能力者や制限行為能力者は、現存利益を返せばそれで足りる」とされています。121条の2第3項です。この「現存利益」の個所はチェックしておいてください。

　「現存利益」というのは、受け取ったものによる利益で手元に残っている部分をいいます。つまり、どういうことかというと、例えば、先ほどの未成年者Aが自転車の売却代金5,000円を、すでにゲームセンターで全部使ってしまっていた場合は、現存利益なしということになり、お金を返さなくてもいいということです。もちろん、取消権を行使していますから、自分の自転車は戻ってきます。でも、代金は浪費してなくなっているので、返さなくてもいいという扱いになるのです。

　それに対して、代金を必要費に充てた場合、例えばその5,000円を全部、学校で必要な参考書を買う代金に充てたときなどは、その分の出費を免れているので、現存利益ありとなり、全額返還しなければならない、というふうに扱われることになるのです。

　これについては、皆さんの感覚でいうと、少し意外な感じがすると思いますが、よく考えると別に変ではありませんよ。必要費の場合はたとえ手元に自転車の代金がなくても、どこかから借金してでも支出していたはずです。たまたま手元に代金があったから借金せずにそれで支払った。だとすれば取り消した場合、どこかから借金して代金分のお金を返すべきではないでしょうか。

（6）追　認

　次ですね、追認。制限行為能力者が行った一定の行為、これを、制限行為能力者にとって有利だと保護者が判断して、後から確定的に有効なものと扱う。そのようなものを追認というわけです。制限行為能力者本人は、行為能力者になってから初めて追認ができます。これは当然のことだと、ぜひ皆さんに受けとめてほしいところなんです。制限行為能力者が、制限行為能力状態のままでいったん行為をします。その後で、その状態のままなのに追認もする。追認をすると、最初の行為が確定的に有効になってしまう。そんなふうに扱うと、これは判断能力が劣ると扱われている制限行為能力者の保護として、不十分なわけです。そんなところで、覚えようとせずに、「なるほど、それはそうだな」と納得してもらいたい個所になるわけです。

（7）意思無能力者と制限行為能力者の関係

　次に若干興味深い、数的処理の判断推理系、つまりちょっとパズルっぽいテーマをお話ししましょう。以前、意思能力の項で、7〜10歳程度の知能すら持たない意思無能力者が行った行為は「無効」になるという話をしました。そして先ほどは、制限行為能力者の行為は「取り消す」ことができるという話をしました。

　そこで問題なのは、例えば産まれたばかりの赤ちゃんや多くの成年被後見人は、意思無能力者でもあるし、制限行為能力者でもあるわけですよね。そんな人のなした行為の効果は「無効」なのか「取消し」できるのか。

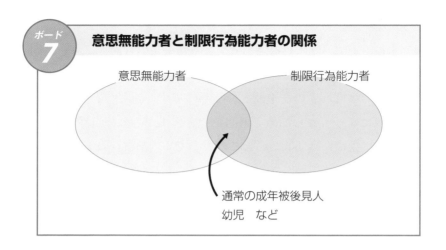

意思無能力者　　　　　　　　　制限行為能力者

通常の成年被後見人
幼児　など

　ちなみに、「無効」と「取消し」は、ともに法律行為の効果が生じない
という点では同じなのですが、「無効」は何もしなくても初めから自動的
に法律行為の効果が生じないのに対し、「取消し」は取消権者が取消権を
行使して初めて、法律行為の効果を消滅させることができるという違いが
あります。

　さて、先ほどの結論ですが、意思無能力者であると同時に制限行為能力
者でもある人は、無効と取消しのいずれも主張できます。この結論はチェ
ックしておいてください。

　しかし、少し考えてみてください。そもそも意思無能力者の行為は無効
なわけです。だから、無効な行為を取り消すというのは、理論的にはおか
しいんじゃないでしょうか。例えば死んでいる人を殺すことはできません
よね。殺すというのは、生きている状態から死んだ状態に変えることです
から、死んでいる人を殺すことはできない。同様に、無効なものを取り消
すことは、理論的にできないはずです。まず、問題の所在をしっかり理解
するべきなんです。

　しかしながら、無効も取消しも、どちらも法的拘束を無くすための手段
にすぎないということで、理論上は若干苦しいけれども、意思無能力者か

つ制限行為能力者の行為は、無効の主張もできるし、取消しの主張もできるというように扱われているのです。

（8）制限行為能力者の相手方の保護

　次は、制限行為能力者の相手方の保護について、説明したいと思います（**ボード8**）。

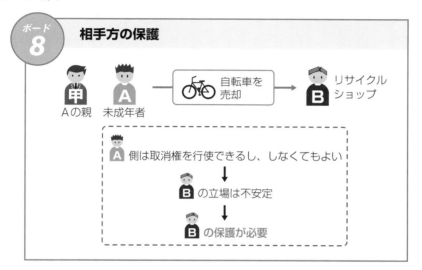

ボード **8**　**相手方の保護**

甲　Aの親　　A　未成年者　　自転車を売却　　B　リサイクルショップ

A 側は取消権を行使できるし、しなくてもよい

↓

B の立場は不安定

↓

B の保護が必要

　相手方というのは、先ほどから何度も登場しているリサイクルショップBのことです。

　まずは、なぜリサイクルショップBを保護する必要があるのかということですが、その理由はBの立場になって考えてもらえればわかると思います。未成年者Aから自転車を買ったBは、自転車を手に入れたはいいけれども、A側に取消権があるので、いつ取り消されるかわかりません。そうすると、その自転車に手を加えることも、あるいは誰かに売却することもできないということになります。だから本心は有効な状態で維持してもらいたいけれどもせめて取り消すなら取り消す、取り消さないなら取り消さないと、早くはっきりさせてほしいと思うことになります。したがって、

制限行為能力者の相手側たるＢを保護してやる必要があるわけです。

　そこで、民法は相手方を保護するための制度として、①催告、②制限行為能力者の詐術、③取消権の消滅時効、④法定追認制度という４つの制度を用意しています。では、順番に見ていきましょう。

①　催　告

　まず、催告ですが、これは相手方ＢがＡ側の法定代理人に、１か月以上の期間を定めて、「取り消すのか、追認するのか、どちらかはっきりしてください」と決断を迫ることができるという制度です。催告の結果については、決断を迫られた制限行為能力者側の対応によって、**ボード9**の図にあるような処理になります。

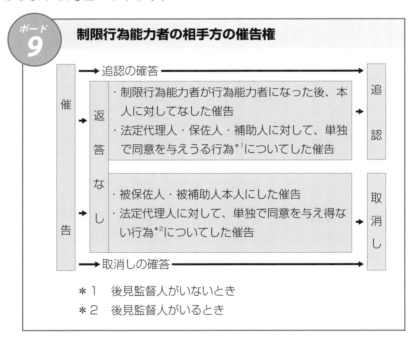

ボード 9 制限行為能力者の相手方の催告権

催告
→ 追認の確答 →
返答
あり
・制限行為能力者が行為能力者になった後、本人に対してなした催告
・法定代理人・保佐人・補助人に対して、単独で同意を与えうる行為*1についてした催告
→ 追認

なし
・被保佐人・被補助人本人にした催告
・法定代理人に対して、単独で同意を与え得ない行為*2についてした催告
→ 取消し
→ 取消しの確答 →

＊１　後見監督人がいないとき
＊２　後見監督人がいるとき

　催告に対して、制限行為能力者側がはっきり「追認します」といった場合（図の一番上）は、追認したという扱いになります。それに対して、制

限行為能力者側がはっきり「取り消します」と答えた場合（図の一番下）は、取消しがなされたものとして扱われることになります。この2つは当たり前ですよね。

　問題は図でいうと「返答なし」のところです。催告したにもかかわらず、制限行為能力者側が無視している場合です。このような場合には、相手方を保護する必要性から、追認あるいは取消しのどちらかに、法的に決めてしまう必要があるといえます。

　では、どのような場合に追認あるいは取消しがなされたと扱うべきでしょうか。これは**ボード9**を見ながら説明したいと思います。まず「制限行為能力者が行為能力者になった後、本人に対して催告をした場合」、例えば、未成年者が成年になったというような場合です。あるいは保護者に対して催告をした場合。この場合は、制限行為能力者側が無視していると、追認したものと扱われます。

　次に「被保佐人・被補助人に催告した場合」、あるいは「法定代理人に催告をしたけれども、その法定代理人に後見監督人が付いている場合」には、取り消したものとして扱われることになります。

　後見監督人というのは、法定代理人を助ける仕事をする人のことです。

　例えば、18歳で子供を産んだという人はたくさんいるわけで、そのような場合、18歳の若い父親、母親が、その子供の法定代理人になっています。

　ところが、年齢によって一概に決めつけるのもどうかと思いますが、18歳の法定代理人というのは、一般的にいって少し頼りないので、例えばその子供の祖父や祖母が後見監督人という形で付く場合があるのです。

　では、追認と扱うか、取消しと扱うかの境目はいったい何なのでしょうか。もうすでに気づいた人もいるかもしれませんが、催告した相手がしっかりした人かどうかということです。しっかりした人に決断を迫ったのに返事がない場合は、一方で相手方としては契約を有効にしたい。この契約は自分に有利だと思って契約しているわけだから、できることなら、法律

1

総則

行為を有効としてほしい。他方で制限行為能力者側も取消権を行使するチャンスは与えられていたのに、これを行使しなかったのだから有効とされても仕方がない。だから追認したものとして扱うわけです。それに対して、しっかりしていない人に催告をした場合は、制限行為能力者側に取消権を行使するチャンスは与えられていたとはいえないから、安全第一ということで取り消したものとして扱うということです。

② 詐　術

次は、制限行為能力者の詐術です。これは、制限行為能力者があたかも行為能力者であるかのように装った場合、そんな悪知恵の働く制限行為能力者に取消権を認める必要はないということで、取消権を制限しているわけです。

③ 消滅時効

続いて、取消権の消滅時効。これは「追認できる時から5年、または行為の時から20年経つと、取消権が行使できなくなる」ということです。

これについては、5年と20年をチェックして、しっかり覚えておいてほしいと思います。

④ 法定追認制度

最後は、法定追認制度です。これについては、**ボード 8** と同じ事例を使って説明することにします（**ボード 10**）。

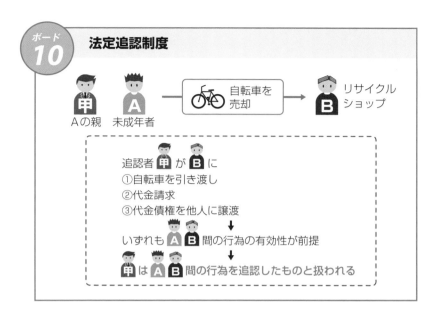

ボード
10　法定追認制度

　未成年者Aが甲（Aの親）の同意を得ずに、自転車をリサイクルショップBに売却してしまいました。そうするとA側は取り消すか、取り消さないかを選べる状態です。ところが、次の段階で甲（Aの親）が**ボード10**の①〜③のような行為をしたとします。例えば、追認権者である甲（Aの親）が、自らBに自転車を引き渡すというような行為をする。そうすると、Bとしてはどう思うでしょうか？　これは親も認めたんだな、と普通は考えます。

　あるいは、甲（Aの親）がBに対して代金の請求をする。あるいは、甲（Aの親）が代金債権を他人に譲渡する。このような行為は、いずれもAB間の行為が有効であることが前提になっていますから、そのようなことを甲がやった場合は、Bは契約が確定的に有効になったと期待します。

　したがって、このような場合には、はっきりと追認権者である甲が、「追認します」と言ったわけではないけれども、追認があったと扱ってしまうということにして、Bを保護しましょうということです。これが、法

定追認制度と呼ばれるものです。

ここまでをCHECK

①制限行為能力者の行為の効果は不確定効果不帰属。
②制限行為能力者は未成年者、成年被後見人、被保佐人、
　被補助人の4種。
③相手方保護の制度は催告、詐術、時効、法定追認。

では次へ行きましょう！

4　失踪宣告

（1）失踪宣告の期間と死亡認定の時期

　では、失踪宣告の説明に移りたいと思います。

　失踪宣告というのは、「不在者の生死が一定期間不明な場合に、その者を死亡したものとして扱ってしまう」制度のことです。不在者というのは行方不明になった人のことで、このような場合に、周りの人が不在者をめぐる法律関係をきっちりと清算してしまわないと、何かと迷惑をこうむる。そんなところからこのような制度が設けられているわけです。つまり、不在者の周りの人のための制度ということになり、失踪宣言を受けた人が実は生存していた場合、権利能力がなくなるわけではありません。

　では、生死が一定期間不明の「一定期間」とは、具体的には何年なのでしょうか。これは普通失踪と特別失踪とに分かれています。普通失踪というのは、事故に遭ったわけではなく、ただ単に夜逃げしたとか、愛人と蒸発したというような場合に使われるもので、このような場合は、7年。7年間生死がわからないと、失踪宣告によって不在者は死亡したものとして

扱うことになります。

　一方、特別失踪というのは、戦争に行ったとか、沈没した船に乗っていたというような、命を落としやすい事態に遭遇した場合に使われるもので、このような場合は、1年。危難が去った後1年間生死がわからないと、失踪宣告が出ることになります。

　ただ、失踪宣告を出すのに必要な生死不明期間は7年と1年ですが、どの瞬間に死亡したと扱うかという点については、これとは別の問題です。

　この点、普通失踪の場合には7年経過時です。つまり「期間満了時」です。これに対して、特別失踪の場合には、1年の期間満了時でなく「危難が去った時」に死亡したものとして扱います。この点は要チェックです。

　もう一度確認しておくと、普通失踪の場合は、例えば夫が行方不明になってから7年経てば、裁判所に失踪宣告を出してもらうことができ、7年の期間満了時に死亡したものとして認定されるということです。一方、特別失踪の場合は、夫が事故に遭ったとしても、1年経たなければ裁判所に失踪宣告を出してもらうことはできないけれども、失踪宣告が出れば、死亡時期は遡って「危難が去った時」になるということです。

　特別失踪の場合、1年経過時ではなく危難が去った時まで死亡時期が遡る理由は、例えば船が沈没した場合に木か何かにつかまってなんとか生き延びていたけれども、1年後に力尽きてゴボゴボと沈んでいったというのは、ちょっとそれは不自然ですね。だから、船が沈んだ場合には、その船が沈んだ時に死んだと認定するということです。

（2）失踪宣告の取消しの効果

　では、いったん失踪宣告が出た後に、夜逃げしていた父親がのこのこと10年ぶりくらいに帰ってきた場合、どうなるのでしょうか。「よう、坊主。大きくなったな」とかなんとか言いながら帰ってくる。案外あるんですよ。そのような場合は、失踪宣告を取り消す必要が生じます。

失踪宣告の取消しがなされると、失踪者が死んだことを前提にして行われてきた一連の行為は、元に戻す必要性が生じます。現存利益返還義務といって、その時に残っているものだけ返せばいいことになっている。とはいえ、常に元に戻さなければならないとすると、第三者に迷惑がかかる場合が出てきます。だから失踪者の利益と、新たに法律関係に入った者の利益の調整をする必要がある。例えば、失踪者の財産を処分していた場合などです。

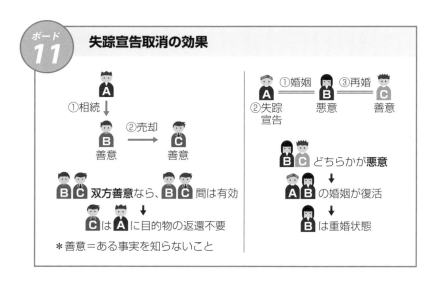

ボード
11　　**失踪宣告取消の効果**

①相続
②売却
B 善意　→　C 善意
BC **双方善意**なら、BC 間は有効
↓
C は A に目的物の返還不要
＊善意＝ある事実を知らないこと

①婚姻　③再婚
A ②失踪宣告 ＝ B 悪意 ＝ C 善意
BC どちらかが**悪意**
↓
AB の婚姻が復活
↓
B は重婚状態

　例えば、Aが失踪したということで死んだものとして扱われた結果、Aが所有していた土地をBが相続したとしましょう（**ボード11**の左側）。Bは自分のものになったということで、その土地をCに売却しました。ところが、Aが生きて帰ってきた。そうすると、Bからその土地を買い受けたCは、Aに土地を返さなければならないのか、という問題があるわけです。

　結論としては、BCともにAが生きているという事実に対して善意であれば、Cは土地をAに返す必要はありません。「善意」というのは、民法

上あるいは商法でもそうですが、ある事実を知らないことをいいます。逆に、ある事実を知っていることは「悪意」といいます。ヘンな言葉ですけど我慢してなじみましょう。

　今、のこのこ帰ってきたAが、自分の財産ですよということで、自分の財産を取り戻せるのか、それとも、買い受けたCのものになるのかという調整なんだけれども、BCどちらも善意の場合に、BC間の行為は有効というふうに扱われるわけです。よく間違えるんですけれども、Bが悪意でもCが善意であれば、CはBC間の行為を有効と扱ってもらえると思いがちですね。でもそうではありません。BもCも、本当はAは生きているんですよ、という事実を知らない。Aは本当は生きているということを知らない、ということを善意というわけだけれども、BもCも善意の場合に限って、BC間の行為が有効と扱われます。その結果、CはAに対して物を返す必要がありません。所有権を維持できるということになるわけです。

　このあたり、皆さんの感覚に照らしていかがでしょうか。私は、これは妥当な処理という感じがするわけです。自分の都合で行方知れずになっておいて、のこのこ帰ってきて、BもCもそのことを知らなかった。なのにCが物をAに戻す。ちょっとこれは酷かなという気がするわけです。以上が、財産法上のところです。

　では、次のようなケースはどうでしょうか。**ボード11**の右側です。

　当初、AとBとが夫婦でした。ところが、Aが行方不明になって帰ってこないため、失踪宣告を受けたわけです。そうすると、Aは死んだものとして扱われるので、BはCと結婚（再婚）しました。

　このような場合も、先ほどと同じ処理になります。BCともに、Aが生きているという事実を知らなかった場合のみ、BC間の婚姻が有効と扱われるのです。逆にいうと、少なくともどちらか一方がAが生きているという事実を知っていた場合には、AB間の婚姻も復活することになるというわけです。

そうすると、ＢはＡもＣも自分の配偶者であるという重婚状態になってしまいます。その先の処理はどうなるのかというと、Ａは「俺という夫がいながら、Ｃと一体何をやっているんだ！」ということで、ＡはＡＢ間の婚姻を破棄（離婚）できます。それに対して、ＢＣ間はどういう話になるのかというと、そもそも配偶者がいる人間は、別の人と結婚することはできないので、ＣはＢＣ間の婚姻を取り消すことができるという扱いになるわけです。

ここまでをCHECK

①普通失踪は７年、特別失踪は１年。
②失踪者も生存している限り権利能力あり。
③帰来した場合、失踪宣告が取り消されると受益者は現存利益返還義務を負う。
④相続人等のした処分は双方善意の場合のみ有効。

　では次へ行きましょう！

今回の学習テーマは、「法人」です。平成18年に一般法人法が制定されたことを受けて、民法の法人規定は大幅に削除されました。少なくとも法人の意義・種類、権利能力なき社団等の概念については、正確に理解しておきましょう。

1 　法人の意義と種類

（1）種　類

　まず法人の定義から確認していくことにしましょう。

　法人とは、「自然人以外で、権利能力（法人格）を認められたもの」のことです。では、法人にはどのような種類があるのかということですが、ここはちゃんとご理解いただく必要があるわけです。

　まず、構成に着目しますと、社団と財団。社団というのは人の集まり、財団は財産の集まり。その程度でここは結構です。

　次に、設立の目的に着目して3つの分類があるわけです。公益法人、営利法人、中間法人です。

（2）意　義

　では、何のために法人という概念があるのでしょうか。簡単にいうと法律関係をシンプルにするためです。

　例えば100人の仲良しグループがいるとします。100人で飲み屋で盛り上がる場合、それぞれがお店に飲食代の債務を負担する。単発の取引ならそれでいいのですが、100人で何かを仕入れてそれを加工し、販売する、ということが繰り返し行われる場合は、構成員1人1人が100分の1ずつ債

務を負担し、いちいち個別に履行するのは面倒です。だから構成員の個性を捨象した抽象化された団体自体に権利義務を帰属させる。すると契約書にも団体名を1つ書けば足り、とても便利なわけです。その権利義務の帰属主体が法人なのです。

　ここで、憲法で宗教的結社の自由が争われた、オウム真理教解散命令事件を思い出した人は関連付けがうまい人です。

ここまでをCHECK

①法人とは、自然人以外の権利能力主体。
②法人制度の趣旨は、法律関係をシンプルにすること。

では次へ行きましょう！

2　民法の規定

（1）法人法定主義

　民法に残された法人規定で見ておく必要があるのは2つです。第1が33条の法人法定主義。

> ▶ **第33条**
> ①　法人は、この法律その他の法律の規定によらなければ、成立しない。
> ②　学術、技芸、慈善、祭祀、宗教その他の公益を目的とする法人、営利事業を営むことを目的とする法人その他の法人の設立、組織、運営及び管理については、この法律その他の法律の定めるところによる。

　まあこれはわかりやすい条文ですね。2項には、公益法人、営利法人とならんで「その他の法人」が規定されています。これは従来の中間法人の

ことです。

（2）法人の権利能力

▶ 第34条
　　法人は、法令の規定に従い、定款その他の基本約款で定められた目的の
　　範囲内において、権利を有し、義務を負う。

　これは従来の43条ですね。目的による制限。これはどういうことかといいますと、法人を作りたくなったとき、まず第1に根本規則を作りにかかります。つまり定款に法人の目的を書く。目的がどのような意味を持つのかといいますと、法人は、定款に書かれた目的の範囲内でのみ、権利能力を有する。逆にいうと、法人の定款に書かれている目的の範囲外のことについては、権利能力を持たないというふうに扱われているんです。いいかな、「法人は、設立のときに作成した根本規則[4]で定めた目的の範囲内でのみ、権利能力を有する」ということです。そうすると、理事が法人の目的の範囲外の行為を行った場合、どんな処理になると思いますか。「目的の範囲外のことについては、法人は権利能力を持たないと扱われる」わけですから、理事が目的の範囲外の行為をした場合は、権利能力がないということで「無効」とせざるを得ないことになります。

　ところが、その法人と取引をした相手方としては、「すいません。目的の範囲外なので無効です」と、法人の側から言われると困りますよね。そこで、判例はどう考えているのかというと、「法人の目的の範囲内というのを緩やかに拡大して捉え、これも目的の範囲内、あれも目的の範囲内ということにして、その法律行為を有効にすることで、相手方を保護しよう」としているのです。例えば、企業の政治献金。これは営利法人のことなので民法とは直接関係ありませんが、判例は「政治献金も法人の目的の範囲内」と扱っているわけです。これは、皆さん憲法で勉強されていますね。八幡製鉄政治献金事件です。

4）これは従来の財団法人では寄附行為と呼んでいたが、社団法人、財団法人とも定款で統一された。

民法で大切なのは、非営利法人を扱った判例です。信用組合の判例がありますので、詳しく見ていくことにしましょう。**ボード1**でお話をしたいと思います。

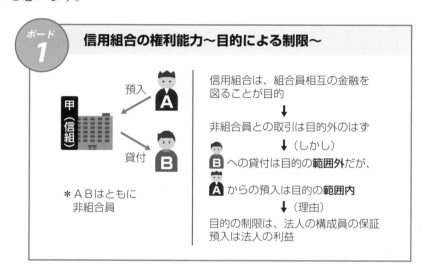

　信用組合というのは、法人の構成員たる組合員が相互にお金の貸し借りをする目的で設立された組織のことです。

　甲という信用組合がありました。そして、その甲信用組合が組合員ではないAからお金を預かりました。他方で、甲信用組合は、別の非組合員のBに対して貸付を行いました。さて、ここで問題ですが、このような非組合員からの預入あるいは貸付という行為は、はたして権利能力の範囲内なのか範囲外なのかということです。皆さんはどう思いますか。

　もともと信用組合の目的はというと、組合員内部の金融を図ることです。ところが、AもBも外部者です。外部者だとすると、預入であろうと貸付であろうと、どちらも目的の範囲外だから、無効となりそうですね。

　しかし、判例の結論は違います。「Aからの預入については目的の範囲内だが、Bに対する貸付については目的の範囲外である」と、判例はいっているのです。なぜなのか。それは、「何のために、法人の目的の範囲内

に、法人の権利能力を制限するのか」という狙いを考えればわかると思います。

　そもそも我々がある法人に入ろうか入るまいかというのは、目的を見て判断します。法人が目的の範囲外の行為をして、予想外の損失を受けた場合、困るのは構成員だからです。そういう不都合をなくすために、法人には目的の範囲内で権利能力がある、と扱っているわけです。

　そういう考え方からすると、この事例の場合は、甲信用組合がＡからお金を預かったという行為は、法人にとっては利益です。だから、無効と扱う必要がないわけです。ところが、Ｂへの貸付はもしかしたら焦げ付くかもしれません。焦げ付くと法人の利益が害されますから、目的の範囲外として無効と扱っているわけです。

（3）その他

　従来は民法上、対内的法律関係、対外的法律関係に関する規定が置かれていましたが、それらは一般法人法で規律されることになりました。

ここまでをCHECK

①法人の「目的」は権利能力の制限である。
②目的外行為の効果は無効である。

　では次へ行きましょう！

3 権利能力なき社団

（1）社団と民法上の組合の違い

　「権利能力なき社団」の説明をする前に、まずは前提知識として、次のことを知っておきましょう。それは、「社団」と「民法上の組合」との違いについてです。民法上の組合というのは、農業協同組合や労働組合とは違いますので、この点は注意してくださいね。

　この両者の違いを図で示すと、**ボード2**のようになります。

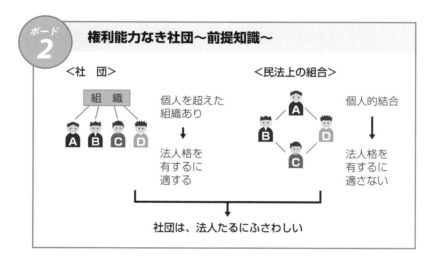

ボード2　権利能力なき社団〜前提知識〜

<社　団>　　　　　　　<民法上の組合>

組　織

個人を超えた組織あり　→　法人格を有するに適する

個人的結合　→　法人格を有するに適さない

社団は、法人たるにふさわしい

　まず、社団は組織がしっかりしていて、各構成員A、B、C、Dと組織が上図のように直接結び付いているわけです。これに対して、民法上の組合というのは、上図のように、それぞれのメンバーが直接結び付きあっています。つまり、民法上の組合は個人的結合だけで、構成員の個性を超えたしっかりした組織がないわけです。

　では、このような2種類の人の結合形態のうち、どちらが法人格を有するのにふさわしいかというと、個人を超えた組織がしっかりしている社団のほうがふさわしいということになりますね。つまり、社団は，法人格を

持っている、言い換えれば、権利能力があるのが通常の形態であるといえるわけです。

（2）権利能力なき社団とは

　では、本題の「権利能力なき社団」の説明に移りたいと思います。

　平成18年の一般法人法の制定により営利目的でなくても、法人格を取得することが容易になりました。でもすべての社団が一般法人法により法人格を取得するとは考えにくい。一般法人法は詳細な規律があり、数人から数十人程度の小規模なサークルには適合しないとも思われます。

　そうすると、組織としては法人になるにふさわしく、実態は法人格を持つにふさわしい団体、つまり社団なんだけれども法人としては認められないという団体が、現実には存在することになるわけです。例えば、PTAなどがそうで、このような団体のことを、民法では「権利能力なき社団」と呼んでいます。

　そうすると、権利能力なき社団は、実態としては法人格（権利能力）を有するにふさわしいけれども、法律上は法人として認められないから、法人が矢面に立てない以上、各構成員がこの所有権を分け合ったり、債権、債務を分け合うという扱いにならざるを得ない。法律上はね。ところが、実態はどうかというと社団なんです。構成員を超えたしっかりとした組織があるわけだから、本当は権利能力ありと扱いたいのです。

　別の表現をすると、各構成員に権利義務が分属するという結論を避けたいという要請があるということです。どういうことかというと、例えば、PTAには権利能力がないから、PTAはある物の所有者になれない。あるいは、誰かとの関係で債権者とか債務者にはなれないわけです。

　しかし、実態はメンバーが入れ替わっても会としては存続する立派な組織なわけです。だから、各構成員にバラバラに権利義務を分けるのではなく、PTA自体が何かの所有者であったり、債権者や債務者であるのと同

じような扱いをしてあげたいわけです。そこで、登場してきたのが「総有」という概念なのです。

ボード3

権利能力なき社団～問題の所在～

法律上…権利能力なし ➡ 各構成員に権利義務が帰属

実　態…社団ゆえ権利能力ありと扱い、権利義務を構成員に
　　　　帰属させたくない

↓

総有

（3）総　有

　総有というのは、「団体の権利義務が構成員全体に**不可分的に帰属する**」という概念です。ポイントは「不可分的に」ということです。不可分的にというのは、「分けることができない状態で」という意味なので、この総有という概念を用いることによって、構成員は権利や義務を分けることができなくなり、結局、まるでPTAに権利義務が帰属したのと同じ扱いができることになるわけです。

　もう少しわかりやすく説明すると、例えば、あるPTAの構成員が600人いて、そのPTAがある物を買ったとします。すると、法律上はPTA自体はある物の所有者にはなれないから、構成員たる600人の保護者がそれぞれ600分の1ずつの持分を持って、その物を所有するという扱いになります。しかし、そうしてしまうと、誰かが自分の持分を売ることが可能になり、物がバラバラになってしまう。これはよくない。

　そこで、総有という概念を用いることで、分けることができないようにして「**構成員の持分を否定**」したわけです。

　あるいはPTAの債務についても各メンバーは個人的責任を負わない。そうすることによって、まるでPTA自体が債務を負ってるというふうな

結論に近づけようとしている。このような考え方、ちょっとややこしいけど、債務の総有的帰属といったりします。このあたりは問題の所在というところを考えていただけると、納得してもらえるんじゃないかと思うんですね。

そのほか、権利能力なき社団も、法人の不法行為責任は負わされるということと、代表者を決めていれば民事訴訟の当事者にもなれるということの2点は、細かなことですが、過去に試験に出たことがあるので、覚えちゃいましょう。

（4）権利能力なき社団の不動産登記

先ほど説明したように、権利能力なき社団も「総有」という概念を用いることによって、実質的には権利能力があるかのように扱うことができるようになりました。ところが、不動産の登記に関しては、そういうわけにはいかないのです。

したがって、例えばPTAが不動産を購入し、PTAの名義で登記しようとしても、それはできません。社団名の登記はできないわけです。では、社団の肩書きを付けた代表者名での登記はどうかというと、これもできません。では、どうするのかというと、代表者等の個人名義で登記をせざるを得ないということになっています。

これまでの説明を聞いて、皆さんの中には「構成員全員の共有名義の登記はできるのか？」という疑問を持った人もいると思います。これについては、理論上は可能です。むしろ、本来は各構成員が少しずつ持分を持っているわけですから、実態に即しているといえます。

しかし、実際上は、利用されていません。なぜでしょう。

それは全員の共有名義にしてしまうと、メンバーが変わるたびにいちいち変更登記をしなければならない。つまり3月に卒業生が出ていってPTAもごっそり抜ける。それから4月に新入生が入ってきて新しいメン

バーがごっそり入ってくる。そのたびに登記を書き換えなければならない。これは非常に不便です。だから実際上は使われません。この全員の共有名義の登記というのは実際上は使われない。理論的には可能だけれども、それは不便だというふうなことになるわけですね。今の話は平成19年の裁判所事務官本試験でも問われました。

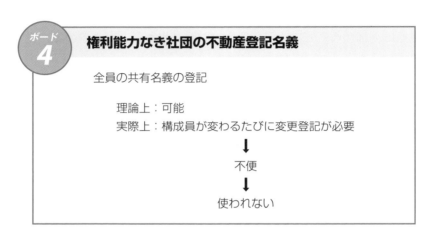

ボード
4

権利能力なき社団の不動産登記名義

全員の共有名義の登記

理論上：可能
実際上：構成員が変わるたびに変更登記が必要

↓

不便

↓

使われない

（5）権利能力なき社団の今後

　さて平成18年の一般法人法の制定によっても、なお権利能力なき社団なる概念は必要です。ただ、今後さらに小規模団体のための簡易な法人法が制定されるかもしれません。そうなると権利能力なき社団という、ある意味、現状に迎合するかのような理論は不要になるかもしれません。

ここまでをCHECK

①社団とは、組織と構成員との結合で形成される人の集まりである。

②権利能力なき社団の財産関係は総有として規律される。

③総有とは団体の権利義務が構成員全員に不可分的に帰属するという概念である。

では次へ行きましょう！

Chapter 1
Section 4　意思表示

今回の学習テーマは、「意思表示」です。意思表示は3年に1回は出題されるメジャー分野です。静的安全の保護と動的安全の保護の調整という観点を常に意識して勉強しましょう。

1　総　則

では、意思表示について説明したいと思います。

法律行為は意思表示を基本的な要素としています。法律行為とは、法律関係を変化させる一連の行為なわけですが、すでに述べたように「法的拘束の根拠は、我々の自由意思」にあります。これは「身分から契約へ」とも表せますし、あるいは「私的自治の原則」という形でも表れてきているわけです。つまり、法律行為には、私たちの自由な意思というのが非常に大切なのだということを、まず確認しておきましょう。とすると、意思というのは「真正な意思」でなければなりません。つまり、本当の気持ちでなければならないということです。逆にいうと、真正な意思だからこそ、法的拘束を受けてもいい、ということになるわけです。ここでは「真正な意思」というところはチェックしておいてください。

では、意思表示はあったけれども、その表示は本心に基づくものではなかったという場合、つまり「意思」と「表示」が不一致の場合は、どうなるのでしょうか。そのような意思表示も有効なのか、それとも無効なものとして扱うべきなのか。このような問題について、これから説明していきたいと思います。

（1）意思表示の構造

　その前に、前提として「意思表示の構造」について説明しておきたいと思います。

　意思表示の構造は、通常4段階に分けて論じられています。まず「基礎事情」があって、次に「効果意思」があり、その次に「表示意思」があり、そして「表示行為」があるという順序です。少々わかりにくいと思いますので、大学生のA君がバイクを購入するという具体例をあてはめながら説明していくことにします（**ボード1**）。

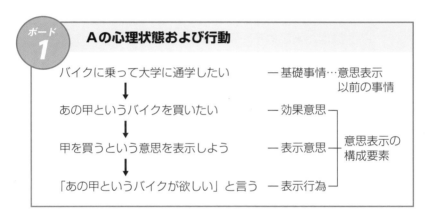

ボード1　Aの心理状態および行動

バイクに乗って大学に通学したい　──基礎事情…意思表示
　　　　　↓　　　　　　　　　　　　　　　　以前の事情

あの甲というバイクを買いたい　　──効果意思─┐
　　　　　↓　　　　　　　　　　　　　　　　　　├意思表示の
甲を買うという意思を表示しよう　──表示意思─┤構成要素
　　　　　↓　　　　　　　　　　　　　　　　　　│
「あの甲というバイクが欲しい」と言う　──表示行為─┘

　まず、基礎事情です。A君がバイクを買おうと思った事情はというと、「バイクに乗って大学に通学したい」ということです。バスを待つのはうっとうしい。だからバイクを買おうと思ったわけです。では、次にA君はどうしたか？　店に行き、いろんなバイクを見たうえで、「甲というバイクを買おう」と決めました。これが効果意思です。そして、次にA君は店の人に「この甲というバイクをくださいと言おう」と決めました。これが表示意思です。そして、実際に店の人に「この甲というバイクを売ってください」と言いました。これが表示行為です。

　ここで大切なのは、4段階あるとはいいながら、第1段階の基礎事情は意思表示の構成要素ではないという点です。このことは、後ほど説明する

「錯誤」のところで、非常に大切な意味を持ってきますので、ここでしっかり確認です。

（2）意思と表示の不一致の形態

　このように基礎事情から表示行為までの４段階が正常に流れればいいのですが、実際には何らかの事情で本当の気持ちと表示内容との間に不一致が生じることがあります。そのような場合の処理方法として、民法は**ボード２**のような５つの類型を用意しています。

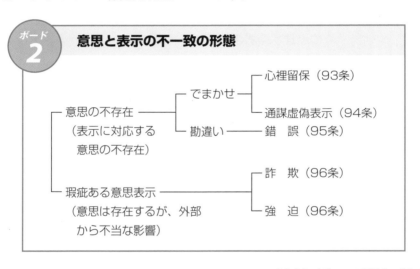

　まず図の右端を見てください。上から順に、「心裡留保」「通謀虚偽表示」「錯誤」「詐欺」「強迫」と分かれています。このうち上の３つが「意思の不存在」と呼ばれるもので、これは「でまかせ」や「勘違い」のように、気持ちが全くないという意味です。それに対して、下の２つは「瑕疵ある意思表示」といいます。これは、気持ちはあるのですが、その気持ちを持つに至った形成過程に若干の瑕疵があるということです。瑕疵というのは、欠陥、キズ、不完全さという意味だと理解しておけばいいと思います。

（3）不一致の場合の処理方法

　表示行為と本当の気持ちが食い違った場合の処理は、大きくいうと2通り。有効ですか、無効ですか、という問題になるわけなんです。ただ、意思表示をした人の立場に立つと、「本当の気持ちはなかったのだから、これは無効と扱ってもらいたい」と思うのが通常です。

　それに対して、意思表示を受けた相手方の立場に立って考えてみると、「気持ちがなかったからといって、あなたは表示行為をしたじゃないですか。やたらと無効、無効と言われると、こちらも困ります」と言いたいと思うのが通常です。

　このように両当事者の矛盾する反対要求、これをいかにして調和させるかというのが、法学の究極のテーマであり、一番おもしろいところだといえるのではないかと思います。そこで、今の問題をどう処理するか。これには「意思主義」と「表示主義」という2通りの立場があります。

　意思主義というのは、表意者の真意（本当の気持ち）を重視する立場です。すると、意思表示は気持ちがなかったのだから、無効というふうに扱うことになります。逆に、表示主義というのは、「あなた、表示行為をしたでしょ。言った以上は責任をとってもらいますよ」ということで、表示行為を重視する立場です。だから、この立場を取ると、たとえ気持ちがなかったとしても、その意思表示は有効というふうに扱うことになります。つまり、意思主義は「静的安全の保護」、表示主義は「動的安全の保護」を目的にしているわけですが、これについてはわかりにくいと思いますので、もう少し詳しく説明することにします。

　まず、意思主義の立場に立った場合、気持ちがないのだから無効という扱いになります。すると、申込や承諾が無効なわけですから、契約は不成立ということになります。ということは、例えば売買契約を念頭に考えてもらうと、売主から買主への所有権の移転は生じません。つまり、所有権は動かない。じっとしている。静かだ。だから、意思主義をとると「静的

安全の保護」という話になるわけです（**ボード3**）。

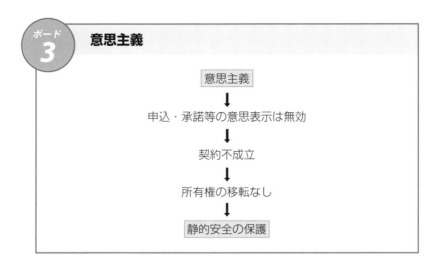

逆に、表示主義の立場に立った場合は、言った以上、気持ちがあろうが なかろうが、申込や承諾という意思表示は有効と考えますから、契約は成 立します。そうすると、所有権は売主から買主に動きますから、「動的安 全の保護」となるわけです。

この意思主義と表示主義というのは、これから意思表示の個所を勉強す るに際して、非常に重要な基礎概念ですので、感覚としてなじんでしまお うということを心がけていただければと思います。

ここまでをCHECK

①意思と表示との不一致の形態として心裡留保、通謀虚偽 表示、錯誤、詐欺、強迫の5種がある。
②表意者の気持ちを尊重する意思主義と、相手方の信頼を 重視する表示主義との調整が民法の究極のテーマであ る。

では次へ行きましょう！

2　心裡留保

　ここからは意思と表示の不一致の５つの形態について、個別に説明していくことにします。

　まずは「心裡留保」です。心裡留保というのは、「表意者が真意でないことを知ってなした意思表示」のことをいいます。要するに、ウソを言っているということです。

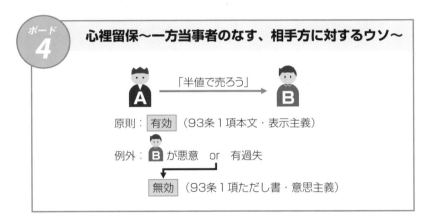

ボード4

心裡留保〜一方当事者のなす、相手方に対するウソ〜

A　「半値で売ろう」　B

原則：　有効　（93条１項本文・表示主義）

例外：　B が悪意　or　有過失

　　　　無効　（93条１項ただし書・意思主義）

　例えば、Aが本当は自分の車を売る気はないのに、Bに対して「半値で売ってやろう」という意思表示をしたとしましょう。今、Aは、本当は手放す気はないのに、Bに「安く売ってあげましょう」ともちかけました。この場合、Aがなした申込という心裡留保な意思表示、皆さんならどうお考えですか。これは有効とするべきか無効とするべきか、どうでしょうね。

　これはテキストの結論を見て、テキパキとそれを覚えようというモードに入る人はまずいんですよ。もし、皆さんが民法93条を作ってくださいと頼まれた場合、どんなふうに書くかというのを、ぜひ自分なりに考えてもらいたいわけです。Aの立場に立って考える、Bの立場に立って考えると、このあたりはどうですか。売る気はないけれども、「半値で売ってあ

げよう」。今、Bさん喜んでいますね。それをAのほうから、「ごめん、冗談でした。無効です」。そんなふうに言われてしまうと、Bとしては、ちょっとやっていられないのではないでしょうか。ですから、ちゃんと民法もそれっぽく条文を用意しています。

　つまり、心裡留保な意思表示。ウソでも有効。言った以上、責任を持ってもらいます。有効というふうに、ちゃんと規定されているんです。結構、民法というのはまともな感じがしますね。これは93条1項本文に書いてあります。何主義かというと、皆さんどうですか。おわかりの方も多いと思います。表示主義ですよね。気持ちがないんです。Aは売る気はないんだけれども、売ってあげようと言いました。言った以上責任をとれよ、ということで、有効にしてしまう。つまりこの場面では、民法は表示主義の立場に立っているということですね。

　さて、今の短い時間内に、あれこれ場合分けも考えたという優秀な方もいらっしゃると思うんです。今、AがBに心裡留保な意思表示をしましたけれども、Bのほうで、「またこいつ言っているよ」と、Aがその気がないということに気付いていた場合。あるいは、気付かなかったけれども、「普通なら気付きますよ。気付かなかったBさん、あなたが悪いです」、そんなふうに言える場合というのもあるんじゃないでしょうか。

　そのように、BがAのウソを知っていた。あるいは、知らなかったけれども、そのことについてBに過失（落ち度）があったというような場合にまで、Bの期待を保護してあげる必要はありませんね。そこで93条は、1項ただし書で例外的に次のような処理をしているわけです。今、Bが悪意です。悪意というのは前回出てきました。どういう意味かおわかりでしょうか。悪意というのは、ある事実を知っていることです。このことは93条1項ただし書に書かれています。ちなみに、この立場は、Aには売る気がないから無効というように、あくまでAの気持ちを基準に考えていますので、意思主義ということになります。

そして平成29年改正により、93条2項が新設されました。従来からあった、これは今からお話しするのですが、94条2項と同じ条文です。従来からの判例法理を明文化するものですね。

もう一度整理すると、心裡留保の場合は、民法は原則として表示主義の立場に立って、契約は有効なものと扱いますが、例外的に相手方が悪意または有過失の場合は無効と扱う。これが93条、心裡留保の基本構造です（**ボード4**）。

> ▶ **第93条**
> ① 意思表示は、表意者がその真意ではないことを知ってしたときであっても、そのためにその効力を妨げられない。ただし、相手方がその意思表示が表意者の真意ではないことを知り、又は知ることができたときは、その意思表示は、無効とする。
> ② 前項ただし書の規定による意思表示の無効は、善意の第三者に対抗することができない。

ここまでをCHECK

①心裡留保の効果は原則として有効である。
②心裡留保は悪意または有過失の相手方との関係では、例外的に無効とされる。
③善意の第三者保護規定が改正により盛り込まれた。

では次へ行きましょう！

3 通謀虚偽表示

（1）通謀虚偽表示の基本構造

次は、第2類型の「通謀虚偽表示」です。これはどういうことかというと、「相手方と通じてした虚偽の意思表示」のことです。例えば、実際に多いのは、借金地獄に陥ったAが、債権者からの強制執行を免れるため

に、財産隠しの目的で、友人Bに対して「私の土地をあなたに売ったことにしておいてくれませんか」と、持ちかけるんです。これが通謀虚偽表示な申込という意思表示です。それを受けたBも「それは大変ですね。わかりました。じゃあ、ほとぼりが冷めるまで、私が買ったことにしておいてあげましょう」。こんなふうに、Aの事情を理解したうえで、Bのほうも、本当は買う気はないんですけれでも、買っておいたことにしてあげましょう、このような承諾という意思表示をする。これも通謀虚偽表示というわけです。

　この通謀虚偽表示の扱い方については、94条にその規定がありますが、皆さんの考えはどうでしょうか？　有効と扱うのが正義にかなうのか。それとも、無効にするのが正義なのか。

　もし、これが有効だとすると契約は成立し、土地の所有権はAからBに移転します。そうすると、例えば借金地獄に喘（あえ）いでいるAが強制執行を免れてしまう。財産隠しという不正な狙いがまんまと成功してしまうわけです。こんなことがあっては、世の中としてはまずいと思いませんか。借りたお金は返すのが当たり前で、強制執行を免れるための財産隠しが成功するというような、正義に反することがまかり通ることは、やはりよくないですよね。

　そこで、民法はこの通謀虚偽表示をどのように扱っているかというと、原則として、通謀虚偽表示は無効としています。本当は売る気や買う気がないから無効、つまり、意思主義の立場です。申込や承諾が無効ということは契約も無効ということだから、土地の所有権はBに移転しません。ということは、所有権はAの手許に残っているので、債権者はAが隠そうとした土地に対して強制執行をかけられることになり、正義が貫徹されることになるというわけです。

　さて、世間に対して通謀虚偽表示をしてウソをついているA、B、悪いやつですね。このような悪いやつにありがちなのが仲間割れです。どうい

うことかというと、今、AからBに所有権が移転したものというふうに2人で装っていますから、登記名義をAとB2人で法務局に行って手続をして、登記簿上の新しい所有者はBさんです、というふうに書いてもらっているわけです。ところがAとBが仲間割れをするわけです。そして、Bは登記が自分名義になっているということをいいことに、これをCに売り飛ばしてしまう。本来、所有権はAの手許に残っているんです。なのに、これをBがCに売り飛ばしてしまうというようなことが起こるんです。このような状況下で、Cは所有権を取得することができるでしょうか（**ボード5**）。

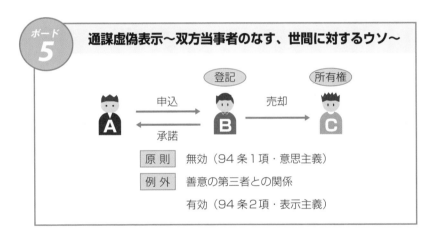

ボード5

通謀虚偽表示〜双方当事者のなす、世間に対するウソ〜

登記　所有権

A　申込 → B　売却 → C
　承諾

原則　無効（94条1項・意思主義）

例外　善意の第三者との関係

　　　有効（94条2項・表示主義）

　もし、Cが所有権を取得できるとすると、本来の所有権者であるAは所有権を失うことになります。一方、Cが所有権を取得できないとなると、Cはせっかく買った土地を手に入れられないということになります。さて、皆さんなら、どのように扱いますか。

　もともとAはどんな人だったかということを考えると、どう扱うのが妥当なのかがわかると思います。Aは世間に対してウソをついている悪いヤツでした。だとすれば、Aを犠牲にして、何も知らなかったCを保護してあげるほうが、結論として妥当だとは思いませんか。民法もそういう結論

をとっています。

　つまり、通謀虚偽表示は、原則は無効だけれども、例外的に善意の第三者との関係では有効と扱うということです。ただし、Ｃが悪意の場合は保護してやる必要がないので、ＡＢ間の契約は無効として扱い、Ｃは所有権を取得できないことになります。これが94条の基本構造です。

> ▶ **第94条**
> ①　相手方と通じてした虚偽の意思表示は、無効とする。
> ②　前項の規定による意思表示の無効は、善意の第三者に対抗することができない。

　すでに皆さんの中には気付いている人もいると思いますが、先ほどの93条の心裡留保の場合と、今の94条の通謀虚偽表示の場合とでは、結論が全く逆になっています。つまり、原則と例外とが入れ替わった状態になっているわけです。これはなぜだかわかりますか。

　心裡留保と通謀虚偽表示では、根本的に何が違うのかということですが、心裡留保の場合は、Ａが一方的にＢをだまそうとしているわけだから、Ｂを保護してやる必要があります。そのためには、ＡＢ間の契約を有効なものと扱わなければ保護できませんから、原則として有効と扱うわけです。それに対して、通謀虚偽表示の場合は、ＡとＢはグルになっているのだから、Ｂを保護してやる必要はありません。だから原則としてＡＢ間の契約は無効と扱うわけです。

　では、例外はというと、心裡留保の場合はＢが悪意または有過失の場合でしたね。こんな場合にまでＢを保護してやる必要はないから、ＡＢ間の契約は無効と扱うわけです。一方、通謀虚偽表示の例外はというと、善意の第三者であるＣが出てきた場合でした。ＣはＡＢ間の契約が有効なものと信じて、Ｂから買ったわけですから、そのＣを保護してやるためには、ＡＢ間の契約を有効と扱う必要があるということです[5]。

　そこで考えたいと思うんです。

　今回の冒頭に申し上げました、民法は意思表示の個所について、意思主

5)　改正民法において93条2項が新設されたので、心裡留保の場合も善意の第三者Ｃが出てきた場合には、「例外の例外」として契約は有効となる。

義の立場と表示主義の立場の両方を用意していて、微妙にそれを折衷しているというような条文構造、おわかりかと思うのですが、民法の本心をあえていうと意思主義と表示主義、ぎりぎりのところであえてどちらか1つ選びなさいと言われたら、これは、どちらを本心は重視していると考えるべきか、皆さんおわかりですか。本当は気持ちを大切にしたい。あるいは、本当は表示を大切にしたい。いったい、民法の本心はどちらなんでしょうね。

　このあたり、先ほどの流れからじっくり考えてみるといいと思うのです。これは非常に微妙な問題だけれども、どちらかというと、一般的に気持ちを重視するという意思主義が本心だと考えられているわけです。

　我々は自由なので、あくまで気持ちを大切にする。だけど、他人に迷惑をかけることは許されない。これは憲法でいうと内在的制約です。「何人も他人の人権を侵害する自由はない」という問題があるのと同じなんです。ですから、民法は他人に迷惑をかける場合には、そんな気持ちは尊重しません。迷惑をかけない限度で、気持ちを大切にする。あえてどちらですかといわれれば、民法は意思主義だと考えてもらって間違いない、というところなわけです。

　93条を単に、原則として有効、例外無効とか、そんなふうに覚えているだけだと、ぜんぜんおもしろくありません。94条は逆で、原則無効、例外有効と、そんなふうに勉強するものではありません。公務員試験も最近はレベルがしっかりしてきているので、本当の理解というところを、ぜひ皆さんは目指してやってもらえばいいと思うのです。基本構造は以上にします。

ボード6 **93条・94条を通じて、いえることは何か？**

93条は、 原則： 有効 例外： 無効 [6]
94条は、 原則： 無効 例外： 有効

93条では、 **B** を保護する必要性あり

94条では、 **B** は保護不要 **C** は保護必要

民法は他人に迷惑をかけない限度で
表意者の意思を尊重 しようとしている

（2）権利外観法理

　では、ここからはもう少し具体的な論点について、説明していくことにします。

　まず「権利外観法理」についてです。この権利外観法理というのは、条文上はっきり書かれているわけではないのですが、民法や商法などの奥底に流れている基本的な考え方です。中身はというと、次の3つの要件をすべて満たす場合には、外観（外から見てそのように見える）どおりの権利関係を認めましょう、という一般原理です。

　では、その3つの要件とはどのような要件かというと、まず1つは「虚偽の外観」です。2つ目が「相手方の信頼」。そして3つ目が「真の権利者の帰責性」です。これらはどういうことかというのを、先ほど通謀虚偽表示で使った例で説明することにします（**ボード7**）。

　先ほどの話では、AがBに対して「この土地をあなたに売ったことにしておいてくれ」と、通謀虚偽表示な意思表示をして、土地の登記をBに移しました。しかし、この契約は原則として無効なわけだから、所有権はAの元にあります。なのに、土地の登記名義はBになっている。だから、外

6）ただし、**善意の第三者との関係では有効と扱う。**

から見るとBに所有権があるように見えますよね。これが「虚偽の外観」
です。

　2つ目の「相手方の信頼」の相手方とは、この事例でいうとBから土地
を買ったCのことです。Cは善意です。AB間の契約が無効であるという
ことを知りません。つまり、Cは土地の登記名義がBになっていることか
ら、その土地はBのものだと信じて、Bから土地を買ったわけです。これ
が「相手方の信頼」と呼ばれるものです。

　3つ目の「真の権利者の帰責性」は結構大切なのですが、この事例でい
うと、真の権利者とは誰のことなのでしょうか。答えはAです。本当はA
が所有権を持っているわけですから、真の所有者はAです。次に帰責性で
すが、帰責性というのは「責めに帰すべき事由」のことです。この場合、
「それはAさん、あなたが悪いんでしょ。世間に対して虚偽の外観を作出
して強制執行を不当に免れようと悪巧みをした、あなたが悪いのではない
ですか」と、Aに対して言うことができますよね。だから、真の権利者で
あるAに帰責性があるということになるわけです。

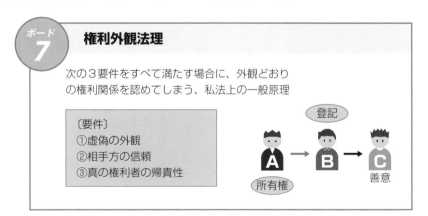

ボード7　権利外観法理

次の3要件をすべて満たす場合に、外観どおり
の権利関係を認めてしまう、私法上の一般原理

〔要件〕
①虚偽の外観
②相手方の信頼
③真の権利者の帰責性

登記

A → B → C

所有権　　　　　　　善意

　そこで、権利外観法理に話を戻すと、以上のような「虚偽の外観」「相
手方の信頼」「真の権利者の帰責性」の3つがすべて備わった場合には、
「外観どおりの権利関係を認めましょう」ということでした。

では、この事例の場合の「外観どおりの権利関係」とはどういうことでしょうか。今、土地の名義はBになっているので、まるでBが土地の所有者のように見えます。だから、本当はAが真の所有者だけれども、Bが所有者だということにして、そのBから買い受けたCに所有権が移ることを認めるということです。この権利外観法理は重要ですので、3つの要件を正確に記憶したうえで、それがどのように機能するのかという点を、しっかりと理解しておいてほしいと思います。

（3）第三者とは

　ここからは、通謀虚偽表示に関するさまざまな論点について、順に説明していくことにします。

　先ほど、通謀虚偽表示は原則「無効」だけれども、例外的に善意の第三者が出てきた場合は「有効」だと述べました。では、この善意の第三者とはどういう人なのか、という点について説明したいと思います。

　「善意」というのは先ほどから何度も出てきたように、「ある事実について知らない」ということでした。問題はその次の「第三者」です。94条2項にいう「第三者」の定義は、「その表示の目的物につき、新たな法律上の利害関係を取得した者」です。この定義は大切なので、チェックしておきましょう。

　では、次のような事例の場合、Cは第三者になるかどうか考えてみてください。

　AがBと通謀して、自分の土地をBに売却したように装いました。つまり、AB間で土地について売買の通謀虚偽表示があったということです。

　その後、Bはその土地に建物を建て、その建物をCに賃貸しました。Cは通謀虚偽表示の事実を知りません。さて、このような場合、Cは第三者にあたるのでしょうか。

　なぜ今、Cが第三者にあたるかどうか問題にされているかおわかりです

か。Cは建物を借りて住んでいます。ところが土地の所有者は一体誰なんですか、Aです。そうすると、Aはいつでも「私の土地です。Bさん、その建物を壊して立ち退いてください」と、Bに対して言えるはずです。所有者ですから。そうすると、Bは建物の取り壊しを余儀なくされる。

　では、Cはどんな人ですか。建物を借りて住んでいるわけです。なのに、AがBに建物を取り壊させ、建物収去土地明渡し請求をした場合、Bは建物を壊さざるを得ないんです。そうすると、Cは追い出されざるを得ないという問題になってきます。だからCは、「ちょっと待ってください。私は善意の第三者です。AとBとの間の通謀虚偽表示、私から見れば、それは有効です。だから、土地の所有権はBのところに移ってきています。この土地はBの所有する土地です。B所有の建物が建っているから、建物を取り壊す必要はありません。したがって、私（C）はここに住み続けます」と、Cにしてみれば、こんなふうに主張したいわけです。

　ところが、皆さん結論はもう見えていますよね。今、Cは94条2項の第三者として保護してもらえるのかというと、第三者の定義をちゃんと考えてもらうとすぐわかると思うのです。今、表示の目的物は土地です。AとBとの間で虚偽の売却をしているのは土地です。ところが、Cが利害関係を有しているのは建物についてなのです。そうすると、94条2項の第三者、「表示の目的物につき、新たな法律上の利害関係を取得した者」。ところが土地と建物は別物なので、Cはこれにあたらないということになるわけです。Cは第三者ではないということになってしまうわけです。いかがでしょうか。そうすると、残念ながらCはAに追い出されてしまうというふうになるわけです（**ボード8**）。

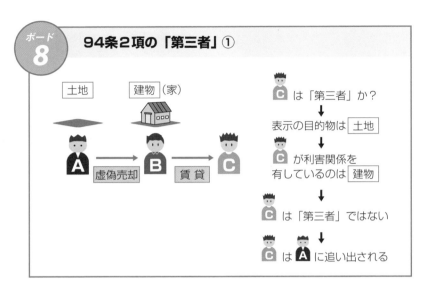

ボード
8

94条2項の「第三者」①

土地　建物 (家)

A ──虚偽売却──▶ B ──賃貸──▶ C

C は「第三者」か？
↓
表示の目的物は 土地
↓
C が利害関係を
有しているのは 建物
↓
C は「第三者」ではない
↓
C は A に追い出される

　このあたり、皆さん、どんなふうに感じられたか、いろいろご意見は分かれると思うのです。学者の先生方は、この判例に批判的な方もかなりいらっしゃいます。判例は、あくまで土地と建物は別物だから、Cを保護しませんというふうに言ってしまっているのだけれども、それはおかしいんじゃありませんか、そんな形式論理でいいんですか、というような批判が、学者の先生からなされています。だけど、あくまで試験は判例を基準に答えますので、こういう形になっているというところをご理解いただきたいのです。

　第三者にあたるかどうかという論点がもう1つあります。それは一般債権者や差押債権者が、それぞれ「第三者」にあたるかどうか、という問題です。

　まず、次の**ボード9**を見てください。

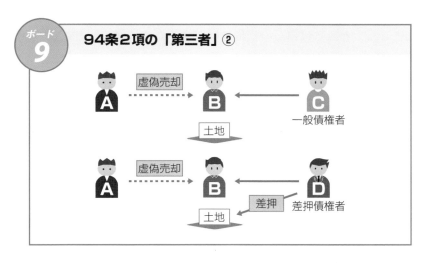

　この事例も、これまでと同様、AとBが通謀虚偽表示によって土地の名
義をBに移しました。Cはどんな人かというと、Bにお金を貸している人
です。ただし、CはBにただお金を貸しているだけで、担保は取っていま
せん。こういう人のことを一般債権者といいます。そこで、Cの立場にな
って考えてみてください。今、通謀虚偽表示とはいえ、土地がBの名義に
なりました。そうすると、Cとしてはその土地が本当にBのものになって
くれれば、債権（貸したお金）が回収しやすくなりますから、うれしいわ
けです。しかし、残念ながら、このような単なる一般債権者は、第三者と
は扱われません。

　これに対して、Dはというと、Cと同じようにBにお金を貸していた人
なわけですが、Bの名義になった土地に対して、いちはやくBが勝手に土
地を処分できないようにするために、強制執行の準備段階としての差押え
をかけたのです。つまり、Dは通謀虚偽表示の目的物たる土地に対して、
新たに法律上の利害関係を持ったということになります。したがって、こ
のような差押債権者Dは第三者にあたると扱われることになり、保護され
るということになります。

同じ債権者なのにこんな違いが出るのは不公平ではないか、と思った人はいませんよね。Cは自分の債権を回収するために何の努力もしていないのに対して、Dは土地を差し押さえるという努力をしています。がんばった人が得をするのは当たり前のことです。こう考えれば、この結論の妥当性は理解できるのではないかと思います。

（4）無過失・登記の要否

では、次の論点に進みたいと思います。

その前に、心裡留保の例外をもう一度確認しておきましょう。心裡留保の例外は、契約は無効で、相手方は保護されないということでしたね。では、どういう場合に、無効として扱われたのかというと、相手方が悪意または有過失、つまり表意者がウソをついているということを知っていたか、当然気付くはずだった場合です。これは条文にもはっきりと書かれています。

ところが、通謀虚偽表示の場合は「善意の第三者」としか書かれていません。そこで、Cは善意でありさえすれば、過失はあったとしても保護されるべきなのか。CはAB間が通謀虚偽表示だということは知りませんでした。だけど、知らないことについて落ち度があるのです。こんなCさんを保護するべきなんでしょうか。論点名っぽくいうと、「94条2項の第三者に無過失が必要か」と表現される論点です。これは皆さんいかがお考えですか。 結論を覚えようとしないというのが、民法の一番のコツなんですよ。これは無過失が必要かと呼ばれるものだけれども、どうでしょうね。

確かに落ち度はありますけれども、これはどんなふうに考えるべきかといいますと、今、誰と誰がもめているのかということです。AとCがもめているわけでしょ。そうすると、Cの勝利のための条件、これを厳しくするべきか緩やかにするべきかというのは、Cの対戦相手、Aがどんな人か

ということとの相関で考えればいいわけです。Aが帰責性の大きい悪い人なら、Cさんに勝ってほしいでしょ。だから、Cの勝利の条件は緩やかにしておく必要があるわけです。逆に、Aの帰責性が小さければAに勝ってほしい。Cにそう簡単に勝たれると困ります。そのような場合には、Cの保護要件を厳格に解釈するんです。

　今、この状態でAの帰責性は大きいです。世間に対してウソをついているワルですよね。だからCに勝ってほしい。Cの勝利の条件は緩やかでいい。したがって、Cに過失があってもCは保護される。結論的にいうと、Cの無過失は不要です。Cに過失があってもCを保護します。

　あるいは登記の要否。これはどんな話かわかりますか。今この状態で、AからBに虚偽表示があって、Bの手許に登記がきています。この登記をCのところに移しておく必要があるんでしょうか。結論は登記不要。どうして必要ないかというのは、皆さんおわかりですね。考え方は先ほどと同じです。AとCが今勝負をしている。Aが悪いやつなら、Cの保護要件が緩やかでいいわけです。緩やかでいいわけだから、登記がB名義のままでもCさん、あなたを守ります。あるいは、Cに過失はあるけれども、Aはもっと悪いやつだから、Cさんあなたを勝たせてあげますと、そんなふうにこの判例は解釈しています（**ボード10**）。

　つまり、無過失でなくてもいいし、登記も備えてなくてもいいですよ。いかにも民法っぽいでしょう。Cの保護要件です。これはAの帰責性の大小との相関で決する。Aの帰責性が大きければCを勝たせたいから保護要件は緩やかに。逆の場合は保護要件は厳しくと。こんなところを答案上表現できるようになれば、例えば国家総合職（法律）とか、あるいは裁判所職員総合職などでも、すごく説得力のある答案が書けるようになります。

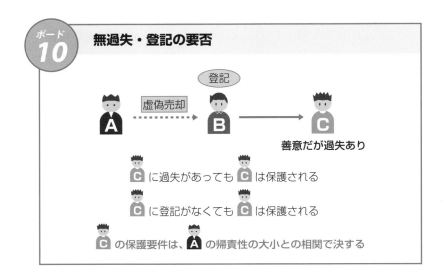

登記

A 虚偽売却 → **B** → **C**

善意だが過失あり

C に過失があっても **C** は保護される

C に登記がなくても **C** は保護される

C の保護要件は、**A** の帰責性の大小との相関で決する

（5）転得者をめぐる論点

では、次の論点に移ります。

今度は、CがBから買った土地をD（転得者）に転売した場合です。これには2つのケースがあります。1つは、Cは善意だがDは悪意の場合。

2つ目は、Cは悪意だがDは善意の場合です。

① 　C：善意、D：悪意の場合

まずは、1つ目、絶対的構成か相対的構成かというお話です。

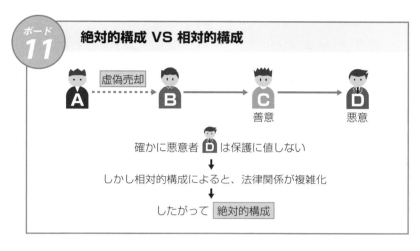

ボード11 をご覧いただきますと、ＡＢ間が通謀虚偽表示、Ｃは善意です。したがって、皆さんおわかりのように、Ｃが保護されるという点になんの問題もないわけです。ところがＣから譲り受けたＤが悪意です。Ｄが悪意の場合に、Ｃが保護されるのはいいとしても、はたして悪意者Ｄまで保護されていいのでしょうか。皆さん、すぐに思うと思うのです。悪意者、つまりＡＢ間が通謀虚偽表示で無効だということを知っているＤは保護する必要はありません。相対的構成、これは言葉の意味からその内容がおわかりかと思うのですけれども、相対的構成というのは、その人ごとに、保護するかしないか考える。善意者は保護するが悪意者は保護しません。そのような立場を相対的構成というんです。それに対して、絶対的構成というのは、ひとたび善意者のＣが現れた場合、そこから先は善意でも悪意でもすべて保護します。そのような立場を絶対的構成というわけです。

相対的構成によると法律関係が複雑化すると**ボード11**にありますね。どんなふうに複雑化するかということなんだけれども、今、Ｃからの譲り受け人Ｄが保護されないとします。ＤがＣに対して、「私が買ったのに、なぜこないのですか」、ということで、債務不履行責任を、ＤがＣに対し

て追及することができてしまうわけです。そうしますと、せっかく善意者のCを保護したのに、結局、Dに対して一定の金銭を支払わなければならない、という結果になってしまいます。そうすると、善意のCを保護した意味がなくなってしまうというような事情があるわけです。ここは単に複雑化と書いていますけれども、実はそのような事情があるということです。皆さんそうでしょうけれども、私もそうです。悪意者のDは保護したくありません。でも、Dを保護しないと、結局Cを保護できなくなるというわけです。そこで通説は絶対的構成という立場に立っています。

　つまり、ひとたび善意者が現れれば、そこから先は善意でも悪意でも一律保護します。本件でも、悪意者Dであっても保護します。これが通説の立場なんだということ、ぜひしっかり確認をしてもらいたいと思います。これが第1の論点です。

②　C：悪意、D：善意の場合

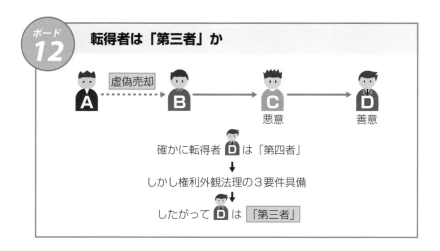

今度は先ほどのCとDの主観面が逆になるというケースです。つまり、Cは悪意です。AB間が通謀虚偽表示だという事情をよく知っているわけ

です。ところがＤが善意なんですね。そこで、Ｄさんが94条２項の第三者
として保護されるのでしょうか、という問題。これは保護されていいだろ
うなという感じがするんですけれども、理屈をガチガチに考えてみると、
転得者Ｄは第三者とはちょっといい難い感じがしませんか。Ｃが第三者な
のはいいけれども、Ｄは第四者という感じがするわけです。このようなＤ
は保護されるんでしょうか。このあたりになりますと、根本に立ち返って
考える。つまり権利外観法理です。

　権利外観法理の３要件、先ほどありましたね。まずは虚偽の外観です。
虚偽の外観とは何ものかというと、Ｃが所有者っぽく見えている。例えば
Ｃが登記名義人になっているということです。第１要件、虚偽の外観。第
２要件、覚えていますか。第２要件は相手方の信頼です。今Ｄさんは善意
です。Ｄは善意だから、権利外観法理の３要件の第２要件もクリアです。
第３要件。真の権利者の帰責性。真の権利者はというとＡですね。Ａに帰
責性はあるのでしょうか。もちろんあります。これは自らが偽った売却を
しているという点で、Ａに帰責性がある。ですから、確かにＤは形式論理
的には第四者にも見えるけれども、３要件すべてを満たしているというこ
とになるわけです。

　結論はどうかというと、もう皆さんおわかりのように、転得者Ｄも第三
者として保護すると扱われているわけです。今の２つの論点は結論的には
いずれのＤも保護されるということで同じですけど、全く別の論点なんだ
というあたり、しっかりご理解いただきたいと思います。そんなところ
で、Ｄをめぐる２つの論点についてお話が終わりました。

（6）94条２項の類推適用

　では、最後に「94条２項の類推適用」ということについて、説明したい
と思います。**ボード13**です。

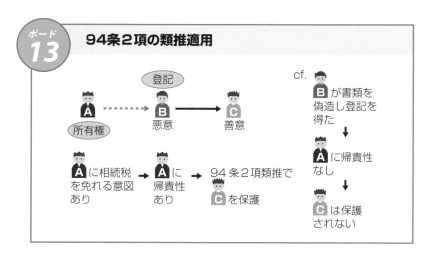

ボード **13** 94条2項の類推適用

今、Aが所有者なのに、相続税を免れる目的で名義人を息子Bにしておきました。で、その息子Bが、大胆にも自分が所有者ではないのに、父親の土地を善意の第三者Cに売却してしまうわけです。これは、通謀虚偽表示をしたわけではないけれども、Aには帰責性がある。94条2項ズバリではありません。どういう点でズバリではないか、もう一度確認します。

この例のAB間に何らの意思表示もありません。だから94条ズバリではないんですけれども、同じような利益状況にあるわけです。権利外観法理の3要件を満たしているわけです。このような場合には94条2項を類推し、善意の第三者Cを保護しましょう。そんなふうに扱うわけです。

さて、ここで皆さんに注意しておいてもらいたいことが1つあります。今の話からすると、比較的頻繁に94条2項の類推適用が生じると思い込みがちなんですが、実はそうではありません。

例えば、Aが自分名義の不動産を持っていたとします。それをBが勝手に書類を偽造して不動産の名義をB名義にしたうえで、その不動産を善意の第三者のCに売ったとします。このような場合、もっぱら悪いのはBで、真の所有者であるAに帰責性は認められません。このような場合にまで、Cが善意だからといってCを保護してしまうと、真の権利者Aの権利

を著しく害することになります。したがって、この場合は、帰責性のない
Aとの関係で、Cは保護されないということになります。

　善意の第三者であれば、どんな場合でも94条2項を類推適用して保護し
たくなるものですが、このように真の権利者に帰責性がない場合は、善意
の第三者でも保護されない場合があるという点は、非常に大切です。静的
安全の保護ですよね。

ここまでをCHECK

①通謀虚偽表示は当事者間では無効、善意の第三者との関
　係では有効。
②94条2項の「第三者」とは虚偽表示の目的物につき新た
　な法律上の利害関係を取得した第三者。
③「第三者」には無過失も登記も不要。
④転得者は「第三者」。
⑤善意の第三者からの悪意の譲受人は保護される。

　では次へ行きましょう！

4　錯　誤

（1）意　義

　続いて、意思と表示の不一致の第3類型である「錯誤」について説明す
ることにします。

　まず、錯誤というのは何かということですが、「表意者が法律行為の重
要部分につき勘違いをして意思表示を行った場合のこと」です。キーワー
ドとしては「法律行為」と「重要部分」、そして「勘違い」という3点を
チェックしておいてください。

　では、表示者が錯誤による意思表示をした場合、その意思表示の効果を
どのように扱うかということですが、重要事項の錯誤があった場合は、表

示に対応する真意が存在しない、つまり表示行為はしたけれども、勘違いがあったために本当の気持ちはない。この場合の効果は不確定有効です。

> ▶ 第95条
> ① 意思表示は、次に掲げる錯誤に基づくものであって、その錯誤が法律行為の目的及び取引上の社会通念に照らして重要なものであるときは、取り消すことができる。
> 一 意思表示に対応する意思を欠く錯誤
> 二 表意者が法律行為の基礎とした事情についてのその認識が真実に反する錯誤
> ② 前項第2号の規定による意思表示の取消しは、その事情が法律行為の基礎とされていることが表示されていたときに限り、することができる。
> ③ 錯誤が表意者の重大な過失によるものであった場合には、次に掲げる場合を除き、第1項の規定による意思表示の取消しをすることができない。
> 一 相手方が表意者に錯誤があることを知り、又は重大な過失によって知らなかったとき。
> 二 相手方が表意者と同一の錯誤に陥っていたとき。
> ④ 第1項の規定による意思表示の取消しは、善意でかつ過失がない第三者に対抗することができない。

（2） 1項

　錯誤の箇所は従来の判例や通説が条文化されたのでスッキリしました。順に見ていきましょう。

　まず1項です。錯誤には2つの類型があります。1号が表示の錯誤、2号が基礎事情の錯誤です。基礎事情の錯誤は2項による取消し制限がありますが、まあ順にいきましょう。

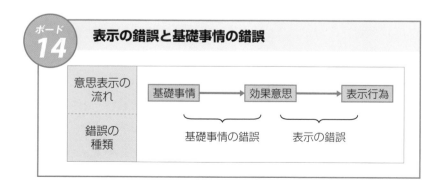

　表示の錯誤というのは、『まるごと講義生中継』の「民法Ⅰ」を買いたかったのに間違って「民法Ⅱ」を書店のレジに持っていき、「これください」と言ってしまったような場合です。基礎事情の錯誤というのは、『まるごと講義生中継』の「民法Ⅰ」を買いたいと思ってちゃんと「民法Ⅰ」を買ったんだけど、授業で使うと思ったから買ったのに、実は授業で使うのは別のテキストだった、というような場合です。いずれの錯誤も法律行為の目的や社会通念に照らして重要なものである場合は、表意者はその意思表示を取り消すことができます。

　つまり、重要な事項について勘違いがあった場合に初めて、取消可能という効果が出てくるわけです。例えば、AがBに対して自分の所有するマンションを賃貸しているとしましょう。このとき、Aにしてみれば貸す相手、つまり賃借人が誰かというのはすごく重要な問題です。だから、この場合も、AはBなら大丈夫だと思えばこそ、自分のマンションを貸したわけです。ところが、実は勘違いがあって、Aが賃貸契約を結んだ相手はCだったとします。Cというのはいいかげんで、だらしなさそうな人だったとします。そうするとAにしてみれば、「私はBに貸すつもりだったので、Cさん、あなたには使っていただきたくありません」と思うのは無理もないでしょう。ですから、このような場合、賃借人が誰かということに関する勘違いはAにとって「重要なもの」として扱われることになるわけです。

　賃借人が誰かということが重要である理由を一言でいうと、「賃貸借契約は『継続的契約』だから」ということになります。継続的契約というのは、ある契約の効果が将来に向かって一定期間継続していく契約のことをいいます。だから、相手が誰かということは重要なわけです。これに対して「一回的契約」と呼ばれるもの、典型例は売買契約ですが、このような場合は相手が誰かということはそれほど重要ではない。この継続的契約と一回的契約の違いを意識するといろんな論点を理解しやすくなります。

（3） 2項

　基礎事情の錯誤の場合取消しができるのはその事情が法律行為の基礎とされていることが表示されている場合に限られます。改正前に「動機の錯誤は95条の錯誤にあたるか」という超メジャー論点だったものを明文化したわけですね。

（4） 3項

　表意者に重過失があれば取消しできません。これは改正前と同じですね。ただこの点に関し2つの論点の結論が条文化されました。

　1号で相手方が表意者の錯誤につき悪意または重過失の場合。例えばAが間違って自分の土地を安価でBに売却するという意思表示をした場合でAに重過失がありました。この場合BはAに取り消されるとがっかりするので、重過失のあるAは取り消せない。だけどBも悪意または重過失の場合はBを守ってあげる必要はないから、重過失のあるAは取り消せるのです。

　2号はいわゆる双方錯誤の場合です。表意者Aが重過失で売却の意思表示をしてしまった場合、買主Bも同じ錯誤に陥っていたならば、お互いその内容の契約に拘束される意思はなかったのだからAの取消権を制限する必要はない。だからこの場合は、Aは重過失があるのに取消しができるのです。

ボード15　錯誤の要件

表示の錯誤	基礎事情の錯誤
①錯誤の重要性があること	①錯誤の重要性があること
②表意者に重過失がないこと[7]	②表意者に重過失がないこと[7]
	③基礎とした事情について、法律行為の基礎とされていることが表示されていること

（5）　4項

　取消しを善意かつ無過失の第三者に対抗できないとするものです。次の詐欺にもかかわるのですが、96条3項の第三者と利益状況がほぼ同じなので、それに合わせて善意無過失の第三者が取消しの遡及効から守られるとの規定が置かれました。

> ## ここまでをCHECK
> ①錯誤に基づく意思表示は重要なものなら取消可能。
> ②ただし基礎事情の錯誤の場合取消しには基礎事情の表示が必要。
> ③表意者に重過失があれば取消しできない。
> ④ただし相手方が悪意または重過失の場合と双方錯誤の場合は表意者重過失でも取消可能。
> ⑤善意無過失の第三者保護規定が新設。

　では次へ行きましょう！

7）相手方が錯誤について悪意または重過失の場合、双方錯誤の場合は、表意者に重過失があってもよい。

5 詐欺・強迫

（1）総　説

　では、最後に、意思と表示の不一致の、第4類型と第5類型の「詐欺」と「強迫」について見ていきたいと思います。

　例えば、今、BがAの土地を買うという意思表示をしました。しかし、BはAにだまされて、あるいは脅されて、買うと言ってしまったとします。

　このような場合、Bの意思表示はというと、効果意思の存在自体は認められるので、意思が不存在であるとはいえません。実際、Aの土地を買おうという気持ちは多少はあったわけです。ただ、だまされた、あるいは脅されたということで、買うという意思を持つに至った過程に不当な影響があったということです。

　そうなると、これまで説明してきたような心裡留保や通謀虚偽表示、錯誤といった「意思の不存在」（意思がないこと）とは少し状況が違います。

　そこで、民法は96条1項で、このような詐欺や強迫による意思表示は、一応有効とするけれども、取消しをしたければ取り消せますよ、という扱いにしたのです。

> ▶ 第96条
> ①　詐欺又は強迫による意思表示は、取り消すことができる。

（2）詐欺の場合の取消しの制限

①　第三者の詐欺

　では、各論点を順に説明していきたいと思います。

　1つ目は「第三者の詐欺」という論点です。まずは**ボード16**の事例を見てください。

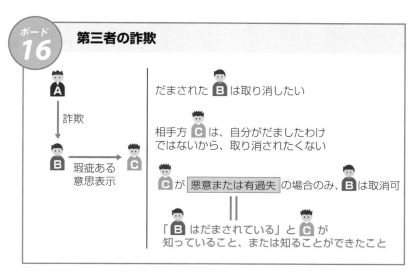

　今、AがBに対して詐欺を行いました。例えば、AがBに対して「Cが
持っているあの土地はすぐに値上がりするから買ったほうがいいよ」とい
うような、何らかのだますような働きかけをしたわけです。それによっ
て、BがCに対してその土地を買うという、瑕疵ある意思表示をしまし
た。ここで注意してほしいのは、だまされたBがだましたAに対して、意
思表示をしたわけではなくて、別のCに瑕疵ある意思表示をしたわけで
す。そうすると、この場合の意思表示の当事者はBとCで、Aは意思表示
の当事者ではありません。だから、このような場合を、「第三者（A）の
詐欺」というわけです。

　さて、そこで皆さんに考えてほしいのが、このような場合、BはCに対
して行った意思表示を取り消すことができるのかということです。では、
両当事者の言い分を順に見ていきたいと思います。

　まず、だまされたBはというと、「Cさん、すいません。私の意思表示
には瑕疵がありました。Aにだまされていたんです。だから取り消させて
いただきます」と考えるでしょうね。それに対してCはというと、「ちょ
っと待ってください。あなたは確かにだまされたかもしれませんが、それ

はＡにだまされたんでしょう。文句があるならＡに言ってくださいよ。私がだましたわけではないのだから、勝手に取り消されると困るんですよ」と言いたいのではないでしょうか。

さあ、このような場合、どう解決すればいいでしょうか。

この点、民法では、第三者の詐欺の場合は、Ｂは、Ｃ（瑕疵ある意思表示をした相手方）が悪意または有過失の場合のみ、取り消すことができるというのが結論です。

皆さん、なぜこうなるかわかりますよね。この場合の「Ｃが悪意」とは、Ｃが「ＢがＡにだまされている」という事実を知っていることです。だから、Ｂの意思表示が取り消されても、Ｃはそれほどガッカリしませんよね。だから、Ｃを保護する必要はない。善意でも過失があれば保護しません。それに対して「Ｃが善意無過失」の場合は、Ｂがだまされているという事情を知らないし、過失もないのだから、取消しをされるとＣはガッカリするわけです。だから、Ｃを保護する必要があるというわけです。だまされた人は通謀虚偽表示の真の権利者ほどの帰責性はありませんから、相手方の主観的保護要件として無過失まで要求する、とされたわけです。

②　取消しの遡及効

２つ目の論点は、「取消しの遡及効（そきゅうこう）」という論点です。ここは非常に重要なので、正確に理解してほしいと思います。

では、まず**ボード17**の事例を見てください。ＡがＢに対して壺を売りました。そして、さらにＢがその壺をＣに売却しました。現在、その壺はＣの下にあります。その後で、Ａが取消しをしたという事例です。

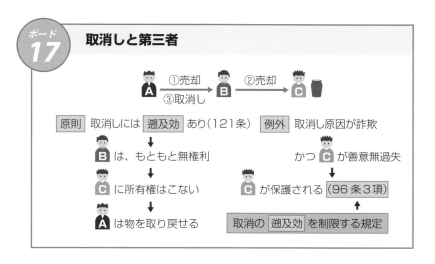

ここで、皆さんの中には自分の都合でいつでも取消しができると思って
しまっている人がいるかもしれませんので、一言注意しておきたいと思い
ます。取消しをするためには必ず法律上の根拠が必要です。それは、どん
な場合かというと、すでに皆さんは4通りの場合を知っているはずです。

　第1は制限行為能力の場合。未成年者や成年被後見人、被保佐人などで
す。第2は錯誤、第3は詐欺の場合。そして第4が強迫を受けた場合で
す。このような取消し原因があって初めて、AはBへの意思表示を取り消
すことができるわけです。ですから、今、Aが取消しの意思表示をしたと
いうことは、何らかの取消し原因があったからだということになります。

　ただ、この事例の場合、壺はCの手元へいってしまっていますよね。つ
まり、壺がBからCにいってしまってから取り消した場合でも、取消権を
行使すると、Cにまでいっていた壺がAの下に戻ってくるのかという問題
です。

　まず、原則として、取消しには「遡及効」があります。これは121条で
規定されています。

> 取り消された行為は、初めから無効であったものとみなす。

　遡及効というのは、耳慣れない言葉だと思いますが、要するに「遡って及ぶ効力」ということです。そうすると、今、AからBに壺の所有権が移転した後で、BからCに移転していますよね。Cは誰から壺を買いましたか。Bですね。そのとき、まだAは取消権を行使していませんから、Bは壺の所有者だったわけで、Cは壺の所有者であるBから正当に壺を買ったわけです。

　ところが、先ほど説明したように、取消しには遡及効があります。そうすると、BからCに壺が売却された後で、Aが取消権を行使した場合、取消しには遡及効があるから、民法は「もともとAからBへの壺の売却はなかった」と、評価替えをすることになります。

　すると、Cは所有者ではないBから壺を買ったことになり、Cは壺の所有権を取得することはできないことになります。その結果、取消権を行使したAは壺を取り戻すことができるという扱いをするのが、原則的処理なのです。Cはせっかく壺を買ったのに返さなければいけないので、少しかわいそうな気もします。しかし、この結論はAに取消権が認められる場合に限られるのですから妥当でしょうね。まずはこの原則論をしっかりと押さえておいてください。

　では、この原則を押さえたうえで、例外的な場合について話をしていこうと思います。

　ここでいう例外とは、Aが取消権を行使したけれどもCは壺を返さなくてもいい、つまりCを保護してあげましょうという場合です。それには2つの要件が必要になります。まず1つは、取消原因が詐欺の場合だということです。先ほど挙げた「制限行為能力」「錯誤」「詐欺」「強迫」という4通りの取消し原因のうち、詐欺の場合だけです。2つ目の要件は、Cが善意無過失の場合です。では、この場合の善意とは何かというと、AがB

にだまされて壺を売ってしまったという事実をＣが知らないということです。

　この２つの要件が揃った場合、例外的にＣは壺を返さなくてもいい、Ｃを保護してあげますという扱いになるわけです。これが96条３項です。

▶ **第96条**
　③　前２項の規定による詐欺による意思表示の取消しは、善意でかつ過失がない第三者に対抗することができない。

　第何条かということは記憶する必要はありませんが、例外扱いされるための２つの要件は重要ですので、完全に記憶するようにしてください。

　では、今、どういう理屈でＣが保護されるようになったかわかりますか。この答えを出すには、先ほどの原則的処理では、なぜＣが保護されなかったかを考えればわかると思います。原則的処理の場合は、取消しの遡及効によって、ＡＢ間の契約が初めからなかったという評価替えが行われた結果、Ｂが壺の所有者ではなくなってしまったから、Ｃが保護されなかったわけでしたね。

　ということは、今回例外的にＣが保護されたのは、121条が評価替えを行おうとしたのを、96条３項が阻止（制限）したので、評価替えが行われず、Ｂが壺の所有者のままでいられたからだということになります。つまり、96条３項は「取消しの遡及効」という大原則を制限する規定であり、詐欺の場合の善意無過失の第三者（Ｃ）を保護するために、例外的に設けられた規定であるといえます。

　ここで、もう一度確認しますと、取消しの場合の原則は、第三者のＣは保護されないということですが、例外的に取消し原因が詐欺の場合で、かつＣが善意無過失の場合は、Ｃは保護されるということです。

　このあたりで詐欺に限定しすぎずに、取消しの場合とこの第三者保護との一般論とを少し前倒し的にお話ししておきますと、結局Ａ、Ｂ、Ｃ、こういう順番でＣが出てくる場合というのは全部で８通りあるというのは、

皆さんおわかりかな？　全部で8通りある。つまり何かというと、取消し原因が制限行為能力の場合、錯誤の場合、詐欺の場合、強迫の場合、4通りあるわけです。取消し原因に4通りある。それから第三者Cの主観面は、というと善意無過失の場合とそうでない場合、2通りあるわけですね。だから4×2で8通りの場合がある。8通りあるうちの6つの場合が原則的処理ですよ。8通りのうちの6つ、つまり制限行為能力取消しでCが善意無過失・Cが悪意または有過失、強迫取消しでCが善意無過失・Cが悪意または有過失、錯誤取消しでCが悪意または有過失、詐欺取消しでCが悪意または有過失ですね。8通りのうちの6通りの場合に原則的処理、つまりCに所有権はきません。取消しをしたAを保護する。

　ここで皆さん、なるほどと思った方もいらっしゃるかもしれませんけれども、制限行為能力者が取消しをすれば、善意の第三者Cは物を返さなければならない。善意の第三者を犠牲にしてでも制限行為能力者を保護しましょう。強迫の場合もそうですよ。制限行為能力者と強迫された人はしっかり守る。勘違いした人とだまされた人は善意無過失の第三者を犠牲にしてまでは守らない。これが民法の考え方なんだということなんですね。しっかり押さえてもらいたい。錯誤と詐欺の場合にのみ、しかもCが善意無過失の場合にのみ、8通りあるうちの2つの場合ですよね。このAが取り消した根拠が錯誤か詐欺の場合で、しかもCが善意無過失の場合にのみ第三者Cが保護されるんだと、そういう形を体系的にご理解いただくと、ここの部分は十分かなというふうな感じがするわけです。

③　96条3項の第三者とは

　では、次の論点に移りたいと思います。第3の論点は、「96条3項の第三者とは、いったいどの段階で登場した者なのか」という問題です（**ボード18**）。

ボード
18　**96条3項の「第三者」**

96条3項は、取消しの遡及効を制限することによって
第三者の利益を保護しようとする規定

↓

取消しの遡及効により、権利を奪われるのは、取消前に
利害関係を持つに至った者である

↓

96条3項の「第三者」は、 取消前の第三者 である

cf. 取消後の第三者については、物権変動のところで詳述

　96条3項というのは、取消しの遡及効を制限することによって、第三者の利益を保護しようという規定でした。さあここで考えてくださいよ。遡及効を制限するということは、遡及効によって害されるのは誰かを考える。遡って初めからBが所有者ではなかったと扱うのが遡及効でしょ。遡って初めからBが所有者ではなかったということで迷惑を被るCというのは、いつ取引関係に入ったCなのかな。それを考えると、ここのところはわかってもらえるんじゃないかと思うんです。

　このあたりが一番ややこしいところなんで、粘り強くがんばってほしいのですが、遡及効により権利を奪われるのは、取消前に利害関係を持つに至った者です。こんな場合を扱うのがこの96条3項だということです。つまり別の言い方でいきますと、次のような場合は96条3項の問題ではありません。いいかな、AからBに、あるものが売却されますよね。その後でAがさっそく取消しをします。Aが取消しをしているのにBがCにこれを売却してしまう。このようなCが取消前のCではないというのは皆さんおわかりですよね。これは取消後のCというふうにいわれるものなのです。これは96条3項の守備範囲ではありません。

もう一度確認です。96条3項の第三者は「取消前の第三者」です。

　じゃあ「取消後の第三者」についてはどんなふうに扱うんでしょうか。これは物権変動論、このシリーズ中、一番理論的に深い個所ですけれどもね。そこのところでじっくり勉強したいと思います。

（3）強　迫

　最後に、第5類型の「強迫」について見ていきましょう。

　強迫のところで重要なのは、詐欺と違って、脅された人は常に取消しができるということです。先ほどの壺の例でいうと、Bに強迫されて壺を売ってしまったAが取消しをした場合は、たとえCが善意無過失であってもCは保護されません。つまり、強迫の場合は善意無過失の第三者を犠牲にしてでも、強迫されたAを保護するということです。どうしてこんな違いがあるのかというと、これ微妙なところかというふうにも思いますけれども、学者の先生の本なんかに書いてある言い方でいけば、どちらかというと、もちろん一概にはいえませんよ。どちらかというと、だまされる人というのは自分にも落ち度がある場合がある。脅される人は責められないが、だまされる人というのは落ち度がある場合もある。だから善意無過失の第三者との関係でだまされた人を保護はしないが、脅された人は保護すると、そんなふうに扱いが違うんだとご理解いただきましょう。

ここまでをCHECK

①第三者による詐欺は、相手方が善意無過失の場合は取り
　消せない。
②善意無過失の第三者との関係では、詐欺された者は取り
　消せない。
③強迫には上記2つの制限がない。

では次へ行きましょう！

6　意思表示の到達と受領

（1）到達主義の原則

　では、「意思表示の到達と受領」というところに話を進めます。

　例えば、当事者が直接会って、あるいは電話で話をして意思表示をする場合、その意思表示の発信と到達との間に時間的な間隔というのはありません。ところが、手紙などの書面で意思表示をする場合は、意思表示の発信と到達との間には時間的な間隔が生じることになります。

　その時間的な間隔を時系列で見てみると、まず「意思の表白」（書面の作成）があって、次に「発信」（書面の投函）があって、その次に「到達」があり、そして最後に「了知」（書面を読む）という4段階の流れになるわけです。

　そこで問題となるのが、この4段階のうち、どの瞬間に意思表示の効力が生じるのかということです。これに関しては、民法上の大原則は「到達時」です。つまり、手紙が相手の郵便受けに届いた瞬間に、意思表示の効力が生じることになるのです。相手がまだ中身を読んでいなくてもです。

　これを「到達主義」といい、民法の大原則です。まず、この原則をしっかり記憶しよう。

次に例外です。「催告に対する確答」です。

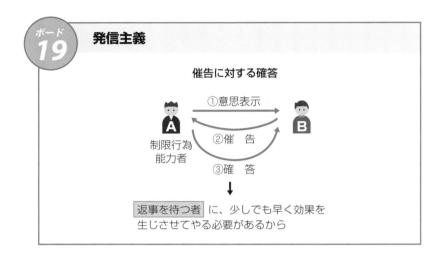

この場合は、到達主義ではなく、例外的に書面を投函した時点で意思表示の効力が生じる「発信主義」となります。

では、なぜ、この場合だけが例外的に発信主義なのか、皆さんわかりますか。

催告というのは、すでに制限行為能力者のところで説明しましたね。例えば、制限行為能力者Aと取引をした相手方Bは、いつ取り消されるかわからないという不安定な状態に置かれてしまう。だから、その相手方Bを保護するために認められているのが催告権つまり「取り消すのか取り消さないのかはっきりしてください」と迫ることができる権利でした。そして、相手方Bからの催告に対して、制限行為能力者A側はどうするのかという返事をします。これが催告に対する確答と呼ばれるものです。

このA側は相手からの返事をワクワクドキドキしながら待っている状態ですね。

そのような返事待ちの人に対して、「少しでも早く確定的な効果を生じさせてあげたい。法律関係を安定させてあげたい」というのが民法の考え

方です。だから、この場合については、大原則の到達主義を曲げて、発信主義をとっているというわけです。

（2）受領能力

最後に、受領能力について説明しておきます。

受領能力というのは「相手からの意思表示を受領することができる資格」のことで、意思表示を受けた時に意思能力を有しなかった者と未成年者と成年被後見人には、この受領能力がないとされています。つまり、未成年者や成年被後見人に対して何らかの意思表示をしても、その意思表示は効力を生じないということです。

これに対して、被保佐人と被補助人は、受領能力があるとされています。

ここまでをCHECK

①意思表示の効力発生時期は原則として到達時である。
②例外的に催告に対する確答は発信時に効力を生じる。
③未成年者や成年被後見人には意思表示の受領能力がない。

では次へ行きましょう！

　今回の学習テーマは、「代理」です。ここも民法総則の中で頻出分野といえます。したがって、代理制度の基本構造をしっかりと理解したうえで、表見代理、本人と無権代理人の地位の相続、無権代理人の責任等について学習していきましょう。

1　代理とは

（1）意　義

　では、最初に「代理」の定義について説明したいと思います。

　代理というのは、「代理人が本人のために、本人の名において法律行為を行い、その効果が本人に直接帰属する」という制度のことをいいます。

　ここでいう「本人」とは、代理人に代理権を授与した人のことです。これだけでは何のことだかわかりにくいので、ボードを使って説明することにします。**ボード1** を見てください。

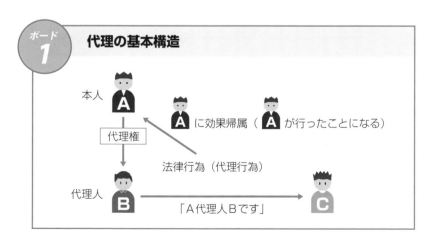

ボード1　代理の基本構造

本人　A

代理権

代理人　B

法律行為（代理行為）

「A代理人Bです」

C

A に効果帰属（ A が行ったことになる）

　まず本人Aがいて、その下に本人から代理権を授与された代理人Bがいます。そして、その代理人Bが本人Aに代わって相手方Cと法律行為を行う。すると、その法律行為は本人Aが行ったことになる。つまり、法律行為の効果が本人Aに帰属することになるというのが、代理の基本構造です。この3人の位置関係は、皆さんが試験用紙の余白などに登場人物の関係図を描く場合がありますので、覚えておきましょう。

　では、もう少し具体的に見ていきましょう。

　まず、本人Aが代理人Bに代理権を与えるのは、どういう場合でしょうか。いろんな場合がありますが、例えば、土地を持っている本人Aが、その土地を売りたいけれども、不動産売買の交渉に自信がない。そこで、その道のプロであるBに代理権を与えて5,000万円以上で売却してくれるように頼むというような場合です。

　次に、本人Aから代理権を与えられた代理人Bは、土地を買ってくれそうな人（C）を見つけて、Cとの間でAの土地を5,500万円で売却するという話をつけました。これが代理行為です。すると、このBC間でなされた行為の効果は、AC間に帰属するとありましたね。これは、いったいどういうことなのでしょうか。

　まず物権の世界に着目をすると、目的物の所有権（土地の所有権）は、Aから直接Cに移転します。これが物権の世界での「BC間の行為の効果がAC間に帰属する」ということの意味です。土地の所有権の移動が、A⇒B⇒Cではなく、A⇒Cであることに注意してください。では、債権の世界ではどうでしょうか。BC間の行為の結果、AC間にどのような債権債務関係が発生するのかというと、AはCに対して代金債権を取得することになります。つまり、Aが売主となり、買主であるCに対して「代金を払え」という請求ができることになるわけです。それに対して、買主Cはというと、買主ですから当然、売主であるAに対して引渡債権、あるいは不動産の場合だと登記の移転債権を持つことになるわけです（**ボード2**）。

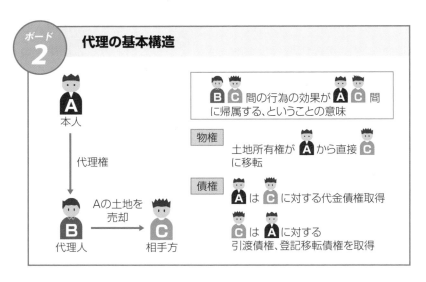

ボード **2** 代理の基本構造

A 本人

代理権

↓

B 代理人 → Aの土地を売却 → C 相手方

B C 間の行為の効果が A C 間に帰属する、ということの意味

物権　土地所有権が A から直接に移転

債権　A は C に対する代金債権取得

C は A に対する引渡債権、登記移転債権を取得

　このように、現実にはBとCが行った法律行為なのに、その結果（法律行為の効果）はAとCとの間で生じるというのが、代理の基本構造です。

（2）代理の機能

　次に、「代理の機能」について説明します。

　代理の機能には、2つの側面があるといわれています。

　まず1つは「私的自治の補充」です。どういうことかというと、制限行為能力者のところで、親権者・後見人と成年後見人には代理権があるといいましたよね。なぜでしたか。未成年者や成年被後見人は、保護の必要性から原則として単独で法律行為ができないことになっていたからです。だから、代理権を与えることで、それを補充する必要があったのです。

　つまり、本来は私的自治（法的拘束を受けるためには本人の自由な意思が必要である）が原則だけれども、制限行為能力者の場合はそれができないので、代理（法定代理）という制度を設けて私的自治を補っているというわけです。

　2つ目の機能は、「私的自治の拡張」です。自分を取り巻く法律関係、

すべて直接自分がやるというと行動の範囲にやっぱり限界がありますよね。24時間がんばっても、365日がんばっても、思いどおりに自分のしたいことを、すべて直接自分ができるわけではありません。そこで信用できる能力のある人に一定の仕事をお任せする、代理権を与えて自分のためにやっていただく、そんなふうな意味を持っている。こうした要請から、誰でも任意に他人に代理権を授与して、自分の代理人として法律行為を行わせることができるとしたのが、代理（任意代理）という制度で、これによって私的自治が拡張されることになったわけです。

このように、代理には私的自治の補充と私的自治の拡張という2つの機能があるわけで、この2つを合わせて「私的自治の拡充」と呼ばれています。

ここまでをCHECK

①代理とはBC間の行為の効果をAC間に帰属させる制度である。
②代理には法定代理と任意代理の2種類がある。

では次へ行きましょう！

2 効果帰属要件

まずBがCとの間で行った行為なのに、なぜその結果をAがかぶるんですかというと、何よりも、代理権の存在というのが必要になってきます。

AがBに、例えば先ほどの**ボード2**の例でいうと、私のあの土地を5,000万円以上で誰かに売却してください。そんなふうにAがBに代理権

を与えました。与えたからBが行った行為の結果をAがかぶるということですね。したがってこの効果帰属要件として大切なのがここの代理権の存在です。

2つ目の要件は「顕名」です。あまり聞きなれない言葉ですが、意味は「私はAの代理人でございます」とCに名乗ることです。名前を顕かにするということですね。

この2つの要件が揃って初めてその効果が本人に帰属することになります。逆にいうと、2つの要件のうち1つでも欠けていると、その効果が本人には帰属しないということです。

（1）代理権の存在

では、ここからは2つの要件の論点について、解説していこうと思います。

最初の要件の「代理権の存在」ですが、これにはいくつかの論点がありますので、順に見ていくことにします。

①　代理権の範囲

最初は「代理権の範囲」です。

代理権の範囲というのは、AとBとの代理権授与契約によって決まります。つまり、AがどこまでBに任せたのかということで決まるわけですが、必ずしもその範囲が明らかであるとは限りません。

では、Bの代理権の範囲が明らかでない場合、Bはどこまでできるのかということが問題となるわけですが、Bは「管理行為のみ」ができるとされています。

管理行為とは、家屋の修繕といったような財産の維持を目的とする「保存行為」、金銭の貸付といった財産の収益を目的とする「利用行為」、家屋の増築など財産の使用価値や交換価値を増加させる「改良行為」の3つで

す。これらの行為は、財産にあまり劇的な変化をもたらすものではないので、代理権の範囲が明らかでない場合でも、これくらいなら認めてもいいだろうということになっているわけです。

②　代理権の制限

　次は「代理権の制限」です。先ほどは、代理権の範囲を決めていなかった場合に、代理人はどこまでできるのかという話でしたが、今度は代理権さえ与えられていれば、代理人は何でもできるのかという問題です。

　答えはノーです。たとえ代理権の範囲内であったとしても、本人の利益を害する恐れが大きい次の2つの行為については、代理行為が禁止されています。その2つの行為とは、「自己契約」と「双方代理」と呼ばれるものです。

　これらがどういうものかについて、**ボード3**を使って説明したいと思います。

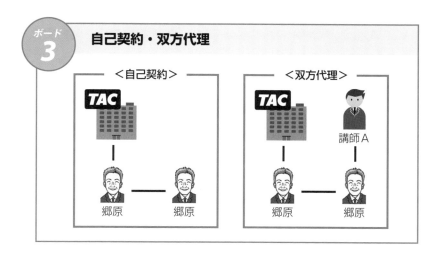

　まず、左の自己契約のところを見てください。

　この図の意味はわかりますか。先ほど**ボード1**で覚えておいてくださ

いといった、あの代理の関係図を描くときの位置関係を思い出してもらうとわかると思うのですが、この場合、本人がTAC株式会社で、私、郷原がその代理人です。その右にも私がいますが、これはもう少し後で説明します。

　まず、本人であるTACから、代理人の私がどういう権限を与えられているかというと、TACの各講師と契約交渉・締結をする権限です。「先生そんな仕事じゃ困りますよ。じゃあ来期はこれこれの年俸でいきますから」とか、そういうふうにいって値切り放題値切ったり、あるいは「ご苦労さんです。非常に評判がいいので、ぜひこういう条件でどうぞ」とか、そういうふうに私がTACの各講師と順番に契約の交渉をしていくわけですが、もちろん私自身もTACの講師ですから、いずれ代理人である私が、TACの講師である私と契約交渉をすることになりますよね。だから右側にもう1人私がいるワケ。

　さて、そこで考えてほしいのですが、今、代理人と相手方が同一人物ですよね。これはいかにも危ないという感じがしませんか。どう危ないかというと、例えば、代理人である私がTACの講師である私と契約交渉をして、「じゃあ郷原先生、年俸1億でいきますか」、こんなふうな話ができてしまうというわけです。そうすると実際TACは、年間1億円を郷原に支払わなければならないことになるわけです。1億ならべつに不当とも思いませんが（笑）。つまり、代理人と相手方が同一人物だと、本人が食い物にされてしまうという危険性があるわけです。だから、このような形になる自己契約というのが禁止されているのです。

　次に、ボードの右側の双方代理のところを見てください。今度は、私がTAC株式会社の代理人であると同時に、ある講師Aの代理人にもなっているという関係です。これが双方代理と呼ばれるものなのです。

　では、このような場合、どういうことになるかというと、TACの代理人である私と、講師Aの代理人である私が、契約交渉をすることになりま

す。

　といっても、実際は私がこれまた1人でやるわけですから、結局、私の
さじ加減1つで、講師Aを不当に安いギャラで働かせることもできるし、
逆に不当に高いギャラをTACに支払わせることもできるわけです。とな
ると、この場合もいずれかの本人の利益が害される危険性が高いですよ
ね。だから、このような双方代理も禁止されているというわけです。で
は、禁止されているとは、いったいどういうことなのでしょうか。それ
は、仮にこのような形で契約した場合、その契約は後ほど説明する「無権
代理」ということになります。本人はその契約の効果を受けなくてもいい
という意味です。

　ただ、今説明したような自己契約や双方代理が例外的に認められる場合
があります。それは本人の利益が害される恐れがない場合です。例えば、
すでに成立している契約の債務を履行するだけという場合で、この典型例
が不動産の売買契約をしたときに、双方が同じ司法書士に登記事務を頼む
という場合です。これは、どの司法書士に頼んでも、結果が変わるわけで
はありません。したがって、このように誰がやっても同じで、本人の利益
が害される危険性がない場合が1つ。そしてもう1つ、「本人があらかじ
め許諾した行為」、本人が損をするのは自由ですからそんな場合には、例
外的に自己契約や双方代理が認められるという点も、併せて記憶してしま
いましょう。

　また、自己契約や双方代理そのものではなくても代理人と本人との利益
が相反する行為については、その効果は原則として、**不確定効果不帰属**で
す。例えば、BがCからお金を借りるに当たってAに保証人になってもら
い、その際にBがAの代理人としてCA間の補償契約を結ぶ場合です。

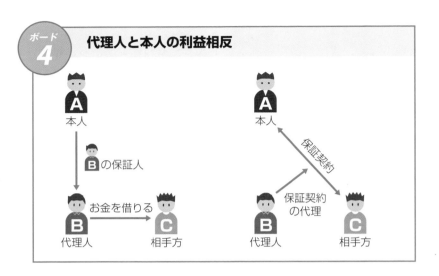

この場合、例えばBが借金を返さないと保証人のAが返さなきゃいけなくなる。このようにAの損においてBが得をするという関係が認められるので、利益相反行為として無権代理行為とされました。

③　代理権の濫用

では、次の論点に進みます。

今度は「代理権の濫用」という論点です。これについても、まずは次の**ボード5**を見てもらいましょう。

　このボードの関係図は、Aが本人で、Bが代理人です。今、BはAから100万円までの仕入れ権限を与えられています。つまり、BはAのために100万円までなら自分の裁量で、どこかからいろんな物を購入することができる権限を持っているわけです。そこで、Bの友人の中に、自分の製品が売れずに困っているCがいたとします。そして、Bは友人Cを助けてあげようと、本当は10万円の価値しかない物を、Cから50万円で買ってあげたのです。もちろん、Bが買主として自分のために買うのであれば、いくらで買おうと自由です。しかしこの場合、BはAの代理人として、10万円の価値しかない物を50万円でCから買ってあげているわけです。

　さて、このような場合、本人Aは売主Cに対して50万円を支払う必要があるのでしょうか。皆さんはどう思いますか。

　Bの代理権はというと、100万円までならBの裁量で買うことができたわけです。そこで、今、Bが買った物はいくらかというと50万円ですから、代理権の範囲内です。だとすると、代理権の範囲内の行為をやっているのだから、少しおかしい感じがするけれども、普通に考えればAに効果が帰属することになり、AはCに50万円支払う必要があるということになります。

　これが原則的処理なわけですが、やはりちょっとおかしい感じがしますよね。そこで107条です。代理権濫用は相手方が悪意または有過失の場合は無権代理と扱われます。無権代理はこの後すぐに説明いたします。

> ▶　第107条
>
> 　代理人が自己又は第三者の利益を図る目的で代理権の範囲内の行為をした場合において、相手方がその目的を知り、又は知ることができたときは、その行為は、代理権を有しない者がした行為とみなす。

④　代理人の通謀虚偽表示

　ここで、もう1つ、93条ただし書を類推適用することで処理した事案がありますので、説明しておきたいと思います。「代理人の通謀虚偽表示」

という事案です。これも、まず**ボード6**から見てもらいましょう。

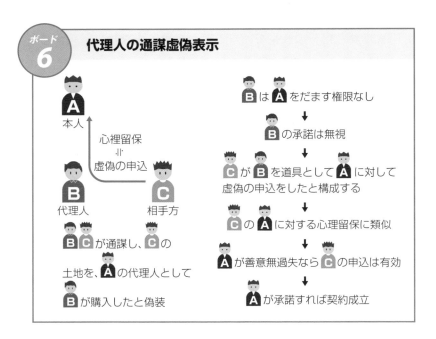

ボード **6** 代理人の通謀虚偽表示

本人 A

心裡留保
≠
虚偽の申込

代理人 B　　相手方 C

B **C** が通謀し、**C** の
土地を、**A** の代理人として
B が購入したと偽装

B は **A** をだます権限なし
↓
B の承諾は無視
↓
C が **B** を道具として **A** に対して
虚偽の申込をしたと構成する
↓
C の **A** に対する心理留保に類似
↓
A が善意無過失なら **C** の申込は有効
↓
A が承諾すれば契約成立

　これはどういう事案かというと、Aの代理人であるBが、Cと示し合わせて、Cの土地を財産隠しの目的で購入したことにしてあげたという話です。

　このような場合にどんな処理になるのかというと、まず代理人であるBにはAをだます権限はありません。それはそうですよね。BはAのために働く立場にあるわけですから。そこで、BがCにした承諾、つまり通謀虚偽表示のBの承諾は無視して、CがBを道具としてAに向かって申込をしたと考えるわけです。本当は、BとCとの間に「悪いけど買ったことにしてくれませんか」「わかりました、いいですよ、買ったことにしておいてあげましょう」という両者の意思表示があったわけですが、Bの側の意思表示は無視して、直接CからAに虚偽表示の申込があったと考えるわけです。

　さて、そうすると、これは通謀虚偽表示ではなくなります。次のような表現はありませんが、いわば単独虚偽表示の状態になっているわけです。

　では、単独虚偽表示とはどういうことかというと、一方的にCがAにウソの意思表示をしたことなので、心裡留保に類似します。したがって、Aが善意無過失であればCの申込は有効となるわけです。

　そうすると、次はどうなるかというと、Aが承諾をすれば契約は有効に成立します。もちろん、条件的にあまりよくないと考えた場合は、Aは承諾をしなければいいわけです。そうすれば、Aは損をすることはありません。

　👤 **この事案も十分出題されるレベルですので、しっかりと理解しておいてほしいと思います。**

⑤　復代理

　次は「復代理」です。これは何かというと、「代理人がさらに本人のために代理人を選任すること」で、要するに下請けに出すような状態になるわけです。この下請けの代理人のことを「復代理人」と呼ぶわけですが、このような場合の復代理人と本人との関係がどのようになるのかというのが問題なのです。

　そもそも代理人が、自分が任された仕事を他人に振ってもいいのか、という問題があるわけですね。法定代理人と任意代理人という区別があるわけですが、「選任の可否」は大切なので完全に記憶してください。

　まず法定代理人ですが、これは自分が自分の意思に基づいて代理人になったのではなく、例えば、子供に対する親のように法律の規定で代理人になった人のことを法定代理人と呼ぶわけです。このような法定代理人は、必要があればいつでも復代理人を選任できます。この「いつでも」という個所は要チェックです。

　それに対して、任意代理人は本人の許諾またはやむを得ない事情がある

場合に初めて復代理人を選任できることになっています。「やむを得ない事情」という個所がチェックポイントです。

　旧法では105条に、復代理人を選任した場合の任意代理人の本人に対する責任に関する規定があり、その内容は代理人の責任を軽減するものだったのですが、これは削除されました。そして債務不履行の一般ルールに従って処理されることとなりました。任意代理人の責任を特に軽減する合理的理由がないとされたのです。

　では、復代理人の権限はどうなるのかというと、これは代理人の代理人ではなく、あくまで本人の代理人になるということです。これについては、**ボード7**を使ってより詳しく説明したいと思います。

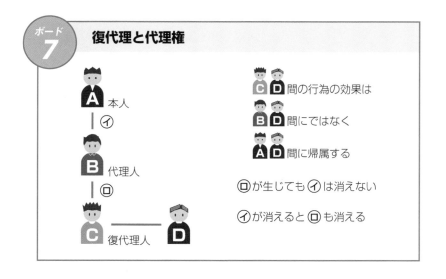

ボード7　復代理と代理権

A　本人
　│　㋐
B　代理人
　│　㋺
C　復代理人　　D

CD間の行為の効果は
BD間にではなく
AD間に帰属する

㋺が生じても㋐は消えない
㋐が消えると㋺も消える

　今、本人をA、代理人をBとして、代理人Bが復代理人のCを選任しました。そして、その復代理人CがDとの間で一定の法律行為をしました。

　このような状況下で、まずは先ほど説明した「復代理人CはBの代理人ではなくAの代理人である」ということの意味を確認しておきたいと思います。

　今、復代理人ＣはＤとの間で一定の法律行為をなしたわけです。そこで、もし復代理人ＣがＢの代理人だとすると、ＣＤ間の行為の効果はＢＤ間に帰属するはずですよね。ところが、復代理人Ｃもあくまで本人Ａのための代理人だから、ＣＤ間の行為の効果は直接ＡＤ間に帰属するという点を理解しよう。

　さて、もう１つ復代理のところについては、出題される可能性があるものとして次のようなことがあります。それはＡがＢに与えた代理権㋑と、ＢがＣに与えた復代理権㋺との関係です。まず㋺が生じても㋑は消えません。つまりＢがＣを復代理人に選任しても、Ｂ自身の代理権がなくなってしまうわけではないのです。それに対して、㋑が消えると㋺も消えてしまいます。つまり、Ｂの代理権が消えると、Ｃの復代理権も消えるということです。この２つは混同しやすいところなのですが、きちんと考えればわかってもらえると思うんですよ。㋑が消えると㋺も消えるというのは、「親亀㋑がこけると子亀㋺もこける」という関係になっているわけです。逆に、㋺が生じても㋑は消えないというのは、「親亀㋑の上に子亀㋺が乗っただけ」だからです。

　復代理のところで試験に出題されるのは、「選任の可否」「復代理人が為した行為の効果の帰属」「代理権と復代理権の関係」の３点と考えてもらっていいと思います。

（2）顕　名

　それでは、次に効果帰属の第２要件である「顕名」について説明します。
　顕名というのは、本人の名を顕すこと。つまり、「私はＡの代理人としてのＢです（A代理人B）」と名乗ることをいうわけです。
　では、仮に代理人Ｂが「私はＢです」と名乗ってＣと取引をした場合。Ｂは内心ではＡの代理人のつもりなんですが、その旨をＣに伝えなかった。つまり、顕名をしなかったという場合です。こういう場合、ＢＣ間の

行為の効果はいったいどうなるのでしょうか。これに関しては、原則として B 自身の行為となり、A に効果が帰属することはありません。ただし、相手方（C）が、B が A の代理人であるということを知っていた（悪意）、または知り得た（有過失）の場合は、A に効果が帰属することになります。

　これは比較的素直な内容ではないかと思います。問題は次です。代理人 B が A として行為をした場合です。どういうことかというと、例えば、本来であれば B は「A の代理人の B です」と名乗らなければいけないのに、「A です」と、本人の名前を名乗った場合です。

　これは、厳密にいうと顕名ではありません。しかし、判例はこれを顕名として認めているのです。どのような理屈で、判例はこれを顕名と認めたのか。これについて**ボード 8** で説明したいと思います。

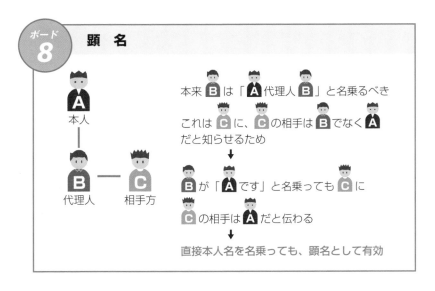

　本人が A、代理人が B、相手方が C という、いつもの設定です。

　本来、B は「A 代理人 B」と名乗るべきですよね。なぜなら、代理行為の効果が本人 A に帰属するためには顕名が必要だったからですが、では、

どのような狙いから顕名が要求されているのでしょうか。その趣旨を考え
てみましょう。

　そもそも顕名を要求するのは、相手方Cに対して「あなたの相手は目の
前にいる私BではなくAなんです。あなたはAを相手に取引をしているん
ですよ」ということを知らせるためです。そうすると、今、Bが「私はA
です」と名乗ってCと取引をしました。さて、このような場合に、BC間
の行為の効果がAC間に帰属すると考えていいのかどうか。皆さんどのよ
うに考えますか。

　Bが「Aです」と名乗った場合でも、相手方Cは自分の相手はAだとい
うことがわかりますよね。Bが「Aです」と名乗っているわけだから、C
にしてみれば「自分の相手はAなんだな」とわかるわけです。だから、こ
れは本来の顕名とは少し違っているけれども、顕名の趣旨から考えて、直
接本人の名義を名乗ったとしても、そのような顕名は有効であると扱って
もいいと判例は考えたわけです。

　このように、法が定めていることとは少し違う場合でも、その趣旨に遡
って考えると、それでもいいんじゃないかという結論に落ち着く場合があ
るのです。これはよくある論理の流れですので、ここでなじんでおいてほ
しいと思います。

（3）代理行為の瑕疵
①　意思表示の不存在・瑕疵

　次は「代理行為の瑕疵」です。これはかなりややこしいので、皆さん気
合いを入れて、しっかり考えてほしいと思います。

　まず「意思表示の不存在・瑕疵」です。意思表示の不存在・瑕疵という
のは、以前説明したとおり、心裡留保、通謀虚偽表示、錯誤、詐欺、強迫
のような場合のことです。そこで、代理行為が行われた場合に、このよう
な意思表示の不存在や瑕疵があったときは、誰を基準に判断するのかとい

う問題です。

　結論は、代理人を基準に決定します。これは「代理人行為説」と呼ばれるもので、101条１項を根拠としています。

> ▶ 第101条
> ①　代理人が相手方に対してした意思表示の効力が意思の不存在、錯誤、詐欺、強迫又はある事情を知っていたこと若しくは知らなかったことにつき過失があったことによって影響を受けるべき場合には、その事実の有無は、代理人について決するものとする。
> ②　相手方が代理人に対してした意思表示の効力が意思表示を受けた者がある事情を知っていたこと又は知らなかったことにつき過失があったことによって影響を受けるべき場合には、その事実の有無は、代理人について決するものとする。
> ③　特定の法律行為をすることを委託された代理人がその行為をしたときは、本人は、自ら知っていた事情について代理人が知らなかったことを主張することができない。本人が過失によって知らなかった事情についても、同様とする。

　そうなると、代理人が代理行為をした場合、たとえ本人に錯誤があったとしても問題にはならないということです。当然ですね、代理人がやっているわけですから。

　では、代理人に錯誤があった場合、本人が取消しの主張をできるのでしょうか。当然できますね。最終的にその行為の効果をかぶるのは本人なわけですから。じゃあ、代理人には取消権はないのかというと、これについては、ＡＢ間の代理権授与契約の内容次第で決まってくるという扱いになっています。「いざとなったら取消しもしてくれよ」と本人が代理人にその権限まで与えている場合には代理人も取消しができるわけです。

　問題は、その次です。ここが結構ややこしいんです。では、本人や代理人が詐欺を行った場合、これは「第三者の詐欺」と扱われるのでしょうか。第三者の詐欺とはどういうことだったか、皆さん覚えてますか。第三者の詐欺というのは、だまされた人は取消しをしたいけれども、相手方は「私はだましていません。勝手に取り消さないでください」と言いたい。そこで表意者と相手方との利益を調整するために、表意者が第三者にだま

されているという事実を、相手方が知っていたか、知り得た場合に限って、表意者は取消しができるということでしたね。それを、この代理のところにあてはめてみようと思うのです。

　では、まず代理人が詐欺を行った場合です。代理行為というのは、誰が行為者かというと、代理人ですね。したがって、代理人が行為者だから、代理人が詐欺を行った場合には、これは第三者の詐欺には該当しません。なぜなら、代理人は行為者だからです。ここはいいんです。問題は、本人が詐欺を行った場合です。これは有名な論点ですから、**ボード9**を使って説明しますので、しっかりと理解するようにしてください。

　本人がA、代理人がB、相手方がCです。今、本人AがCをだましました。そして、だまされたCは、瑕疵ある意思表示をBにしてしまったという事例です。例えば、AがCに対して「そんな壺を持っていると不運に見舞われますから、早く手放したほうがいいですよ」とだまして、C所有の高価な壺を、Bを代理人としてAが買い受けてしまうといった場合です。

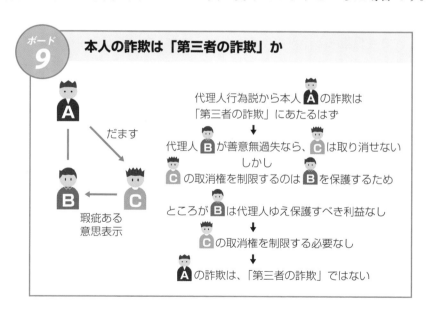

ボード9　**本人の詐欺は「第三者の詐欺」か**

代理人行為説から本人 A の詐欺は
「第三者の詐欺」にあたるはず
↓
代理人 B が善意無過失なら、C は取り消せない
しかし
C の取消権を制限するのは B を保護するため
ところが B は代理人ゆえ保護すべき利益なし
↓
C の取消権を制限する必要なし
↓
A の詐欺は、「第三者の詐欺」ではない

そこで、この事例がなぜ第三者の詐欺っぽいのかを確認したいと思うのですが、代理行為の行為者は誰ですか。本人Aではなく、代理人Bですね。101条1項の代理人行為説がありましたから。そうすると、BとCとが当事者なわけだから、本人Aはいかにも第三者っぽく見えますよね。だから、普通に考えると、Aの詐欺は「第三者の詐欺」のように見えるわけです。

　では、もしこれが第三者の詐欺になると、どうなりますか。代理人Bが善意無過失の場合には、Cはだまされているのに取り消せないという結論になりそうですよね。なぜそうなるのかというのを、もう一度復習しますと、今、Cは瑕疵ある意思表示をBに対してしました。だけど、Bは「私はだましていません、文句があったらAに言ってください。勝手に取り消さないでください」と言えるのが、第三者の詐欺と呼ばれる制度だったからです。

　でも、先ほどと同じように、趣旨に立ち返って考えてみると、第三者の詐欺としてだまされているCの取消権を制限する目的は何だったのかというと、Bを保護するのが狙いだったわけです。ところが、よく考えてみると、BというのはAの代理人ですよね。代理人ということは、その行為の効果はかぶりませんよね。だったら、保護すべき利益はないんじゃないでしょうか。BC間の行為の効果は、Bには帰属しません。AC間に帰属するんです。そうすると、Cによって取り消されたからといって、Bがガッカリするという事情は、この事例では生じないということになるわけです。

　では、どうすればいいのかというと、本人が詐欺を行った場合というのは、理論的に見れば第三者の詐欺っぽい。だから、気の毒だけど、Bを保護するために、Cの取消権は制限されそうなんですね。しかし、よく考えると、今は代理の場面なので、Bには保護に値する固有の利益はありません。したがって、どう考えるかというと、Cの取消権を制限する必要はないので、本人Aの詐欺は第三者の詐欺ではないと扱うわけです。

　この一連の流れを何度も何度も頭の中で繰り返してもらうと、民法的な発想というのがどんどん皆さんの頭の中に組み込まれていくことになります。断片的なデータを脳の中に入れたとしても、もちろんそれでも受かりますが、完全な準備とはいえないんですよ。未知の問題に直面した場合にそれをどう処理するのか、というプログラムを頭に徐々に埋め込んでいく作業をしていくことが、出題傾向が急に変わっても、あるいは意外な分野からの出題があっても対応できるコツなのです。

②　代理人の制限行為能力

　次は、「代理人の制限行為能力」というところです。

　任意代理の場合、代理人に行為能力は必要ありません。つまり、制限行為能力者でも代理人になることができるというわけです。なぜかというと、最終的に代理行為の効果をかぶることになる本人が、制限行為能力者を代理人に選んだ以上、これを保護する必要はないからです。したがって、代理人の制限行為能力を理由とした代理行為の取消しはできないとされています。

　では、この点に関してもう少し詳しく、**ボード10**を使って見ていきたいと思います。

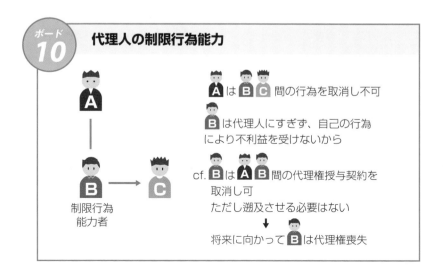

今、未成年者のＢがＡの代理人になっています。未成年者だからもちろん制限行為能力者です。しかし、考えてみると15歳でも、あるいは極端な場合10歳でも、能力は高いし度胸もあるという子供はいるわけです。それを見込んで、今、本人ＡがＢに代理権を与えました。

　先ほど説明したように、Ｂが制限行為能力者だからといって、ＢＣ間の行為を取り消すことはできません。なぜなら、Ｂは代理人にすぎないので、不利益を受けることはない。だから、取消権を与えて、Ｂを保護する必要はないからです。まずは、この点をしっかりと頭に入れておいてください。

　それと平成29年改正でこの102条はただし書が新設されました。法定代理においては本人も制限行為能力者であった場合は制限行為能力者である代理人がなした行為は取り消すことができる場合があります。まあ当たり前なことを確認的に明文化したものですね。

　さてもう１つ、Ｂに取消権がないということで、ＢはＡとの間で結んだ代理権授与契約も取り消すことができないのかという問題です。これについては、Ｂは制限行為能力を根拠に取り消すことができます。ＢＣ間とＡＢ間とをごっちゃにしないように。なぜなら、ＡＢ間の代理権授与契約においては、直接Ｂに効果が帰属しているからです。

　ここから先が試験に出るところです。**ボード10**を見てください。「ただし遡及させる必要はない」とありますよね。本来、取消しには遡及効があるはずなのに、「必要ない」となっているのは、どうしてだかわかりますか。

　そもそも取消しに遡及効が認められているのはなぜかというと、もともとこのＡＢ間の行為がなかったものと扱うことでＢが損をするのを回避しましょうというのが、遡及効の狙いなわけです。ところが、代理というのはＢが直接効果をかぶるものではありません。Ｂが行った行為の効果は全部Ａがかぶります。だから、Ｂが一定の行為を行った結果、Ｂ自身が損をするということにはならないので、わざわざ遡及させる必要がないという

わけです。制限行為能力者制度の趣旨から考えれば、この結論は納得でき
ると思います。ですから、結局、BがAB間の代理権授与契約を取り消す
と、将来に向かって、つまり行為の時に遡らない、という意味ですが、B
は代理権を失うだけにとどまるという点を確認しておいてください。

（4）代理権の消滅

　では、次に、代理権がどのような場合に消滅するのかということです
が、これは以下のように任意代理人と法定代理人共通の場合と、任意代理
人のみにあてはまる場合とがあります。ここも選択肢の1つとして出題さ
れる場合がありますので、チェックしておいてほしいと思います。

　　①任意代理人・法定代理人共通……本人の死亡、代理人の死亡・後見開
　　　　　　　　　　　　　　　　　　　始・破産
　　②任意代理人のみ……委任の終了（本人の破産、委任契約の解除）

ここまでをCHECK

①自己契約や双方代理は本人を害するので原則無権代理となる。
②代理権の濫用は107条で処理する。
③顕名は本来「A代理人B」と名乗るが「A」と名乗って
　もよい。
④代理行為の瑕疵は代理人基準で考えるが、本人の詐欺は
　「第三者による詐欺」ではない。
⑤代理人には行為能力は不要である。

では次へ行きましょう！

3　無権代理

（1）意　義

　それでは、いよいよ「無権代理」の説明に入りたいと思います。この無

権代理と、この後に説明する表見代理については、代理の分野の出題の半分以上を占めるくらい重要なところですので、しっかりと勉強してください。

では、まず無権代理というのは、どういうことなのかということについて説明します。例えば、BがAの代理人としてCとの間で法律行為を行ったけれども、本当は、BはAから代理権を与えられていなかったという場合のことを、無権代理といいます。

このような無権代理の場合、BC間の行為の効果はもちろんAC間には帰属しないということは、皆さんわかりますね。ただ、滅多にないことですが、この無権代理人Bの行った行為が、Aにとって利益になると思われる場合もあるわけです。そのような場合には、Aは追認をすることによって、BC間の行為の効果をAC間に帰属させることができることになっています。これが無権代理の基本構造です（**ボード11**）。

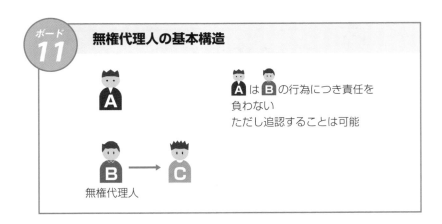

ボード**11** 無権代理人の基本構造

Ａは Ｂ の行為につき責任を負わない
ただし追認することは可能

Ｂ → Ｃ
無権代理人

（2）無権代理の相手方保護

今、追認という言葉が出てきたことで、皆さんの中には「制限行為能力者の場合に似ているな」と思った人もいるのではないでしょうか。無権代理行為をされた相手方Cの立場が不安定だから、Cの保護を図る必要があ

るのではないかと。そこで、順を追いながら、相手方Cを保護するための
制度について見ていきたいと思います（**ボード12**）。

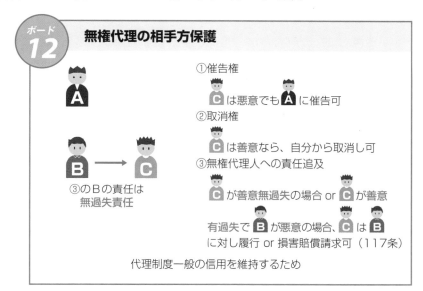

相手方Cを保護する制度については、次の3つの段階に分けて整理して
おくといいと思います。まず第1は「催告権」です。CはAに対して催告
をすることができます。どのような催告ができるのかというと、「追認し
てくれるんですか。それともあなたは追認拒絶をなさるんですか。どちら
かはっきりしてください」と、こんなふうに相手方CはAに対して決断を
迫るべく、催告をすることができるわけです。これはCが悪意でもできる
んですよ。これは出題されますから覚えましょう。

ところが、催告を受けたAが無視したとします。そこで、Cが一定の期
間を区切って「いついつまでにはっきりした返事をください」とAに決断
を迫ったのですが、Aがはっきりした返事をしないまま、その期間が過ぎ
てしまったとしましょう。このような場合、Aは追認したものと扱うべき
か、追認拒絶したものと扱うべきかが問題です。これは細かい知識です
が、知っておく必要はあります。

答えは、追認拒絶をしたものと扱います。なぜなら、ＢＣ間の行為というのは無権代理なわけだから、ほとんどの場合、Ａにとっては不利な内容です。だから、普通ならＡは追認拒絶をするのが一般的です。したがって、Ａが無視していた場合には、追認拒絶という効果が生じることになるわけです。

　２番目は「取消権」です。これは制限行為能力者の場合にはなかった話です。どういうことかというと、Ｂの行為が無権代理であることをＣが知らなかった（善意）場合には、ＣはＢＣ間の行為を自分から取り消すことができるということです。「そんなややこしい関係なら、私はもう結構です」と、Ｃの側から取消権を行使するということができるわけです。

　先ほどの催告権はＣが悪意の場合でも認められます。それに対して、取消権はＣが善意の場合にのみ認められる。悪意のＣに取消権は認められません。**ボード12**の下へいけばいくほど効果がきつくなっていくわけだから、要件も厳しくなっているという点も、頭の中で整理しておいてほしいと思います。

　３番目の制度、つまりＣを保護するための最強の制度は何かというと、「無権代理人への責任追及」です。これはＣが善意無過失の場合に限り認められます。善意から原則として善意無過失へと、さらに要件が厳しくなりましたね。

　では、無権代理人に対する責任追及とは、具体的にどういうことかというと、無権代理人Ｂに対して履行の請求ができるということです。例えば、無権代理人ＢがＣに、「ＣのものをＡの代理人として私が買ってあげます」と言っていたとしたら、ＣはＢに対して「買ってあげますと言った以上、代金を払え」と履行請求ができるわけです。あるいは、損害賠償請求をすることもできます。これを通常「117条責任」と呼ぶわけですが、これが一番Ｃの救済になりますよね。効果が非常に強力です。だから、要件も善意無過失と厳しくなっています。

▶ 第117条
① 他人の代理人として契約をした者は、自己の代理権を証明したとき、又は本人の追認を得たときを除き、相手方の選択に従い、相手方に対して履行又は損害賠償の責任を負う。
② 前項の規定は、次に掲げる場合には、適用しない。
一 他人の代理人として契約をした者が代理権を有しないことを相手方が知っていたとき。
二 他人の代理人として契約をした者が代理権を有しないことを相手方が過失によって知らなかったとき。ただし、他人の代理人として契約をした者が自己に代理権がないことを知っていたときは、この限りでない。
三 他人の代理人として契約をした者が行為能力の制限を受けていたとき。

　ここでもう１つ、117条責任について補足しておきたいと思います。

　今、**ボード12** に「Ｂの責任は無過失責任」とあります。なぜ、こんなことが強調されるのかというと、以前説明したように、近代市民法には三大原則がありましたよね。「私的自治の原則」「所有権絶対の原則」「過失責任の原則」。だから、この三大原則のうちの「過失責任の原則」からすると、損害賠償責任を負わされるには、少なくとも自分に落ち度（過失）がなければならないはずです。ところが、今、無権代理人Ｂの責任は無過失責任とされています。無過失責任というのは無過失でも生じる責任のことで、仮にＢに落ち度がなかったとしても、それでもＢは責任を負わなければならないのです。

　なぜかというと、その理由は「代理制度一般の信用を維持するため」といわれています。代理制度一般の信用を維持するとはどういうことかというと、仮にＢに過失がなかったときは、ＣはＢに対してなにも責任追及ができないとしますよね。すると、無権代理だから基本的にＣはＡに対して契約を履行してくださいといえないし、Ｂに対してもなにも請求できないことになり、Ｃは救済のされようがない状態になります。

　すると、どうなるかというと、誰も代理制度を利用しなくなるのです。例えば、Ｂが「私はＡの代理人です」ということでＣと交渉過程に入ったとしても、Ｃは「あなた代理人ですか。私は代理人を相手に話はしませ

ん。本人Aを連れてきてください」となってしまって、本来は便利なはずの代理制度を誰も利用しなくなってしまうわけです。

　だから、誰もが安心して代理制度を利用できるように、無権代理人Bに過失がなくても責任を追及できるようにしてあるということです。ただ、皆さん、あるいは疑問に思っていらっしゃるかもしれません。そもそも無権代理なんてするやつが、つまりBが無過失なんてことってあるんだろうかと。これもまあ、もっともな疑問ですよね。考えている人ほど、そういうことにも頭がいくということだと思うんですよ。でも、これはあります。どんな場合かっていうと、例えばAがまだこのBには代理権は与えてないんだけど、電話で誰かに、「やっと信頼できる人が見つかった。今度何々の件についてB君に代理権を与えることにしたんだ」というふうなことをしゃべっていた。それをたまたまBが聞いてしまって、「よし、自分は代理人だ」ということで、テキパキと前倒しで仕事をしてしまったと。

　そのような場合には、このBに過失は認められないというふうに評価できようかと思うんです。そんな場合にCを救済するということで、無過失責任というふうな扱いになっているんだということになるわけですね。

　ただし、2点注意！　第1は無権代理人の責任追及の主観的要件として相手方が善意無過失であることが必要なのですが、有過失の場合でも**無権代理人が悪意の場合には相手方は無権代理人に責任追及できます**（117条2項2号ただし書）。

　第2は、Bが制限行為能力者だった場合です。先ほど説明したように、制限行為能力者も代理人になれます。だから、仮に制限行為能力者のBが無権代理人だったとしても、相手方のCはBが本当の代理人だと思ってしまうこともあるわけです。

　しかし本当は、Bは無権代理人だった。だとしたら、Cを保護するために、また代理制度一般の信用を維持するためにも、Bに対する責任追及を認めてやるべきですよね。でも、無権代理人が制限行為能力者の場合は、

Bの責任は問えないとされているのです。

　なぜかというと、確かに代理制度一般の信用を維持したいけれども、それ以上に、制限行為能力者を保護したい。だから、無権代理人のBが制限行為能力者だった場合には、代理制度一般の信用が多少傷ついたとしても、それでも制限行為能力者を保護するというのが、民法の決断だということです。

　最後に無権代理人の相手方保護の３段階をもう一度整理しておくと、まず１番が催告権で、これはCが悪意でもOKです。２番目が取消権で、これはCが善意の場合に行使ができる。そして、３番目が最強の保護制度で、無権代理人の責任追及。これはCが善意無過失の場合、またはCが有過失でBが悪意の場合でなければならないということです。

（3）無権代理人と本人との間の相続

　では、次に進みます。今度は「無権代理人と本人との間の相続」という話なのですが、実はこれが結構複雑な話なんです。

　まず、相続のパターンには２通りあります。まず１つは、無権代理人Bが本人Aを相続した場合。例えば、道楽息子（無権代理人B）が父親（本人A）の土地を勝手に売却してしまったような状況下で、父親が亡くなって、道楽息子がこれを相続しました。そんな場合に、道楽息子が行った無権代理の効力はどうなるのかという問題です。

　２つ目はその逆で、本人Aが無権代理人Bを相続した場合です。父親の土地を勝手に売った道楽息子（無権代理人B）が事故死してしまい、父親（本人A）がこれを相続した場合に、無権代理行為はどうなるのかということです。これを順に見ていきましょう。

　まず最初は、無権代理人Bが本人Aを相続した場合です（**ボード13**）。

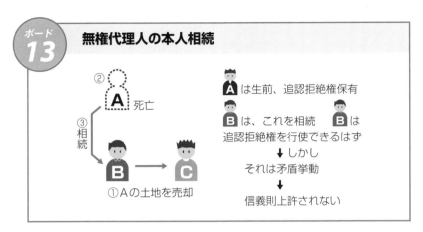

ボード **13** **無権代理人の本人相続**

② A 死亡

③ 相続

① A の土地を売却

B → C

Ａ は生前、追認拒絶権保有

Ｂ は、これを相続　Ｂ は
追認拒絶権を行使できるはず
↓ しかし
それは矛盾挙動
↓
信義則上許されない

　今、ＢがＡの土地を代理権がないのに、Ｃに売却してしまいました。普通の無権代理ですよね。このような状況下では、Ａが亡くなる前はどんな権利関係になっていたのかというと、無権代理行為をされた本人Ａは追認拒絶権というのを持っていたはずです。もちろん追認権も持っていますが……。

　ところが、このような状況下でＡが亡くなってしまいました。そうするとＢがＡの有した追認拒絶権を相続します。相続については、まだきちんと勉強していませんが、権利義務の一切合財が相続人に移ってくるわけです。だから、本人Ａの死亡により、Ａが持っていた追認拒絶権がＢの手元にきたわけです。そうすると、Ｂは追認拒絶権を行使することができそうですよね。だけど、皆さん、これどう思います？

　これは矛盾挙動になりますよね。何がどんなふうに矛盾挙動かというと、まず最初にＢは無権代理人としてＡの土地をＣに売却しているんです。一度、売却しておきながら、追認拒絶権を行使して、今度はＣに売却しませんという。これが矛盾挙動なわけです。

　では、そんなことをしてもいいんですか、いけません。どうしてですか。

　ここであの一般条項、信義則が出てくる。信義則の分身の禁反言です。つまり、本人Ａを相続した無権代理人Ｂは信義則上、追認拒絶権を行使で

きなくなり、確定的にBがこの土地の売主として、Cとの関係で責任を負うという処理になるわけです。

次は、無権代理人Bが先に亡くなり、それを本人Aが相続した場合です（**ボード 14**）。この場合、本人Aは追認拒絶権を行使できるのでしょうか。これは皆さんどう思いますか。

先ほどBが追認拒絶権を行使できなかった根拠は、信義則の分身としての禁反言、矛盾挙動禁止でした。ところが、今、Aが追認拒絶権を行使したとしても、それが矛盾挙動かというと、全然矛盾していませんよね。むしろ、Aは息子のBに無権代理行為をされた被害者なのですから、追認を拒絶することは全然問題ありません。

しかし、Aが追認拒絶権を行使したとすると、Bの行為は無権代理行為だったというふうに確定してしまいます。そうすると、Bの行為が無権代理だったということは、Bを相続したAはどうなりますか。相続人AはBのもとに生じていた無権代理人としての責任（117条責任）も相続するという扱いになるわけです。

117条責任とはどんな責任だったか覚えていますよね。2通りありました。1つは契約の履行責任で、もう1つは損害賠償責任です。この責任がAの追認拒絶によっていったんBのもとに生じ、それを相続人Aがかぶら

されると、そんな扱いになるということです。

　そうすると、先ほどの場合と結論的にはあまり違いがないでしょう。しかし今の場合は、まずＡは追認を拒絶すること自体はできるんだという点をしっかり押さえておいてください。ポイントは、矛盾挙動の禁止（禁反言）です。今、このケースでは、Ａが追認拒絶権を行使することはなんら矛盾挙動ではないので、Ａは追認拒絶はできる。しかし、追認拒絶によってＢに生じた117条責任を相続してしまうことになる、という流れになっているということです。

　さて、ここで無権代理人と本人の間の相続を扱った最高裁の判例を、２つ紹介しておきたいと思います。

　第１の判例ですが、まずは下の**ボード15**を見てください。

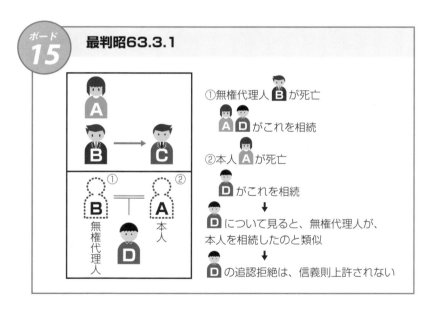

　これはどういう事案かというと、Ａが本人で、Ｂが無権代理人で、Ｃが相手方です。ところが下の四角の中に、Ｄという人物がいますね。Ｄはどういう人かというと、最初に無権代理人Ｂが亡くなったときに、無権代理

人Bの権利義務を相続した人で、その後に本人Aが亡くなったときも、本人Aの権利義務を相続した人です。だから、Dというのは、もともと無権代理人でも本人でもなかったんだけど、最初に無権代理人を相続し、その後で本人を相続したわけです。さて、このような場合、Dは無権代理行為の追認拒絶ができるのでしょうかという問題です。

　判例はどう扱ったのかというと、まず最初に無権代理人Bが亡くなっているから、Dが無権代理人としての立場を相続した、と。実際、そうですね。したがって、**無権代理人が本人を相続した**という先ほどの第1のケース（**ボード13**）に**類似**するということで、Dの追認拒絶は、信義則上許されないとしたわけです。

　2つ目の判例も、下の**ボード16**を使って説明しましょう。

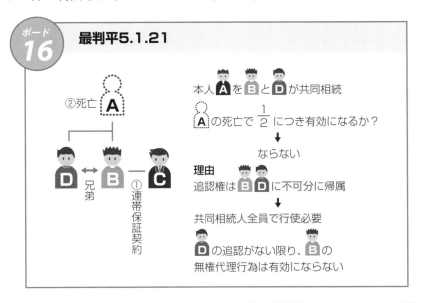

ボード
16
最判平5.1.21

②死亡 **A**

D ⇔ **B** ― **C**
兄弟　①連帯保証契約

本人 **A** を **B** と **D** が共同相続
A の死亡で $\frac{1}{2}$ につき有効になるか？
↓
ならない

理由
追認権は **B** **D** に不可分に帰属
↓
共同相続人全員で行使必要
↓
D の追認がない限り、**B** の無権代理行為は有効にならない

　この事案はどういうことかというと、まず無権代理人Bが、Cとの間で連帯保証契約を結びました。その後、本人Aが死亡しました。ここからが今までと違うところなんですが、この事案の場合、本人Aの相続人はB1人ではなく、兄DとBが共同相続したというケースなのです。しかし、こ

れも基本的には第1のケースと同じなんですよ。無権代理人が本人を相続したわけですから。そうすると、今までの話でいうと、Ｂは信義則上、追認を拒絶することができないので、ＢＣ間の契約は有効となったわけです。

　ところが、今、ＢとＤが2分の1ずつ相続しています。ということは、Ｄは無権代理人ではないので追認を拒絶できますが、Ｂはもともとが無権代理人なので追認を拒絶することができない。だとすれば、Ｄの相続分である2分の1は無効だけれども、Ｂが相続した2分の1だけは有効になるのではないかと考えられるわけです。

　特に、ＢＣ間の契約は連帯保証契約ということで金銭債権です。だから、2分の1ずつに分けることができるはずです。だから、Ｂの相続した2分の1についてはＢに追認拒絶権行使が信義則上許されない以上、有効になるんじゃないかという感じがするわけです。

　ところが、この事案について、判例は「有効にはならない」と判示しています。なぜかというと、「追認権というのは、ＢとＤに不可分に帰属するものだからである」ということです。この「不可分」というところポイントですよ。つまり、2分の1だけ追認し、残りの2分の1は追認拒絶するということは許されない。追認権は、共同相続人全員で行使しなければならない、と考えているわけです。だから、この場合は、無権代理人の兄Ｄが追認をしない限り、Ｂの部分だけが有効になるということはないのです。

　このように、判例は「追認権を不可分のものと考えている」という点を押さえておいてください。

ここまでをCHECK

①無権代理の効果は「不確定効果不帰属」であり、追認により確定効果帰属となる。
②無権代理人は117条責任を負う。
③無権代理人が本人を相続した場合、追認拒絶は信義則上許されない。
④本人が無権代理人を相続した場合は、追認拒絶はできるが、117条責任を相続する。

では次へ行きましょう！

4　表見代理

（1）意　義

　さあ、いよいよ代理の最終項目の「表見代理」です。

　表見代理というのは何かというと、「無権代理行為でありながら、本人と代理人との一定の関係から、有権代理と同じように代理行為の効果を本人に帰属させようという制度」のことです。

　ただし、表見代理が成立するには、次の3つの要件が必要になります。

　まず1つは「無権代理人が代理権を有するような外観を有すること」です。

　2つ目は「相手方がその外観を信頼して（善意無過失）取引をしたこと」。

　そして、3つ目が「本人が、その外観の作出について帰責事由があること」です。

　この3つの要件は前にも出てきたことがあるのですが、皆さん覚えていますか。通謀虚偽表示のところで説明した「権利外観法理」です。つまり、表見代理という制度も、権利外観法理の1つだということです。

（2）表見代理の類型

表見代理は、先ほどの3つ目の要件である本人の帰責事由の違いによって、次の3類型に分けることができます。

まず第1類型は、本当は代理権を与えていないのに、代理権を与えたかのような表示をした場合です。これは「代理権授与表示」と呼ばれるもので、109条で規定されています。第2類型は、有権代理人が代理権の範囲を越えて代理行為をした場合で、これは「権限踰越（けんげんゆえつ）」と呼ばれ、110条で規定されています。第3類型は、かつての有権代理人が、代理権消滅後に代理行為を行った場合です。これは112条です。

> ▶ **第109条**
> ① 第三者に対して他人に代理権を与えた旨を表示した者は、その代理権の範囲内においてその他人が第三者との間でした行為について、その責任を負う。ただし、第三者が、その他人が代理権を与えられていないことを知り、又は過失によって知らなかったときは、この限りでない。
> ▶ **第110条**
> 前条第1項本文の規定は、代理人がその権限外の行為をした場合において、第三者が代理人の権限があると信ずべき正当な理由があるときについて準用する。
> ▶ **第112条**
> ① 他人に代理権を与えた者は、代理権の消滅後にその代理権の範囲内においてその他人が第三者との間でした行為について、代理権の消滅の事実を知らなかった第三者に対してその責任を負う。ただし、第三者が過失によってその事実を知らなかったときは、この限りでない。

これら3つが、なぜ本人Aに帰責性ありと評価されてしまうのか、皆さんわかりますよね。第1類型（109条）は簡単ですよね。代理権を与えていないのに、与えたかのような表示をした以上、相手方が信頼するのも無理はないからです。第2類型（110条）は、Bに50の代理権を与えたところ、Bが勝手に100の行為をしてきたという場合ですが、「そんな裏切者のBに、たとえ50でも代理権を与えたAが悪い」というわけです。第3類型（112条）は、「確かに代理権は消滅しているのかもしれないけれど、かつてはBを代理人として使っていたんだから、Aにも落ち度がある」ということです。

では、この3つの類型について、順に説明していきましょう。

① 代理権授与表示による表見代理

　第1類型の「代理権授与表示」については先ほど説明したとおりですが、注意すべき点は、「本当は代理権はない」という事実について、相手方が善意無過失の場合にのみ、表見代理が成立するという点です。

② 権限踰越による表見代理

　次に、第2類型の「権限踰越」。これが一番試験に出題されるところです。これについては、基本パターンと、白紙委任状の濫用というパターンについて、順にボードを使って説明したいと思います。

　では、まず権限踰越による表見代理の基本パターンから説明しますので、**ボード17**を見てください。

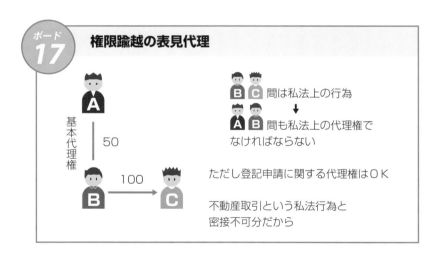

ボード
17　　**権限踰越の表見代理**

B C 間は私法上の行為
↓
A B 間も私法上の代理権で
なければならない

基本代理権

50

100

ただし登記申請に関する代理権はOK

不動産取引という私法行為と
密接不可分だから

今、AがBに対して50の代理権を与えています。これを「基本代理権」と呼びます。ところが、BはAの信頼を裏切って100の行為をCとの間で行ってしまいました。これが「110条・権限踰越の表見代理」の基本パターンなわけです。

　この個所で出題されるのは何かというと、このAB間の基本代理権の性質なんです。順番に検討していきますよ。今、BC間の行為はどういう行為かというと、「私法上の行為」です。なぜかというと、今皆さんが勉強しているのは、私法の一般法である民法だからです。そのことから帰結されることは何かというと、AB間もまた私法上の代理権でなければならないということです。

　今、CはBと私法上の行為をしています。その行為について、Cが「Bに代理権があるな」と信じるのは、もともと量的には足りないけれども、Bが本当に私法上の代理権を持っているからです。そうすると、BC間の行為が私法上の行為なんだから、AB間の基本代理権も私法上の代理権でないと、Cは保護されないという結論になろうかと思われます。

　そこで、今、AがBに与えた基本代理権が、仮に「印鑑証明書の交付申請」の代理権だったとします。印鑑証明書の交付申請というのは、区役所（市役所）に行って印鑑証明書を交付してもらうという役所相手の行為だから、これは公法上の行為です。だから、AがBに与えた代理権は、公法上の代理権ということになります。そこで、このような場合でも、Cは110条によって保護されるのかというと、Cは保護されません。原則として、基本代理権は私法上の代理権でなければならないからです。

　ところが、例外的な扱いをされる場合があります。それが登記申請です。

　登記申請に関する代理権とはどういうものかというと、法務局に行って「こういう形で建物や土地の所有権の移転が生じました」という手続をするような場合です。しかし、法務局も役所ですから、これも公法上の行為です。そうすると、先ほどの話から考えれば基本代理権にはならないはず

です。なのに、これはかまわない。Cを保護するという結論になっているのです。

　これはどのような理由に基づくのかというと、登記申請は不動産取引という私法上の行為と密接不可分だからであるという理由です。つまり、公法上の代理権であっても、それが私法上の取引行為の一環として与えられたものであればよいとされ、そのような判断から、本来は公法上の代理権にすぎない登記申請行為については、これを110条の基本代理権として認めるというふうに扱われているわけです。110条の権限踰越の表見代理については、今の話が一番よく出題されますので、しっかり固めておいてください。

　では、次に白紙委任状の濫用というパターンについて説明します。まず**ボード18**を見てください。

ボード **18**　**109条と110条の重畳適用**

２つの瑕疵

①相手が違う　　②権限が違う
　　↑　　　　　　　↑
109条がカバー　110条がカバー

C相手に50

D相手に100

A — B — D

　これもなかなか複雑な話です。今、AがCと契約するための50の代理権をBに与えました。しかし、Aは相手方の名前と、権限事項（50までということ）をはっきりと書き込まずに、委任状の該当個所を空欄にしたまま、それをBに交付してしまったのです。これを「白紙委任状」といいます。

　ところが、Bは何をしたのかというと、Cとは「別人」であるDを相手

に、しかも「権限を越えて」100の行為をしたわけです。「別人」と「権限を越えて」という個所は要チェックです。

　すると、今、Bがした代理行為は無権代理だけど、2つの点で欠陥を持っている、瑕疵があると評価できようかと思います。第1は相手が違う。第2の瑕疵は、権限が違うということです。

　そこで、この表見代理の2つの規定が、条文2人がかりでこのBのなした欠陥を補って、Dの信頼を保護しようとするわけですね。これが「重畳適用」と呼ばれるものです。「ジュウジョウテキヨウ」と読んでもいいそうですが、普通は「チョウジョウテキヨウ」と読んでいます。

　では、109条、110条、112条のうち、どの条文がどの部分の欠陥をカバーしてくれるか、皆さんわかりますか。まず「相手方が違う」という点は109条の出番です。なぜなら、AはBに、Dを相手とした代理権は全く授与していないのですが、Aは相手がCだということを書かずに白紙委任状をBに交付したため、109条の代理権授与表示として評価されるからです。

　もう1つの「量的な違い」については、権限踰越ですから110条でカバーすることになるのは、皆さんもわかると思います。

　このように表見代理の2つの規定が、条文2人がかりでBの不完全な代理行為をカバーする。その結果、行為の効果をAがかぶるという扱いになるんだ、ということを理解しておいてください。

　なお、この重畳適用があるかどうかは従来論点でしたが、109条2項で109条と110条の、112条2項で110条と112条の重畳適用がある旨、明文化されています。

③　代理権消滅後の表見代理

　第3類型の「代理権消滅後の表見代理」は、あまり試験には出ません。

　したがって、この部分については、「かつて代理人として仕事をお願いしていた人が、代理権を失った後で対外的な行為をしてきた場合でも、や

めた後でいいかげんなことをするような人を一度雇っていた以上、本人が
責任を負いなさいという制度である」と、理解しておく程度で結構だと思
います。

④　法定代理人への適用の可否

ここは結論だけ説明しておきましょう。法定代理人というのは、法律の
規定によって代理権が与えられているので、「代理権を与えていないのに、
与えたかのような表示をした」という第1類型の「109条・代理権授与表
示」は適用されません。

ただし、「110条・権限踰越」と「112条・代理権消滅後」については、
法定代理人にも適用されることになっています。ただ、これにも例外があ
って、「夫婦間の日常家事に関する相互代理権」については、判例は「110
条・権限踰越」の一般的な適用はせず、110条の趣旨類推適用という処理
をしています。

（3）表見代理と無権代理人の責任との関係

では、代理の最後の論点に進みます。「表見代理と無権代理人の責任と
の関係」についてですが、ここは大切です。結論から先に説明したうえ
で、ボードを使って詳しく説明したいと思います。

まず、結論ですが、表見代理が成立したことによって、「代理行為の効
果は本人に帰属」します。ここはいいですね。表見代理が成立すると、本
人が責任を負わされることになるわけです。

では、本人が責任を負うのだから、無権代理人は無罪放免になるのかと
いうと、そうではありません。「無権代理人の責任も併存することになる」
というのが結論です。それでは**ボード19**を見てください。

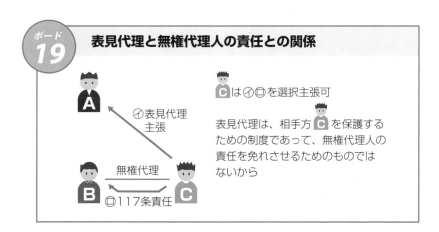

ボード **19** 表見代理と無権代理人の責任との関係

ⒸはⒶ回を選択主張可

表見代理は、相手方Ⓒを保護するための制度であって、無権代理人の責任を免れさせるためのものではないから

Ⓐ

①表見代理主張

無権代理

Ⓑ 回117条責任 Ⓒ

　先ほど説明したように、無権代理行為をされたＣは、本人Ａに対して一定の文句を言う。あるいは、無権代理人Ｂに対して文句を言う、という２通りの責め方を持っているわけです。まず、Ｃは本人Ａに対して、表見代理の責任を追及することができます（①）。そして、それとは別に、Ｃは無権代理人Ｂに対して、無権代理人の責任（117条責任）を追及することができます（回）。

　では、このような場合、ＣはＡに対する①の主張と、Ｂに対する回の主張を、どのように行使していくのでしょうか。結論は、「選択主張することができる」とされています。つまり、自分で好きなほうを選んで主張していいということです。

　なぜかということですが、もちろんＣは契約した以上、契約を有効なものにしてもらいたいですよね。それには表見代理の主張をする必要があります。しかしこれは、実際上は結構煩雑なんです。本人Ａの帰責性を証明しなければならないからです。したがって、表見代理はあえて主張せず、もっぱらＢに対して117条責任を追及しようと考える人もいるはずです。だから、そのようなＣの選択を尊重するために、選択主張ができるということにしてあるわけです。

　ちなみに、判例は選択主張できる理由を、次のようにいっています。

「表見代理は、相手方Cを保護するための制度であって、無権代理人Bの責任を免れさせるものではないからである」。つまり、無権代理人のBがCから責任を追及された場合に、「ちょっと待ってください。Cさん、表見代理が成立しますよ。だから、私に文句を言ってくる前に、Aに向かって表見代理の主張をしたらいかがですか」というような主張をして、Bが自分の責任を免れようとすることは許さないということです。「判例もけっこうまともだな」という感じがしますよね。

　では、以上で代理のところを終わりたいと思います。

ここまでをCHECK

①表見代理には代理権授与表示、権限踰越、代理権消滅後の3種類がある。
②110条の基本代理権は原則として私法上の代理権であることが必要であるが、登記に関する代理権は例外的に基本代理権たりうる。
③無権代理人の責任追及と表見代理とは併存し、相手方が選択的に主張できる。

では次へ行きましょう！

　今回の学習テーマは、「時効」です。ここも公務員試験の頻出分野です。したがって、時効制度の制度趣旨、援用権者の範囲、時効の完成猶予・更新、時効利益の放棄等について、しっかりと学習しましょう。

1　時効とは

（1）意　義

　では、これから「時効」についてじっくり勉強していくことにしましょう。まず、時効の定義ですが、これは「ある事実状態、例えば他人の土地を無断で使用しているとか、債務の弁済を請求されないといった状態が長期間継続している場合、たとえその状態が真実の権利関係と異なっていたとしても、その状態を権利関係として承認してしまうという制度」のことです。これは皆さん、かなり強烈な制度という感じがするんじゃないかと思います。

　時効には2つの類型があります。まず1つが、無断で他人の土地を長期間使用したら自分の物になるというような場合で、これを「取得時効」といいます。2つ目は、借金の請求が長期間なかったら、その借金がチャラになるといった場合で、これを「消滅時効」といいます。この「取得時効」と「消滅時効」をごっちゃにしないように、正確にご理解いただきたいと思います。

　では、まず「取得時効」から具体的に説明していくことにします。**ボード1**を見てください。

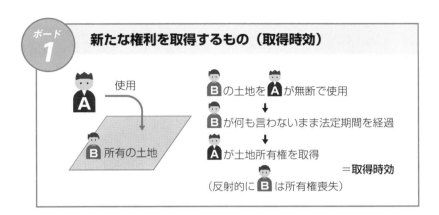

今、Bがある土地を所有しています。土地の持ち主はBなんですよ。ところが、Aがこれを使用している。Bの土地なのに、Aが無断で使い続けているわけです。すると、まるでその土地はAの所有する土地であるかのような状態が続くわけです。そして、その状態のまま法定期間が経過したとします。法定期間というのは、後で詳しく説明しますが、10年ないし20年です。すると、どうなるかというと、Aが土地の所有権を取得することになるのです。これが第1類型の「取得時効」の典型的なパターンです。

続いて、「消滅時効」です。**ボード2**を見てください。

ボード 2 | **存在した権利が消滅するもの（消滅時効）**

- 🧑 貸金債権 🧑 | 🧑 A が 🧑 B に対して貸金債権
  A → B | ↓
  | 🧑 A が何らの請求もせず、🧑 B も放置したまま
  | 法定期間を経過（債権不存在の事実状態）
  | ↓
  | 🧑 A の債権が消滅 ＝ 消滅時効

この「A⇒B、貸金債権」というのは、どういう状態かというと、Aが債権者、Bが債務者で、要するにBがAから借金をしているという状態で

す。ところが、AはBにお金を貸したにもかかわらず、Bに「お金を返せ」という請求をしていないのです。ということは、まるでBはお金を借りていないかのような状態が一定期間続くわけですね。一定期間というのは原則として5年または10年ですが、この間BがAから請求を受けなかった場合どうなるかというと、Bの債務とAの貸金債権が消滅してしまうことになるわけです。これが、第2類型の「消滅時効」の典型例です。

　まずは、この大枠をしっかりと理解しておいてください。

　では、なぜ、このような時効制度が認められているのでしょうか。それには次の2つの理由（制度趣旨）があるわけですが、この2つの制度趣旨は非常に重要なので、しっかりチェックして覚えてほしいと思います。

　まず1つは、「永続した、長く続いた事実状態を尊重しましょう」ということです。「事実状態を尊重」というところをチェックしてください。

　例えば、先ほどの取得時効の例でいうと、本当はBの所有物だけれど、Aがずっと使っているから、まるでAが所有者であるかのような状態が継続する。そうすると、そのままの状態を法的にも承認したほうが法秩序が安定する、ということになるわけです。

　あるいは、消滅時効でいうと、お金を借りているBが債権者Aから請求されないということは、まるでBはお金を借りていないかのような事実状態が継続する。だから、そのような事実を尊重しましょうということで、「永続した事実状態の尊重」。これが時効制度の第1の趣旨といえようかと思います。

　第2の制度趣旨は、「権利の上に眠れる者は保護に値しない」ということです。ただ権利者だというだけで、その権利の上にあぐらをかいて、ボーッと眠っているような人の権利は、奪ってしまいますよ、という考え方。これも時効制度を支えているといえようかと思います。

　この2つの制度趣旨は、それ自体が直接試験に出るわけではありません。しかし、　皆さんが本試験で未知の選択肢に遭遇した場合、この2

つの趣旨から考えれば案外判断がつくケースもありますので、ぜひこの2つの制度趣旨は記憶しましょう。

（2）時効の援用

　では、次は「時効の援用」について説明します。

　援用とはいったい何のことかというと、「時効の効果を主張する旨の意思表示」のことです。例えば、先ほどの例でいうと、無断でBの土地を使っていたAが「私は時効を援用します」という意思表示をすることによって初めて、Aはその土地の所有権を取得する。あるいは、消滅時効の事例でいうと、債務者Bが「私は時効を援用します」という意思表示をすることで初めて、自分の債務（借金）が消えることになるわけです。

　では、なぜ時効による権利変動のために、このような援用が要求されているのでしょうか。それは時効の効果を享受するか否かの判断を、「当事者の良心」に委ねているからです。「当事者の良心」というところ、チェック願います。

　どういうことかというと、例えば土地を無断使用していたAが、10年経過した後に真の所有者Bから「すみませんが、その土地は私のものなので出ていってください」という請求を受けたとしましょう。そのとき、Aは時効を援用して「私の土地です」と主張することもできるんだけれども、「あっ、それは知りませんでした。あなたの土地でしたか。では、お返しいたします。どうも長い間、申し訳ありませんでした」と、土地を返したいと考える占有者Aもいるはずです。あるいは、消滅時効のケースでも、11年経ってから「やっと自分も経済的に余裕ができました。長い間ありがとうございました」といって、お世話になった債権者Aにお金をお返ししたい、と考える債務者Bだっていますよね。

　それなのに、民法が「君、もう10年経ったんだから、あなたの土地ですよ」とか、「あなたの借金はもう返さなくていいんですよ」と、私人に利

益を押しつけるというのは変な話でしょう。だから、「時効で利益を受けたい」と思う当事者は、時効を援用すればいいし、「そのような利益を受けることは潔しとしない」という美意識のもとに生活している人は、時効を援用せずに土地をお返ししたり、借りていたお金をお返しすることもできる。このような選択権を当事者に与える。これが近代市民法の理念に合致した考え方であるといえようかと思います。

① 時効の要件

今、説明したように、時効の効果を享受するためには時効の援用、つまり時効の効果を主張する旨の意思表示が必要となります。もちろん、時効を援用するためには、5年、10年あるいは20年の時の経過（法定期間経過）が必要です。したがって、時効の成立要件としては、第1に「法定期間経過」。

そして第2に「時効の援用」。この2つが揃って初めて権利変動が生じるということになるわけです。

このような考え方が判例・通説で、これは「不確定効果説」と呼ばれる考え方です。つまり、時が経過しただけで確定的に権利変動が生じるのではなく、時の経過プラス当事者が援用した段階で初めて、確定的な権利変動が生じるという考え方です。

② 時効の援用権者

ここまでは時効制度の基本的な枠組みだったわけですけれども、実は次からが試験によく出題されるところなんです。

では、その「時効の援用権者」という説明に入りましょう。これは、いったいどんな人が「私は時効を援用します」と言えるのかという問題です。

皆さんはこれから説明する援用権の肯定例3つと否定例2つ、合計5つの具体例を記憶していく必要があるわけです。

まず第1の事例は「保証人」で、これは肯定例です。

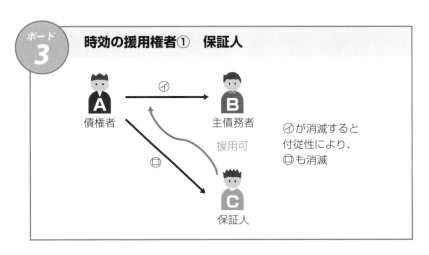

ボード3 時効の援用権者① 保証人

A 債権者
B 主債務者
C 保証人
援用可
イ が消滅すると
付従性により、
ロ も消滅

今、BがAからお金を借りていて、CはBの借金を保証しているという
関係です。このような場合、Aを債権者、Bを主債務者、Cを保証人と呼
びます。保証人については第Ⅱ巻 **Chapter 4**、Section 4で詳しく説明
しますが、ここで少し説明しておくと、保証人CはBと契約しているわけ
ではありません。**ボード3**にもあるとおり、CはAと直接契約している
のです。

どういう契約かというと、「万一BがAにお金を返せなくなった場合は、
Bに代わってCが直接Aに支払う」という契約です。

また、**ボード3**の2本の矢印にはイとロという記号が振ってあります
が、イはBが負担している直接の債務のことで、これを「主たる債務」と
呼びます。これに対して、ロは保証人CがAに負っている債務のことで、
これを「保証債務」と呼んでいます。

さて、このような状況下で、Aからの請求がないまま、消滅時効期間が
経過しました。すると、主たる債務者Bがイの主たる債務について消滅時
効の援用ができるのは当然です。イが消えるとBはただちに得をするの

で、権利の消滅について正当な利益を有する者だからです。

　問題はＣです。保証人Ｃも④の主たる債務について消滅時効を援用できるのかが問題です。さあ、これはどうなんでしょうか。

　Ｃも④についての時効を援用することができます。なぜかというと、仮にＣが④について消滅時効の援用をすると、④は消滅します。④が消滅すると「付従性」によって回も消滅するという扱いになっています。だから、回が消滅すれば、保証人Ｃは直接利益を受けることになるので、援用権者であるということになるわけです。

　今、「付従性」という言葉が出ましたので、これについて簡単に説明しておくことにします。そもそも何のために回（保証債務）はあるのかというと、④（主たる債務）が履行されなかった、つまりＢがＡにお金を返さなかったときのためですよね。だとすれば、④が消えれば、回だけが残っている意味はないでしょう。だから、保証債務というのは、主たる債務が消えれば一緒に消えるという性質を持っている。この性質のことを、付従性というわけです。

　では、第2の事例に行きましょう。第2番目は「物上保証人」で、これも肯定例です。

　ボード4の関係は、ＡがＢにお金を貸すにあたって、Ｂの友人であるＣが持っている土地に抵当権を設定したという事例です。このようなＣのことを「物上保証人」といいます。今度は「物上保証人」という言葉が出てきました。これはどんな人なのかというと、「他人の債務（Ｂの債務）を担保するために、自分の財産に担保権を設定した人」のことです。

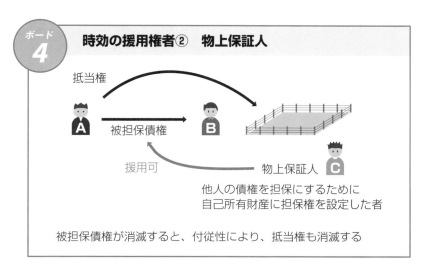

時効の援用権者② 物上保証人

抵当権

被担保債権

援用可

物上保証人

他人の債権を担保にするために
自己所有財産に担保権を設定した者

被担保債権が消滅すると、付従性により、抵当権も消滅する

　少しわかりにくいかもしれませんので、**ボード4**の関係についてもう少し詳しく説明することにしましょう。

　今、AがBにお金を貸そうと思ったけれども、Bが返せるのかどうか心配だった。そこで、AはBに「Bさん、あなたは不動産をお持ちじゃありませんか。もし持っていれば、それに抵当権を付けてください。そうでないとお金は貸せません」と持ちかけたわけです。ところが、Bは自分の不動産は持っていない。そこで、Bは友人のCに頼んで、Cの不動産を提供してもらい、Cの不動産にAが抵当権を設定してもらったということです。

　「抵当権」という言葉も初めてですね。少し説明しておくと、事例のような状況下でBがお金をAに返さないとしますよね。そうすると、AはCの所有する土地について抵当権を実行します。抵当権の実行とは、具体的にいうとCの土地を競売にかけて、その売却代金からAがBに貸していたお金を回収することです。仮に、ほかに債権者が何人かいたとしても、自分だけがまず一番に売却代金から優先的にお金を回収できるんです。このような権利を抵当権というわけです。

　では、この人のいい物上保証人Cも、Aの債権（＝Bの債務）について

消滅時効の援用をすることができるのでしょうか。援用することができます。なぜかというと、これも先ほどと同じような理由からです。

　ボード4を見てもらうと、ＡＢ間の矢印が「被担保債権」となっていますね。これは何かというと、ＡがＣの土地について抵当権を持っているわけでしょう。抵当権によって担保されているということです。担保されている債権だから被担保債権というふうに呼ぶわけ。「被」というのはbe動詞プラス過去分詞ということですよね。だから担保されている債権というわけで、被担保債権というふうに呼んだりするわけなんです。

　そこで、この被担保債権（＝Ａの債権）が時効で消滅すると、先ほどと同じように付従性によって抵当権も消滅してくれます。被担保債権がなくなったのに、抵当権だけを残しておく意味がないからです。ということは、Ａの債権が時効で消滅すれば、Ｃも自分の土地を失う危険性から免れられるということで、権利の消滅について正当な利益を有することになる。だから、物上保証人も時効の援用権者になれるというわけです。

　では、第3の事例である「担保目的物の第三取得者」に進みましょう。これも肯定例です。

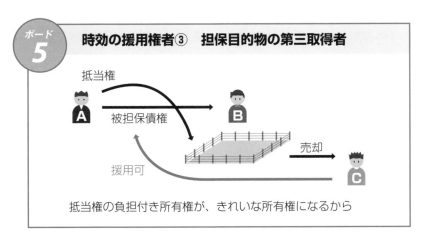

ボード5　時効の援用権者③　担保目的物の第三取得者

抵当権

被担保債権

売却

援用可

抵当権の負担付き所有権が、きれいな所有権になるから

　ボード5の事例はどういう状況かというと、ＢがＡからお金を借りる

際に、B自身が持っている土地に抵当権を設定しました。したがって、A
はBの土地に抵当権を持っているので、万一Bがお金を返さなかった場
合、Aはその抵当権を実行し、競売にかけて、売却代金から優先的に債権
を回収できる状態にあるわけです。ところが、この土地をBがCに抵当権
が付いた状態のまま売却するんです。この買主Cのことを、担保目的物あ
るいは担保不動産の「第三取得者」といいます。

　そこで、このC、つまり担保目的物の第三取得者が、AのBに対する債
権（被担保債権）の消滅時効を援用できるのかという問題ですが、Cも援
用できます。理由は先ほどの物上保証人と同じです。被担保債権が消える
と付従性によって抵当権も消える。そうすると、Cは抵当権が消えること
で不安定な状態から解放され、その土地のきれいな所有権を手にすること
ができるという利益を受けるからです。

　以上、「保証人」「物上保証人」「担保目的物の第三取得者」が、援用権
者として認められる145条のお話でした。

　では、次に否定例を2つ見ていきたいと思います。**ボード6**を見てく
ださい。

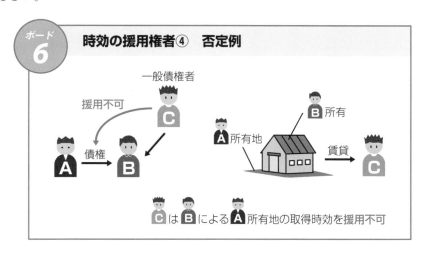

まず**ボード6**の左の図、「一般債権者」の事例です。この図は、AがB

にお金を貸していて、CもBにお金を貸しているという状態です。Cは一般債権者です。一般債権者というのは、Bにお金を貸すにあたって抵当権などの担保を何も取っていない普通の債権者という意味です。そこで、こうした一般債権者Cも時効の援用ができるのかということですが、その前提として、なぜCがAの債権について時効を援用したがるのか、という点から話を始めたいと思います。

今、CもBに対してお金を貸しているわけですよね。そうすると、BがAからの借金を免れてくれると、Cとしては返してもらえる確率が高くなるので得ですよね。だから、できることなら、Aの債権について消滅時効の援用をしたいわけです。

ところが、これについて判例はどう考えているのかというと、Cは援用できないとしているのです。なぜなら、Cは、時効によって利益を受けるのが間接的なものにすぎないからです。このあたり、直接的か、間接的かというのは非常に微妙なんですよ。先ほど説明したように、一般債権者Cも確かに得をしますから。だけど、その利益は間接的なものにすぎないと、判例は考えているわけです。

なぜかというと、Bに十分な資力があれば、たとえAに借金があったとしても、Aにも返して、Cにも返すということは十分できますよね。だから、Cが自分の債権をキープするために、Aの債権を消すことが**必須条件**だとはいい切れないということです。

では、次に否定例の2つ目です。今度は**ボード6**の右の図を見てください。

この事例は少しややこしいですよ。どういう事例かというと、今、Aが土地の所有者で、そのA所有の土地の上に無断でBが建物を建てています。そして、その建物をCに賃貸しているという状況です。要するに、BはAの土地に勝手に建物を建て、それをCに貸していたわけです。

そうすると、Aの土地に勝手に建物を建てたBは、善意かつ無過失なら

10年、悪意あるいは有過失なら20年ですが、10年ないし20年経てば、Bは Aの土地の所有権を時効で取得することができますよね。ところが、Bは 変に律儀な不法占拠者で（笑）時効を援用しようとしません。そこで、C が時効を援用できないかということなんです。

　なぜ、Cも時効を援用したいかというと、もしAが急に権利に目覚めて 「Bさん、その土地は私のものだから、申し訳ないけれど、その家を壊し て土地を返してください」と言えば、Bは建物の取り壊しを余儀なくされ ることになります。すると建物を借りているCも出ていかざるを得なくな るからです。これはCにとってはまずいですよね。だから、CはBに代わ って、「A所有の土地をBが一定期間占有していたんだから、Aの土地の 所有権はBが時効で取りましたよ」と、時効の援用をしたいわけなんです。

　ところが、これについて判例は、Cによる援用を認めないとしています。 なぜかというと、今、Cが利害関係を持っているのは土地ではなくて、建 物ですよね。それに対して、今、時効が問題になっているのは、土地なん です。確かに、CはBが土地を時効で取得してくれると得をします。だけ ど、あくまで土地と建物は別だから、Cの得（利益）は間接的なものにす ぎないと、判例はいっているわけです。

　ここで、皆さんに通謀虚偽表示の94条2項の事例を思い出してほしいの ですが、どういう事例だったかというと、AがBに土地を虚偽で売却し、 その土地にBが建物を建て、その建物をCが借りていたという事例です。

　この場合、Cは94条2項の「第三者」として保護されたかというと、 「第三者」には当たらないということで保護されませんでしたね。

　そのときの理由は何だったかというと、土地と建物は別物だからという 考え方だったわけです。虚偽表示の目的物は土地。それに対して、Cが利 害関係を持っているのは建物。だから、Cは虚偽表示の目的物につき、新 たな法律上の利害関係を持つに至ったものではない。よって、94条2項の 第三者ではないと扱われたわけです。この話と今の話は同じような考え方

に基づいているという点に、気付いた方は勉強上手、受かる人です。

③　援用の相対効

以上、時効の援用権者の肯定例を3つ、否定例を2つ紹介したわけですが、では、肯定例の場合、つまり保証人や物上保証人、担保目的物の第三取得者が時効を援用した場合、その効果はどうなるのかということについて説明したいと思います。

それが「援用の相対効」ということなのですが、どういう意味かというと、「時効の効果は、これを援用したものについてのみ生じる」ということです。「相対効」というのは、その人ごとに考えるという意味なんですが、少しわかりにくいと思いますので、**ボード7**を使って説明することにしましょう。

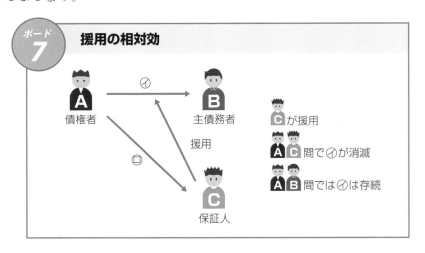

ボード3の保証人の図と同じで、AがBにお金を貸していて、これをCが保証しているという状態です。このような場合、保証人Cは主債務①について消滅時効の援用をすることができましたね。そこで、Cが時効の援用をしたとしましょう。ここからが「援用の相対効」の問題です。

Cが時効を援用した場合どうなるかというと、まずAとC2人の世界で

主債務④が消滅します。その結果、付従性によって、ＡＣ間で保証債務⑩も消滅し、Ｃは時効によって直接に利益を受けることになるわけです。ここまでは先ほど説明したとおりですね。

ところが、Ｃが援用しても、ＡとＢ、つまり債権者と主たる債務者の間では、④は消滅しません。依然としてＡＢ間では④は存続しているのです。これが「相対効」なのです。

なぜ、このような一見複雑な処理をするのでしょうか。これについては、なぜ援用が要求されていたのか、ということに遡って考えればわかると思います。援用が要求されるのは、時効による利益を受けることを潔しとしない当事者の良心を尊重するためでしたね。

例えば、この主債務者Ｂは今すぐはＡにお金を返せないけれど、必ず返したいと思っているとしましょう。なのに、保証人Ｃが主たる債務④について時効を援用した。その影響で、ＡＢ間でも④が消えてしまうとなると、Ｂにとっては大きなお世話なわけです。Ｃが得をしたいのならＣが援用し、ＡＣ間のみで④が消滅すればそれで十分でしょう、と。

つまり、援用の相対効というのは、援用の趣旨を尊重した結果である、と理解しておいてもらえばわかりやすいのではないかと思います。

（3）時効の遡及効

では、次に「時効の遡及効」について説明します。

「遡及効」というのは、前にも説明したと思いますが、「遡って効果が生じる」という意味ですね。では、どこまで遡るのかというと「起算日」までです。

「起算日」とは、時効期間の始まりとなった、事実状態の開始の日のことです。では、その起算日はいったいいつなのか、ということですが、取得時効の場合は「占有の初めから」ということになります。例えば、無断で他人の土地を占有していた人は、時効が成立すると、占有を開始した時

からその土地の所有者だったということになるわけです。

　一方、消滅時効の場合は、「債権者が権利を行使しうる時から」、または「債権者が権利を行使しうることを知った時から」です。例えば、お金を借りていた人は、貸主が権利を行使できる時から、または、貸主が権利を行使できることを知った時から、貸主にその権利がなかったことになります。

　まずは、取得時効は「占有の初めから」、消滅時効は「債権者が権利を行使しうる時から」、または「債権者が権利を行使しうることを知った時から」という点を、しっかりと押さえておいてください。

　では、ここで１つ事例を見てみましょう。**ボード8**です。

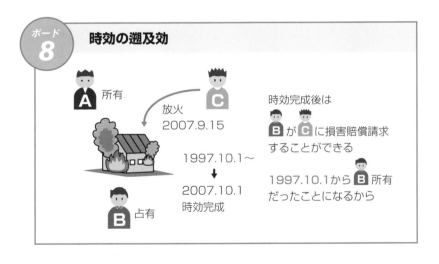

　今、Ａ所有の家を、Ｂが1997年10月１日から占有し始めました。ところが、2007年９月15日にＣの放火によって、その家が一部燃えてしまいました。そして、Ｂ（善意無過失）の時効が完成する2007年10月１日を迎えたという事例です。さて、このような場合、放火（不法行為）をしたＣに対して、不法行為責任を追及できるのはＡなのか、それともＢなのか、という問題を考えたいと思います。

　もちろん、Bの時効が完成するまでは、Aの所有物だということで、9月15日から10月1日までの間は、AがCに対して不法行為責任の追及ができます。ところが、AはBにずっと使われっ放しですから、放火に気付かないのが通常です。

　そこで、10月1日になりました。Bが時効を援用します。そうすると、この家はいつからBのものということになるんでしたか。起算日に遡るので、1997年10月1日からもともとBの家だったと評価されるわけです。

　そうすると、誰がこの不法行為者Cに損害賠償請求することになるかというと、皆さん、もうおわかりですね。時効完成後はBがCに対して損害賠償請求をするということになるわけです。なぜなら、起算日の1997年10月1日から、もともとこの家はBの所有だったという評価になるからです。

　これが「時効の効果は起算日に遡る」ということです。

（4）時効利益の放棄
①　意　義

　次は「時効利益の放棄」について説明します。

　時効利益の放棄とは、「時効の完成後に、時効による利益を享受しない旨の意思表示をすること」です。「完成後」というところが要チェックです。

　つまり、時効が完成した後に、「私はそんな利益は要りません」と相手に言うことです。先ほど、民法は個人に利益を押しつけることはしないと言いましたね。だから、当事者が時効を援用してもいいし、逆に時効利益を放棄することも許されるということです。

　ただし、時効の完成前に、あらかじめ時効の利益を放棄しておくことはできません。なぜ完成後はよくて完成前はダメなのかというと、時効制度の趣旨を損なうからです。どういうことかというと、時効制度の趣旨が2

つありましたね。1つは「永続した事実状態の尊重」、もう1つは「権利の上に眠るものは保護しない」でした。それなのに、例えば、AがBにお金を貸すときに、「Bさん、10年経っても時効の援用はするなよ」と言い、Bも「わかりました。絶対に時効の援用はしません」と言って、事前の放棄を認めてしまうと、債権者Aはどうなりますか。権利の上に眠り放題になってしまうでしょう。だから、あらかじめ時効の利益を放棄するというふうなことは許されないということです。これは、比較的重要な論点だと思いますので、チェックしておいてください。

② 時効完成後の債務承認

では、時効が完成した後で、「確かに私はお金をお借りしています」と債務者が認めた場合（債務承認）、これは時効利益の放棄といえるのかという問題です。これには次の2つのケースがあります。①債務者が時効完成を知っていた場合と、②債務者が時効完成を知らなかった場合です。

まず①のケースですが、これは債務者がお金を借りてからすでに消滅時効期間が経過していることを知っていたわけですから、時効を援用しようと思えばできたはずなんです。なのに、債権者に出会って「もうしばらく待ってください。来月には必ずお返ししますから」と、債務者自身が借金があることを認めたわけです。この場合は、時効利益の放棄と評価してもいいですよね。

それに対して、債務者が時効の完成を知らなかった場合はどうでしょうか。本当は消滅時効期間が経過しているから、援用すれば債務を免れることができたのに、それを知らずに「すみません。来月必ずお返しいたします」と承認してしまった。これは、時効の利益の放棄とはいえません。なぜなら、放棄というのは、知っていてそれを要りませんということだから、本件は放棄とは評価できないわけです。

放棄ではないとすれば、この債務者は時効利益をまだ放棄していないわ

けだから、その後、時効の完成に気付いた場合は、その時点で時効の援用をすることができるようにも思えますが、これははたして許されるのでしょうか。

もう一度確認すると、この債務者は一度承認しました。これは「お金を返します」という意味ですね。なのに、後で時効を援用すると、「お金を返しません」という意味になります。これは矛盾していますよね。

では、矛盾したことをやってもいいのかというと、「信義則」のところで説明したように「**禁反言**（＝矛盾挙動禁止の原則)」がありましたよね。したがって、この債務者が時効を援用することは、**信義則上許されない**ということになるわけです。

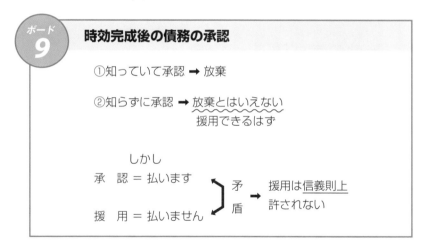

ポード9

時効完成後の債務の承認

①知っていて承認 ➡ 放棄

②知らずに承認 ➡ 放棄とはいえない
　　　　　　　　援用できるはず

しかし

承　認 ＝ 払います
　　　　　　　　　　矛盾 ➡ 援用は信義則上
援　用 ＝ 払いません　　　　許されない

昔の判例は、債務者が時効の完成を知らずに承認しても、知っていたと推定して時効の援用を認めませんでした。債務者が反対の証明に成功しない限り放棄にあたるとしたわけですが、でも知らなかったことの証明なんて難しいですよね。そこで、今日の判例は、知らなかったのだから放棄にはあたらないと認めつつ、今説明したような考え方で、知らずに承認してしまった債務者にも、時効の援用を禁止しています。結論は同じですが、よりスマートな解釈になったといえるでしょう。

ここまでをCHECK

①時効には取得時効と消滅時効の2種類がある。
②時効による権利変動には時効期間の経過と当事者の援用
　が必要である。
③時効の効果は遡及する。
④時効完成後の債務の承認は、完成を知らない場合でも信
　義則上援用権を喪失させる。

では次へ行きましょう！

2　時効の完成猶予・更新

（1）意　義

　では次に「時効の完成猶予・更新」について説明したいと思います。

　時効の完成猶予というのは「時効期間の進行自体は止まらないが、本来の時効期間が満了しても、所定の時期を経過するまでは時効が完成したことにならない」というものです。

　これに対して時効の更新というのは「進行していた時効期間がリセットされ、新たにゼロから進行を始めること」です。

（2） 完成猶予・更新事由

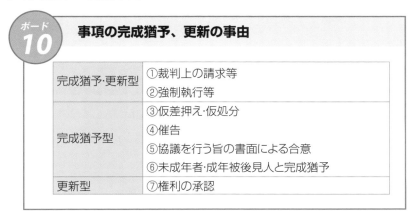

完成猶予・更新型	①裁判上の請求等 ②強制執行等
完成猶予型	③仮差押え・仮処分 ④催告 ⑤協議を行う旨の書面による合意 ⑥未成年者・成年被後見人と完成猶予
更新型	⑦権利の承認

ボード10　事項の完成猶予、更新の事由

まずは大きく3つに分けましょう。**ボード10**を見てください。上段の2つが一番出ます。①裁判上の請求と②強制執行等。これらでは完成猶予と更新の両方が出てきます。中段の4つも出る可能性はありますから細かいと思わずにちゃんと勉強しましょう。下段の⑦承認はシンプルです。

では、個別に見ていきましょう。

① 完成猶予・更新型

（ア） 裁判上の請求等

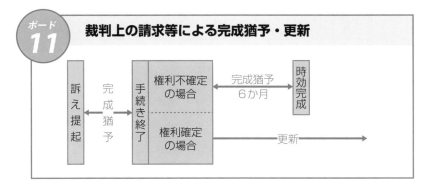

ボード11　裁判上の請求等による完成猶予・更新

完成猶予事由である裁判上の請求等ってのは、支払督促や提訴前の和解、民事・家事調停、倒産手続きへの参加も含みますが、メインは訴え提起と思って下さい。

　今、金銭債権者Ａが弁済期から４年10か月経過した時点で債務者Ｂを被告として貸金返還請求訴訟を提起しました。債権は主観的起算点から５年で時効完成でしたよね。あと２か月でＡの債権は時効完成のはずです。だけどＡは訴え提起した。さてこの場合、訴訟手続きが終了するまで時効の完成は猶予されます。例えばその訴訟が３か月かかって終了したとすると既に時効期間５年は経過してますが時効は完成しない、猶予。

　さて次です。訴訟が中途で終了して貸金債権の存在が確定されなかった場合、この終了時点からさらに６か月、時効の完成が猶予されます。権利確定がなかった場合、完成猶予は２段階で生じるわけ。この事例では弁済期から４年10か月＋３か月猶予＋６か月さらに猶予ですから５年７か月経過時点で初めて時効が完成するってことです。

　ではＡが勝訴した場合はというと、この場合は更新です。勝訴の時点で時効期間はリセットされ、その時から５年は時効にかからないことになります。猶予＋猶予か猶予＋更新が生じるってことですね。

（イ）強制執行等

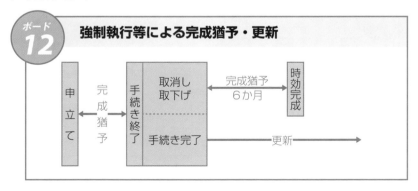

ボード **12**　**強制執行等による完成猶予・更新**

　強制執行等も同様に2段階です。**申立てでまず完成猶予**。強制執行の取消し、申立ての取下げがなされたらさらに**6か月完成猶予**。**手続きが完了したら更新**です。手続きが完了したら権利者は満足したはずなのに更新とする意味はあるの？　との疑問が湧いた方、ごもっともですよね。これは執行をかけたものの、全額の回収に至らなかった場合、残りの権利につき更新されるということです。

② **完成猶予型**

　これらは出そうなものだけ説明しましょう。まず**催告**です。

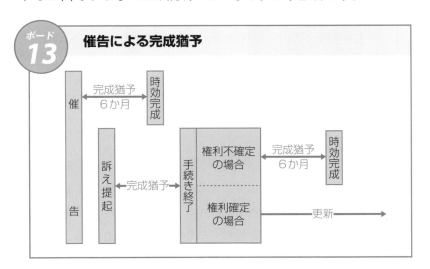

ボード 13　催告による完成猶予

　催告っていうのは裁判外の請求です。訴え提起をせずに、ただ「払え」っていうこと。この場合も**6か月完成猶予**。その期間内にもう一度催告をしても**重ねては完成猶予されません**（150条2項）。これは出る。じゃあ催告による完成猶予中に訴え提起をすると、どうなるのか。**ボード 13** です。

　この場合は訴え提起により手続き終了まで完成猶予が生じます。当初の催告から6か月経過しても大丈夫。そして手続き終了後は先ほどお話しした権利確定の有無により、更新または6か月の完成猶予が生じます。

もう1つ、協議の合意による完成猶予。これは例えば、時効の完成が迫ってくるとそれを阻止するためだけにわざわざ訴訟を提起しなければならないとするのは当事者間の自発的な紛争解決の支障となるから新設されたものです。

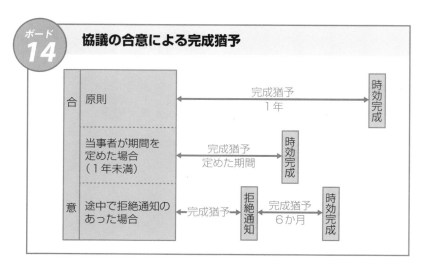

ボード 14　協議の合意による完成猶予

　まず要件ですが、協議の合意が必要です。単に事実として協議しているだけでは足りません。ここは試験に出る。そしてその合意は書面または電磁的記録でなす。この合意を猶予期間中に再度なすとさらに完成猶予の効果が生じます。催告との違いに注意！　ただし、本来の時効完成時から5年を超えることはできません。それと催告との関係ですが、これは訴え提起等をするまでの暫定的なものであるという点で催告と同じですから、催告による猶予中に協議の合意をしてもさらなる猶予は生じません。逆もそう。協議による猶予中に催告をしてもさらなる猶予は生じません。

　猶予の期間は**ボード 14** のとおりです。

③　更新型

　これは承認ですね。取得時効でいうと占有者が、消滅時効でいうと債務

者が本当の権利関係を認めることです。**ボード1**でそれまで所有者面していたＡがＢ所有と認める、**ボード2**で債務者Ｂが自分の借金を認める、そうすると永続した事実状態が破られる。「あれ？　この土地はＢ所有だったんだ」「ＡはＢに貸金債権を持っていたんだ」ってことになる。だから更新されるわけです。

ここまでをCHECK

①完成猶予事由は裁判上の請求等、強制執行等、仮差押え等、催告、協議を行う旨の合意、天災の6つである。
②更新事由は判決で権利確定、強制執行で不満足等、承認の3つである。

では次へ行きましょう！

3 ｜ 取得時効

（1）所有権の取得時効

　以上で時効についての総則的なことが終わりましたので、いよいよここから各論に入っていきたいと思います。まずは取得時効からです。

　時効によって所有権を取得するためには、まず「①所有の意思を持った占有」が必要です。ある物を自分の物として使う。これが所有の意思のある占有で、「自主占有」といいます。この自主占有を10年ないし20年続けると、その占有物の所有権を時効で手に入れることができるというふうに扱われるわけです。

　2つ目の要件は「②平穏・公然」です。これは、ある物を占有している限り、民法上推定されますので、占有者がこれを証明する必要はないとさ

れています。

　3つ目の要件は「③占有期間」。ここは大切です。善意無過失なら10年、悪意または有過失なら20年とありますが、この10年、20年というのは自然に覚えてしまうものなので、むしろ大切なのは次の点、つまり「いつの時点で善意無過失なのか、悪意有過失なのか」という問題です。

　これは「占有の開始時点において」です。例えば、占有の開始時点において善意無過失であれば、その後「これは自分の持ち物ではないらしい」ということに気付いても、悪意とは扱われないということです。この点、しっかりとチェックしておいてください。

　4つ目の要件は「④他人の物であること」です。条文上はそうなっていますが、判例は「仮に自分の物でも、所有権の証明が困難な場合には、時効による所有権の取得の主張も認める」としています。細かな知識ですが、併せて覚えておきましょう。

（2）所有権以外の財産権の取得時効

　今までは、所有権を時効で手に入れるということを大前提として話をしてきました。ところが、なにも所有権に限らず、例えば不動産賃借権を時効で手に入れるということも認められているのです。ちょっとピンときにくいですよね。

　なぜ、本来は債権である不動産賃借権に、時効による取得が認められるのかというと、不動産賃借権については「物の占有を基礎」としているので、永続した事実状態が尊重されることになるからです。この点について、**ボード15**を使って説明したいと思います。

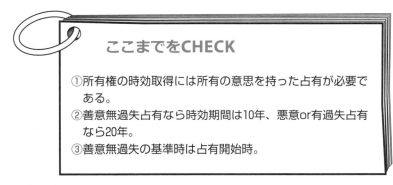

ボード
15　**不動産賃借権の時効取得**

　この事例はどういう状況かというと、少し不思議な感じがするかもしれ
ません が、BはAと何ら契約関係にないんです。にもかかわらず、まるで
Bが賃借人であるかのようにAのもとに家賃を納め続けているわけです。
そして、Aもなんとなく不思議に思いつつも、家賃を受け取り続けていま
す。そうすると、このような状況が一定期間、善意無過失なら10年、悪意
有過失なら20年続いた場合には、Bはこの家の賃借権を時効で取得するこ
とになるというわけです。家の所有権を手に入れるんじゃないですよ。賃
借権です。このようなこともあるということは、押さえておいてください。

ここまでをCHECK

①所有権の時効取得には所有の意思を持った占有が必要で
　ある。
②善意無過失占有なら時効期間は10年、悪意or有過失占有
　なら20年。
③善意無過失の基準時は占有開始時。

では次へ行きましょう！

4 消滅時効

（1）時効期間と起算点

では、最終項目の消滅時効について見ておきたいと思います。166条を
ご覧ください。

> **第166条**
> ① 債権は、次に掲げる場合には、時効によって消滅する。
> 一 債権者が権利を行使することができることを知った時から5年間行
>   使しないとき。
> 二 権利を行使することができる時から10年間行使しないとき。
> ② 債権又は所有権以外の財産権は、権利を行使することができる時から20年
>   間行使しないときは、時効によって消滅する。

まず1項の債権の時効消滅です。債権者が権利行使できることを知って
しまえば、その時から5年。知らなくても行使可能時から10年と規定され
ました。

2項は債権、所有権以外の権利の消滅時効、試験に出るのは抵当権です
ね。これは権利行使可能時から20年です。

権利行使可能であることを知った時から起算されるのは、主観的起算点
といいます。これに対して、知らなくても権利行使可能な時から、そのこ
とを権利者が知らなくても起算されるのは客観的起算点といいます。そう
すると停止条件付債権（例えば公務員試験に合格したら私の車をあげよう
という贈与契約で受贈者が有するに至った債権）の消滅時効の客観的起算
点は「合格した時」、主観的起算点は「合格を債権者が知った時」となる
わけですね。

（2）時効期間と起算点（例外）

ボード 16　**時効期間と起算点の例外**

	主観的起算点	客観的起算点	
一般の債権	債権者が権利を行使できると知った時から5年	権利を行使できる時から	10年
人の生命・身体の侵害による損害賠償請求権（債務不履行）			20年
不法行為による損害賠償請求権	被害者またはその法定代理人が損害および加害者を知った時から　3年	不法行為時から20年	
人の生命・身体の侵害による損害賠償請求権（不法行為）	5年		
定期金債権	各債権を行使できると知った時から10年	各債権を行使できる時から20年	
確定判決等によって確定した権利	—	裁判上の請求等が終了した時から10年	
債権・所有権以外の財産権	—	権利を行使できる時から20年	

では**ボード 16**を見ながら説明しましょう。

まず上の2段です。一般の債権は知ってから5年、知らなくても権利行使可能時から10年、これが原則。ただ、債務不履行に基づく生命身体侵害の場合、知ってから5年はそのままだけど、客観的起算点から20年に伸長されます。

3、4段目は不法行為債権です。知ってから3年、不法行為時から20年、これが原則。ただ、4段目は例外ですよ。生命身体侵害の場合は知ってから5年と伸長されます。

そうすると結局、生命身体侵害の場合は、損害賠償債権の発生原因が、債務不履行でも不法行為でも、知ってから5年、権利行使可能時または不法行為時から20年というふうに、時効期間が同じ、という形になっていま

すね。

　5段目の定期金債権というのは、一定期間にわたって金銭等を定期的に給付させることを目的とする債権、例えば企業年金のようなものです。これは10年、20年。

　この表は単なる知識ですが重要です。必ず正確に記憶しましょう。

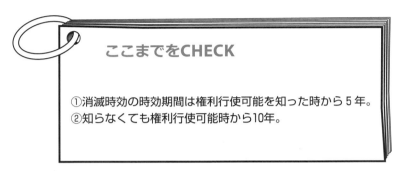

ここまでをCHECK

①消滅時効の時効期間は権利行使可能を知った時から5年。
②知らなくても権利行使可能時から10年。

では次へ行きましょう！

Chapter 2

物権

　物権は物に対する支配権。理論的にカッチリしている分野です。論点の数は多くありませんが、それぞれがそれなりに深い。またそれだけに、学説の対立を問う問題を作りやすい分野でもあります。

今回の学習テーマは、「物権総説」です。ここでは、物権の排他性・絶対性を理解したうえで、物権の種類を体系的に理解するとともに、物権法定主義とその例外、一物一権主義とその例外について学習してください。地味な分野ですが、それだけに差がつくところです。

1　物権とは

　ここからは物権の説明に入っていきたいと思います。

　まずは物権の意義です。これは**Chapter 1**でも少し触れましたが、簡単にいうと物権というのは、「物に対する支配権」であると考えてもらえばいいと思います。この物権には、次のような2つの特徴があります。

　1つは「排他性」です。排他性というのは、「権利者はその物を、独占的に支配しうる」ということです。「独占的に支配しうる」という点、チェックしておいてください。例えば、自分の所有物を誰かが使いにきたら、「やめてください。これは私の物です。私だけが使えるんです」と、このように言えるということです。

　2つ目が「絶対性」。これは「権利者はその権利を、他のすべての者に対して主張できる」ということです。「すべての者に」という個所をチェックしておいてください。つまり、「これは私の所有物です」、あるいは「この土地には私の抵当権が及んでいます」と、地球上の60億人の誰に対しても主張できる権利だというわけです。

　この排他性と絶対性というのが、物権の特徴であるという点をまず押さえておいてほしいと思います。

2　物権の種類

（1）10種類の物権

　物権は物に対する支配権だといいましたが、では、この「支配権」というのはどんなものなのかというと、具体的には「使用」「収益」「処分」することのできる権利です。この使用、収益、処分について、どれをどのような形で有するかによって、**ボード1**のように分類されます。

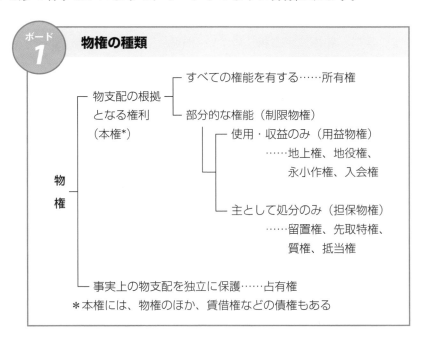

ボード1　物権の種類

```
                            ┌─ すべての権能を有する……所有権
              ┌─ 物支配の根拠 ─┤
              │  となる権利    └─ 部分的な権能（制限物権）
              │  （本権*）            ┌─ 使用・収益のみ（用益物権）
              │                      │      ……地上権、地役権、
  物 ─────────┤                      │         永小作権、入会権
  権           │                      │
              │                      └─ 主として処分のみ（担保物権）
              │                             ……留置権、先取特権、
              │                                質権、抵当権
              └─ 事実上の物支配を独立に保護……占有権
                 ＊本権には、物権のほか、賃借権などの債権もある
```

　このように物権には全部で10種類あるわけですが、ざっと外観すると、まず**ボード1**の一番右上の「所有権」。これは完全な支配権です。次が、その所有権を制限する物権としての制限物権が2つに枝分かれしていますね。この上のほうが「用益物権」。つまり、目的物を使用し、収益することはできるが、処分はできないというものです。これには、「地上権」「地役権」「永小作権」「入会権」の4つがあります。そして、その下の「担保

物権」。これにも4種類あって、「留置権」「先取特権」（さきどりとっけん）「質権」「抵当権」が担保物権です。最後に一番下のところですが、事実上の支配を独立に保護する「占有権」。これも物権として数えられます。

このように体系的に理解することは、記憶を非常に楽にしますので、ときどきこの体系図に立ち返って、今、全体のどの部分を勉強しているのかという位置づけをしてもらいたいと思います。

（2）物権法定主義

では、次に「物権法定主義」について説明したいと思います。

これはどういうことかというと、「物権の世界では、私人がローカル・ルールとして新たな物権を作ることを許しません。どのような内容の権利を物権とするかは、法律で決めます」という考え方のことです。

では、どうしてこのような考え方が採られているのかというと、まず第1の理由は、封建的な物の支配を否定するためです。この理由は少し地味なので、むしろ重要なのは次の第2の理由でしょう。それは、先ほど説明したように、物権は排他性や絶対性を持っている非常に強力な権利、他人に影響を及ぼす権利なんですよ。だから、密かに私人間で11番目の内容が不明確な物権が作られてしまうと、世の中が混乱するという面があるからです。以上2つの理由から、物権法定主義という考え方が採られているというわけです。

ただし、判例上、次のようなものも物権として認められています。それは、①水利権、②温泉権、③譲渡担保権、④根抵当権、⑤仮登記担保権の5つです。このうち③譲渡担保権をチェックしておいてください。①水利権、②温泉権については、試験には出にくいといえようかと思います。また、④根抵当権と⑤仮登記担保権は、すでに立法化されましたので、物権法定主義に対する慣習法上の追加としては、③譲渡担保権があるという点を押さえておけばいいでしょう。譲渡担保権については次の項で説明した

いと思います。

3 ｜ 物権の目的

物権は物に対する支配権ですから、物権の目的（客体）は物でなければなりません。ただし、物であればどんな物でもいいかというとそうではなく、次の2つの性質が必要であるとされています。1つは「特定性」。つまり、特定物であることが必要で、不特定物ではいけないということです。2つ目が「独立性」。つまり、独立した1個の物である必要があり、1個の物の一部あるいは構成部分には物権は成立しないということです。

この特定性と独立性はざっと読んでおいてもらえばいいのですが、次の「一物一権主義」は重要です。どういうことかというと、「1個の物に対しては、1つの物権しか成立しない」。逆にいうと、「1つの物権の客体は1個の物でなければならない」ということです。

この一物一権主義には、次の2つの側面があります。まず1つは「物の一部ないし構成部分には成立しない」ということ。つまり、1個の物に2つ以上の物権は成立しないということをいっているわけです。2つ目は「数個の物の上に1個の物権は成立しない」ということ。つまり、2つ以上の物の上に1つの物権が成立することはないということです。

いいですか。あくまで一物一権主義なのだから、一物多権主義や多物一権主義というのは認められないということをいっているわけです。ところが、それぞれについて若干の例外があります。この例外が試験によく出るところなので、これについて**ボード2**を使って説明したいと思います。

ボード **2** 土地の一部の時効取得

B は A 所有地の一部を
時効取得できる

分筆手続をとることで、
公示もできる

　これはどういう状況かというと、今、Aが土地を所有しています。その土地は平行四辺形全部です。ところが、Aの土地の一部をBが占有しています。時効のところで説明したように、Bが所有の意思を持って善意無過失で10年間占有を続けると、Bは占有している部分の土地の所有権を時効取得するはずでしょう。そうすると、A所有の１個の土地（平行四辺形）の上に、Aの所有権とBの所有権が２つ成立してしまうことになりますよね。そこで、これは前に説明した一物一権主義の１番目「物権は、物の一部ないし構成部分には成立しない」ということに反するのではないか、という問題があるわけです。

　ところが、結論的にはBはAの所有地の一部を時効取得できるとされています。なぜかというと、例えば、そもそも本州というのは、いくつの土地なのかというと、考えようによっては、全部地続きだから１つの土地と考えることもできますよね。だけど、現実には人間が人為的にラインを引いて分けている。だから、BがAの土地の一部を占有していたのなら、またAの土地に線を引き直せばいいじゃないですか。そうすれば、別の土地になるので一物一権主義に反しないでしょう、というわけです。このように土地の単位を分けることを「分筆手続」といいます。

　今のは、土地の一部について時効取得を認めても一物一権主義に反しない、という話でした。もう１つ例外があります。**ボード3**を見てください。

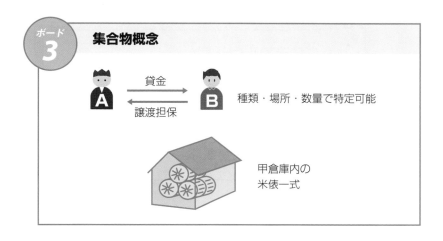

　今、AがBに対してお金を貸していて、BがAに対してある物を譲渡担保として提供しているという事例です。譲渡担保というのが若干わかりにくいと思うのですが、これはどういうことかというと、もしBがAにお金を返せなかった場合には、Bの倉庫の中にたくさん入っている米俵を競売にかけてもいいです、ということで担保に入れることです。ただし、その際、米俵1俵1俵に対していちいち譲渡担保権を設定するのは非常に面倒ですね。だから、甲という倉庫の中の米俵一式に対して1つの譲渡担保権を設定するわけなんですが、よく考えてみると、米俵がたくさんあるのに1つの譲渡担保権というのは、多物一権主義になっているのではないかという疑問が生じるわけです。

　ところが、これについては、確かに米俵はたくさんあるけれども、それを1つの集合物と考え、1個の物だと考えるわけです。そうすると、1つの集合物に1つの譲渡担保権が成立しているという説明ができることになり、これも一物一権主義に反しないとなるわけなんですね。今、事例を挙げて説明した2つの例外はかなり重要なので、しっかりと押さえておいてほしいと思います。

ここまでをCHECK

①物権の特徴は排他性と絶対性。
②用益物権には、地上権、地役権、永小作権、入会権がある。
③担保物権には、留置権、先取特権、質権、抵当権がある。
④一物一権主義との関係で土地の一部の時効取得という論
　点があり、肯定されている。

では次へ行きましょう！

Chapter 2
Section 2　物権変動

今回の学習テーマは、「物権変動」です。ここは最も理論的な個所ですので深く学習しましょう。まず最初に、対抗要件主義を理解したうえで、「第三者」の範囲や、背信的悪意者論、取消しと登記、時効と登記などについて、理解を深めていくようにしましょう。国家公務員総合職試験レベルの本当のお話をいたします。

1　物権変動とは

（1）物権変動の発生時期

　ここからは物権変動について説明していきたいと思います。まず物権変動の定義ですが、これは「物権について新たな取得・設定・消滅や、移転を生ずること」です。

　では、どのような場合に物権変動が生じるのかというと、売買や贈与、抵当権の設定のような「法律行為」が行われたときです。「法律行為」という個所にチェックしてください。ほかにも時効や相続のような「法律上の事実」、あるいは消失といった「単なる事実」によっても物権変動は生じます。この「法律上の事実」と「単なる事実」も併せてチェックしておきましょう。物権変動の原因には、今見たような3つがあるわけだけど、圧倒的に、この法律行為ですね。この法律行為による物権変動が、重要です。

　次に「物権変動の発生時期」ですが、これは物権変動の中でも一番中心となる「所有権の移転時期」と捉えてもらっていいと思います。物権の中で一番完全な支配権が所有権ですし、変動の中で最も頻繁に行われるのが移転なわけですから、物権変動の発生時期というのは、所有権の移転時期と置き換えて考えることができようかと思います。

この物権変動の発生時期、言い換えれば所有権の移転時期について、我々の民法176条は次のように規定しています。「物権の設定及び移転は、当事者の意思表示のみによって、その効力を生ずる」。この中で「意思表示のみ」というところ、チェックです。

> ▶ 第176条
> 　　物権の設定及び移転は、当事者の意思表示のみによって、その効力を生ずる。

　この条文から素直に考えると、物権変動の一番典型的な所有権の移転というのは、どの瞬間に生じることになると思いますか。つまり、いつからその目的物が買主の物になるのか。

　例えば、所有者Aと買主Bが土地の売買契約をするとします。このとき、所有者Aが「この土地を買ってくれませんか」と買主Bに持ちかけ、買主Bが「わかりました。買いましょう」という返事をすると、売買契約は成立です。そこで、条文はというと「意思表示のみで物権変動が生じる」とあるわけです。だから、売買契約が成立した瞬間に、土地の所有権もAからBに移転すると考えるのが、最も素直な解釈だといえるわけです。判例・通説も、このように契約時に所有権が移転すると考えています。

　ところが、契約時が物権変動時だとすると、少し早すぎるのではないかという疑問を感じる方も多いことでしょう。とりわけ不動産売買の場合には、まだその土地を見たこともない、あるいは土地の登記名義が売主名義のままになっている、あるいはまだ代金を支払っていないといった状態で、ただ申込と承諾が合致し、契約が成立したというだけで、土地の所有権が買主に移転する。なんか我々の通常の感覚に合わない。少し早すぎるのではないか、という疑問が生じてくるわけです。

　そこで、現実の不動産取引ではどういうことが行われているかというと、「所有権の移転時期は、お金を全部お支払いし、登記名義を移してもらった時とする」という特約を、売買契約書に入れるのが一般的なわけで

す。不動産の売買契約書は、大きな文房具屋に行くと売っていますが、それには最初から印刷されているぐらいなんですよ。

　したがって、所有権の移転について早すぎると考える当事者は、このような特約を結ぶことで、自分の気持ちに合った所有権の移転時期を決めることができる。この通説的理解で十分ではないかと思います。実際、判例も、こうした特約を結べばいいんだからということで、原則として契約成立時に所有権が移転すると考えているということです。

　ただ、このような特約がない場合にも、もう少し所有権の移転時期を遅らせましょうという学説（少数説）もあります。例えば、176条の意思表示というのは、普通の売買契約のための意思表示ではなく、物権契約のための意思表示であると考える説です。このあたり、少しわかりにくいと思いますので、いったん少数説はおいて、まず判例からいきましょう。**ボード1**を使って説明したいと思います。

> ボード
> **1**
>
> ## 所有権の移転時期
>
> 原則：契約時
>
> 例外：①特約があれば、それに従う
> 　　　 ex. 登記移転時・代金完済時
>
> 　　　②移転の障害がある場合はその解消時
> 　　　 ex. 不特定物は特定時

　所有権の移転時期は、原則として契約時です。つまり、申込と承諾が合致したときに、所有権は売主Aから買主Bに移転するとされているわけです。これは判例・通説がそういっていますので、これで十分かと思います。

　ただ、例外として、当事者が特別の約束事（特約）をすれば、その時期に従うということになります。例えば、どんな特約がなされるかという

と、先ほど紹介したように、登記の移転時、あるいは代金の完済時に所有権が移転する、というようなものです。

　もう1つの例外として、「移転の障害がある場合はその解消時」とありますが、これはどういうことかわかりますか。**ボード1**に例として不特定物と書いてありますが、不特定物とはどんなものかというと、例えば電気屋で、あるメーカーのパソコンを買おうとしたところ、在庫がないので取り寄せになるということで、入荷したらすぐに連絡をもらうことにして、その場で売買契約を結んだとします。

　しかし、あるメーカーのある型式のパソコンなんていうのは、世の中に何十万台もあるわけですよ。だから、契約が成立したその瞬間に、どのパソコンが自分のものになるのかは不特定なわけです。契約は成立したけども、何十万台もあるパソコンのどれが自分のものになるのかということが特定していません。そんなときは、契約が成立しても所有権の移転のしようがないでしょう。このような場合を「移転の障害がある場合」というわけです。

　こんな場合は「その解消時」、不特定物でいえば、特定したときに所有権が移転することになります。例えば、メーカーから電気屋にパソコンが入荷して、店員が「郷原様売約済」というシールを箱に貼ってくれました。そのときに、世の中に何十万台もある同じ型のパソコンのうち、「このパソコンが郷原のものだ」と特定されたわけで、そうなったときにパソコンの所有権が電気屋から私の所へ移転してくるということです。

　以上のこと、つまり「原則（判例・通説）は契約時で、例外として、特約があればそれに従い、移転の障害がある場合は、その障害が解消された時に、所有権が移転する」ということをしっかり理解しておけば、問題は十分解けます。ここまでが判例ですね。では、せっかくなので、先ほどの少数説の考え方も**ボード2**を使って簡単に説明しておこうと思います。

ボード2　物権行為の独自性

契約
　債権契約
　　意思の合致で成立

　物権契約
　　登記等の外部的行為で成立

176条の意思表示を物権契約の意思表示と解し、
登記等の時点で初めて物権変動が生ずるとする

　少数説の考え方は、**ボード2**にあるように、契約というのを債権契約と物権契約の2つに分けるという立場なんです。もちろん、判例・通説は分けませんよ。しかし、より緻密に考える少数説の立場の先生方は、契約を2つに分けて考えているわけです。

　そして、債権契約というのは、「売ります」「買います」という意思の合致で成立するけれども、176条でいっているところの意思表示というのは物権契約に関するもので、その物権契約は登記や引渡し、代金支払いなどの外部的行為があって初めて成立し、それによって所有権が移転すると考えるわけです。

　分けて考える根拠は、そもそも我々の民法は債権と物権とをはっきり分けて条文を置いていて、176条は物権編に規定されている。だから、176条がいう意思表示は物権契約に関する意思表示だということです。非常に筋の通ったすっきりした考え方だと思いますが、判例・通説はそこまでは深く考えていませんので、皆さんは判例・通説の立場をしっかり固めておいてください。

　勉強が進んでくると少数説に魅力を感じてしまうというのは、誰もが陥りがちなことです。私もそうでした。でも **公務員試験ですのであまり**

少数説の魅力に引きずられないようにしましょう。そのほうが受験対策上はいいんじゃないかと思います。例えば、記述の答案を書く場合にも、所有権の移転時期は契約時だという大前提に立ったうえで、当該問題の特殊性について自分で悩んで見せるというような答案を書いたほうがいいんじゃないかと思います。

（2）対抗要件主義

では、次に「対抗要件主義」の説明に移りたいと思います。

民法は、先ほどの176条に加えて、177条と178条で「物権変動を第三者に対抗するためには、不動産の場合は登記、動産の場合は引渡しが必要である」と規定しています。この中で「登記」と「引渡し」をチェックしておいてください。

> ▶ 第177条
> 不動産に関する物権の得喪及び変更は、不動産登記法（平成16年法律第123号）その他の登記に関する法律の定めるところに従いその登記をしなければ、第三者に対抗することができない。
> ▶ 第178条
> 動産に関する物権の譲渡は、その動産の引渡しがなければ、第三者に対抗することができない。

このように、登記や引渡しをしないと、第三者に物権変動があったことを主張できないという立場を、「対抗要件主義」というわけです。これはピンときにくいと思いますので、**ボード3**を使って説明することにしましょう。

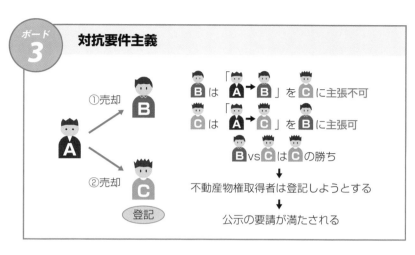

　まずAがBに対して不動産を売却しました。ところが、そのAが同じ不動産をCにも売却してしまいました。これは「二重譲渡」といって、今後何回も出てくる事案です。そして、売主Aは登記名義をAからCに移転したとします。

　登記名義というのがわかりにくいと思いますが、例えば皆さん方が国家一般職試験に合格されて、いろんな地方の法務局に勤めることになったとします。そうすると実際にそのような登記実務を、皆さんがされるということになるわけなんだけど、登記簿という帳簿のようなものがあって、そこに「何丁目何番地のどこの土地は現在、誰々の所有物です」と書かれてあるんですね。そして、その土地を買い受けた人は、その次の欄に「売買契約によって今は私のものになっています」という記載を書き込んでもらうわけです。だから、その登記簿用紙の一番最後に所有者という形で書かれてある人が、現在の所有者であるという権利関係が公に示されることになるわけで、このような制度を我々は持っているのです。

　そこで、今、AはBに先に売ったけれども、登記は第二譲受人のCに移転しました。このような場合にどうなるのかというと、結論的にはCが勝つ。結論は皆さんもわかると思うのですが、なぜCが勝つのかという理由

を、177条の条文に則して理解してもらいたいと思うわけです。

　今、Bには登記がありません。AからBに所有権が移転したという登記を持っていません。そうすると、「AからBへの所有権の移転」という物権変動を、Cに対して主張することはできません。これが、177条の「登記をしなければ、第三者に対抗することができない」という意味です。それに対してCはどうかというと、Cは登記を持っていますので、「AからCへの所有権の移転」という物権変動をBに対して主張することができます。だから、登記を先に備えたCが所有権者だという扱いになるわけです。

　そうすると、不動産物権の取得者は登記をしようとしますよね。早く登記をしておかなければ二重に譲渡されて、誰かに横取りされてしまう危険性があるわけですから。だから、不動産を買い受けたり、あるいは抵当権を付けてもらった人は、せっせと登記をしようとします。このようにして実体的権利関係が登記簿に反映する。つまり公示の要請が満たされるというわけです。

　公示というのは、公に示すということで、例えば「この土地には誰々のこんな権利が付いています」ということを世間一般に公に示すことです。登記簿というのは、法務局に行けば誰でも見ることができますから、世間一般に示すことになるわけです。そうすることで、不動産取引の安全が図られるというようなことがあるわけで、これがいわゆる「対抗要件主義」と呼ばれるものなのです。

①　意思表示による物権変動との関係

　ところが、この対抗要件主義をめぐって、2つの問題があるんです。1つは「意思表示による物権変動との関係」で、もう1つは「『第三者』の範囲」です。この2つの問題点について順に説明していきましょう。

　まず、1つ目の「意思表示による物権変動との関係」です。これはどう

いうことかというと、AがBに対して不動産を売却する。その瞬間に、A B間で契約が成立した瞬間に、AからBに所有権は移転してしまう。そうすると、Aは所有者ではなくなってるわけですよね。所有者ではないAから、Cがその不動産を買い受けてもCに所有権がくるというのは、ちょっとこれは理屈として難しいんじゃないでしょうか。

　そこで、契約時に所有権が移転するということと、登記を先に備えたCがBに勝つということとを、整合的に説明する必要が生じるわけですね。これについて、伝統的通説はどのように考えているのかというと、「意思表示によって確かに物権変動は生じます。所有権は移転します。だけど、AからBにすべての所有権が移ってしまうわけではありません。いくらかの所有権がAの下にも残っている。それがCにも移転するんです。そうすると、BとCはAから所有権の一部分を譲り受けたという対等な立場になりますね。だから両者の優劣は登記の先後で決する。つまり不完全な物権変動を完全なものにするのが、対抗要件としての登記です」という考え方です。これは「不完全物権変動説」と呼ばれるもので、これも要チェックです。

　いかがでしょう、いまいちクッキリしませんね。数学的美しさに欠けるという感じ、私も思いますけれども、この不完全物権変動説で、すべての場合、説明がつきますので、ここはそんなものかで結構です。

② 「第三者」の範囲

　では、2つ目の問題点である「第三者」の範囲に進みたいと思います。

　177条には「登記をしないと第三者に物権変動を対抗できない」と書かれてあるわけですが、ではいったいこの「第三者」とはどういう人のことを指すのでしょうか。

　文理的には、契約当事者以外の者はすべて第三者のはずです。言葉の本来の意味からするとですね。ところが、当事者以外をすべて第三者だと考

えることには、若干の問題があるんです。どのような問題かということを**ボード4**で説明します。

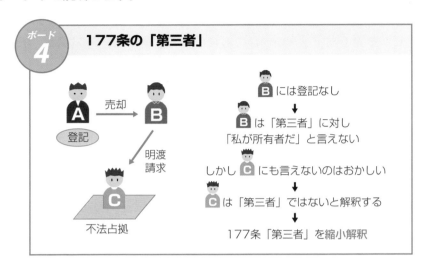

ボード 4　177条の「第三者」

A 売却 B
登記

明渡
請求

C
不法占拠

B には登記なし
↓
B は「第三者」に対し
「私が所有者だ」と言えない

しかし C にも言えないのはおかしい
↓
C は「第三者」ではないと解釈する
↓
177条「第三者」を縮小解釈

　例えば、このような事案を考えてください。今、CがAの土地を不法占拠しています。その土地をAがBに売却しました。そうすると、契約した瞬間に所有権は移転しているわけだから、Bが所有者です。しかし、登記名義はまだAのもとにとどまっています。このような場合に、Bは所有者として、不法占拠しているCを追い出すことができるのでしょうか。皆さんはどう思いますか。

　確かにBには登記がありません。だから、Bは「AからBへの物権変動」をCに対抗できないようにも見えます。しかし、Cはどんなヤツかというと、単なる不法占拠者でしょう。そんな悪いヤツに対してまで、Bは登記がないからという理由で物権変動を対抗できないとしたら、結論としてはどうかなという感じがしますよね。

　そこで、一定の理屈を用いて、Bの請求を認められるようにもっていくわけです。どういう理屈かというと、今、Bには登記はありません。すると、Bは第三者に対しては「私が所有者だ」とは言えません。対抗要件と

しての登記を持っていないからですね。ところが、不法占拠者にすぎないCに対しても言えないというのはおかしい。ここが問題の所在です。

　では、どうすればいいのかというと、Bが所有権の取得を主張できないのは、第三者に対してなのだから、「Cは第三者ではない」というふうに解釈すればいいんじゃないでしょうか。これは、若干ご都合主義というふうに感じられる方もいるかもしれませんが、正義や公平を求めて、人類が2000年間考え続けてきた理屈なので、そう軽々しく批判はできないと思うんですよ。

　そこで、177条の「第三者」というのを縮小解釈する。言葉の本来の意味よりも少し狭く解釈するわけです。どうするのかというと、「登記の欠缺を主張するにつき、正当な利益を有する第三者のみを177条にいう『第三者』とする」というように縮小解釈するわけです。「欠缺」というのは欠けていることをいい、「登記の欠缺」というのは登記が存在しないということです。縮小解釈によって、不法占拠者であるCは登記の欠缺を主張するにつき、正当な利益を有しないから「第三者」ではなくなります。したがって、Bに登記はないけれども、Cが第三者ではないので、BはCに対して物権変動を主張できる。すなわち、所有者として「出ていってください」という明渡請求が認められることになるわけです。

　さて、この縮小解釈によって、177条の「第三者」から除外される者の具体例としては、今説明した①不法占拠者のほかに、②売主Aの一般債権者、③実質的無権利者、それからこの後出てくる④背信的悪意者の4つがあります。ここは重要なのでしっかりと押さえておいてほしいのですが、②売主Aの一般債権者はいいとして、③実質的無権利者については若干補足する必要がありますね。**ボード5**を見ながら説明することにしましょう。

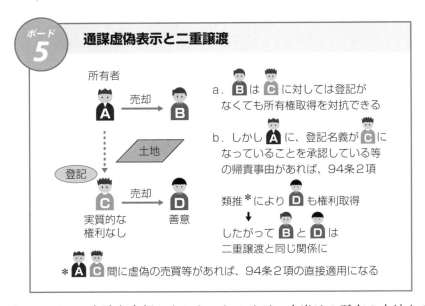

　今、AがBに土地を売却しました。ところが、本当はA所有の土地なの
に、登記名義は息子のC名義になっているという事例です。このような場
合のCを、実質的無権利者と呼ぶわけです。さて、このCも言葉の本来の
意味からすると、売買の当事者ではないので第三者に当たります。しか
し、先ほどの縮小解釈によって実質的無権利者Cは第三者から除外される
ので、Bは登記がなくてもCに対して「私の土地なので明け渡してくださ
い」と言えるわけです。Cは所有権ゼロ％なのでBとCは対等ではなく、
対抗関係に立たないと考えてもいいと思います。

　さあ、次が興味深くて、また以前の復習にもなるところなんです。さっ
きの事案でCもその土地を善意のDに売りました。すると、どうなるかと
いうと、AC間に通謀虚偽表示と類似の事情が認められれば、94条2項の
第三者としてDが登場し、A→Bと、A→C→Dという二重譲渡の状態と
なって、土地の所有権はBとDは登記の先後で決するという問題になるわ
けです。

③　背信的悪意者

　もう1つ、177条の「第三者」に含まれない者として、「背信的悪意者」というのがあります。これについては、**ボード6**を使って説明します。

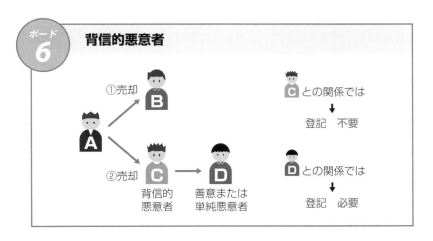

ボード6は、AがBに土地を売却した後で、Cにも同じ土地を売却したという二重譲渡の例です。今、Cは背信的悪意者となっていますが、Cが単純悪意者だった場合には、177条の「第三者」に含まれるので、先に登記を取れば保護されることになります。これについて皆さんは意外に思うかもしれませんが、例えば、AがBに5,000万円で土地を売却したとします。その話を聞いたCが「Aさん、あなたはBに5,000万円で売ったそうですね。えーっ、もったいない。私なら6,000万円出しますよ」と持ちかけて、CがAからその土地を買いました。

　これは悪いことかというと、別に悪くありません。**自由競争**の世の中ですから、より有利な条件を提示して物を取るというのは許される範囲なんです。だから、すでにこの土地がAからBに売却されているという事実をCが知っていたとしても、登記を先に備えればCが勝つんですよ。

　ところが、Cが、AからBへの第一譲渡をただ知っているという単純悪意者ではなくて、自分はその土地を欲しくないけれどもBが困る姿を見て

喜びたいとか、あるいは後からBに法外に高い値段で売りつけてやろうといった、悪い魂胆で第二譲渡を受けた場合は、これを特に「背信的悪意者」と呼びます。この背信的悪意者になると、もう自由競争の範囲を逸脱しているので保護に値しない。だから、背信的悪意者も177条の第三者に当たらないとするわけです。したがって、Bが第一譲受人で、背信的悪意者Cが第二譲受人の場合には、Bは登記がなくてもCに対抗できることになります。

　では、このような背信的悪意者Cから、背信的悪意者ではない、つまり、善意あるいは単純悪意のDが、その土地を譲り受けた場合、BとDの関係はどうなるのでしょうか。所有権の移転はというと、AからBに不完全ながら所有権は移転していて、AからCにも不完全ながら所有権は移転していますよね。ただCは自分が背信的悪意者だからBの登記の不存在を主張できないにすぎない。その不完全ながらCに移転してきた所有権を、Dが譲り受けたわけです。そしてDは背信的悪意者ではない。だから、BとDとの関係は普通の177条論、登記の先後で決するということになります。つまり、背信的悪意者から譲り受けたDは177条の「第三者」に含まれるというわけです。

ここまでをCHECK

①所有権は契約時に不完全に移転する。
②対抗要件を備えると所有権は完全に移転する。
③177条の「第三者」とは、登記の欠缺を主張するにつき
　正当な利益を有する第三者をいう。
④背信的悪意者は「第三者」にあたらない。

では次へ行きましょう！

物

権

2 不動産の物権変動

（1）登記を必要とする物権変動

① 対抗関係

では、「不動産の物権変動」に進みましょう。

先ほど説明したように、不動産の物権変動を第三者に主張するには登記が必要となります。そこで、今度はさまざまな形で生じる物権変動の観点から見て、どのような変動であれば登記が必要なのかということについて考えていきたいと思います。

先ほどのような売買契約の場合には、もちろん登記が必要なわけですが、例えば、取消しがあった場合や、解除された場合、あるいは時効の場合、さらには相続があった場合にも、登記を移しておかないと第三者に対抗できないと扱われるのでしょうか。

一般的には、「当該不動産について、互いに両立し得ない物的支配を相争う関係にある場合」に、登記が必要とされています。このような関係を「対抗関係」と呼んでいるわけですが、では「取消し」「解除」「時効」「相続」の場合は、対抗関係になるのかということについて、以下、順に説明していくことにします。

② 意思表示の取消しの場合

では「取消し」の場合から見ていきましょう。これは、第三者がどの時点で現れたかによって、「取消前の第三者」と「取消後の第三者」に分けて考える必要があります。まず「取消前の第三者」です。**ボード7**を見てください。

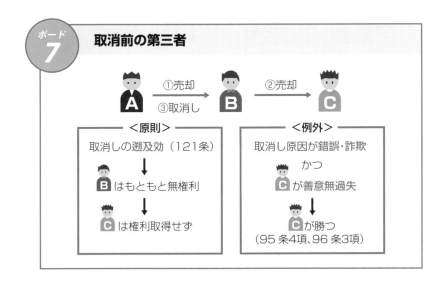

今、AがBに土地を売却し、その土地をBがCに転売しました。その後、Aが取消しをしたという事例です。したがって、このCはAが取り消す前に現れていますので、取消前の第三者です。

ご記憶のように、この話はすでに錯誤や詐欺のところで説明し終わっているのですが、簡単に復習しておくと、このような場合、AはすでにCの下にいっている土地を取り戻すことができるのでしょうか。原則として、取り戻すことができますね。「取消しには遡及効がある」から、Bはもともと無権利者だったと、事後的に評価を変えてしまうんでしたよね。これはしっかりと覚えておいてください。

ところが、例外が2つありましたよね。どんな場合だったかというと、取消し原因が錯誤または詐欺で、しかもCが善意無過失の場合です。この場合は、Cが勝つと扱ったわけです。95条4項や96条3項という条文でCが保護されたからです。

取消しが問題になるのは、全部で8通りありましたね。まず取消し原因が「制限行為能力」「錯誤」「詐欺」「強迫」の4通りで、次にそれぞれの

2

物
権

場合にCが「善意無過失」かそうでないかということで主観面が2通り。4×2で8通りあったわけです。このうち6つの場合でAが勝つ。取消権を行使したAが保護されるという結論になる。これに対し、取消し原因が「錯誤」または「詐欺」で、しかもCが「善意無過失」の場合、つまり8分の2の場合のみ、例外的にCが勝つというのが、「取消前の第三者」の話だったわけです。

　では、これとの対比で、今度は「取消後の第三者」を、**ボード8**を使って考えてみたいと思います。

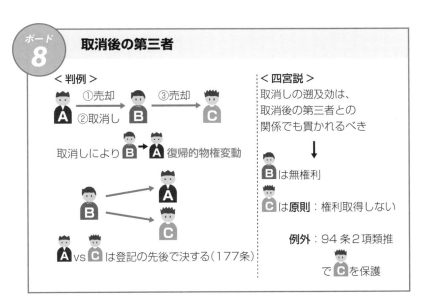

ボード
8

取消後の第三者

＜判例＞

A ①売却 → B ③売却 → C

②取消し

取消しにより B→A 復帰的物権変動

B → A
B → C

A vs C は登記の先後で決する（177条）

＜四宮説＞
取消しの遡及効は、取消後の第三者との関係でも貫かれるべき

↓

B は無権利

C は原則：権利取得しない

例外：94条2項類推
で C を保護

　AからBに土地が売却された後、Aが取り消しました。Aが取消しをしたのに、Bがその後でCにその土地を売却したのです。だから、このCは、Aが取り消した後に利害関係を持つにいたってますよね。こういう場合のCを「取消後の第三者」と呼ぶわけです。

　では、この場合、Aは土地の所有権を取り戻せるのでしょうか。それともCが保護されるのでしょうか。これについて判例はどう考えているのか

というと、「取消しによってBからAに復帰的物権変動が生じる」といっているんですよ。つまり、一度AからBにいった所有権が、取消しによってBからAに復帰するというわけです。

　今の説明を聞いて、「あれっ！」と思った人もいるのではないでしょうか。先ほどの取消前の第三者との関係では、取消しには遡及効があるから、もともとAからBには1回も所有権は移転していなかったことになるという説明をしたわけですよね。なのに、取消後の第三者との関係では、AからBに移転した所有権が、取消しによってBからAに戻ると構成している。ちょっとこれは理論的に一貫性がありませんよね。Bにきていないはずの所有権がBからAに戻る、というのは変でしょ。でも、判例はこういっているわけです。

　さあ、そうすると、取消しによってBからAに所有権は戻り、他方では譲渡によってBからCに所有権が移転する。だから、**ボード8**の下図のようになる。つまり、B→A、B→Cというように、二重譲渡の状態になると考えるわけです。すると、AとCは、どのような形で決着がつくのかというと、先ほど二重譲渡のところで説明したように、177条によって、AとCは登記の先後で決するということになるわけです。

　以上が判例の理論なので、これを使って問題を解けばいいわけなんですが、最近は少しずつですが、例えばA説、B説という異なる立場を問題文に載せておいて、A説から解けばこうなる、B説から解けばこうなるという、いわゆる論理問題が増えつつあります。そこで、判例とは違った考え方の説も紹介しておこうと思います。

　最もメジャーなのは四宮先生の説ですが、四宮先生の考え方というのは、判例のいう「復帰的物権変動」と「取消しの遡及効」は、やはり理論的には両立しない。だから、取消前の第三者のところで「取消しの遡及効」をいうのであれば、取消後の第三者の個所でも「復帰的物権変動」などという概念は持ち出さずに、「取消しの遡及効」を徹底すべきだという

立場です。他方で、元東北大学の広中先生は、取消前も取消後と同様に、復帰的物権変動で一貫させるべきだと、そういう非常に興味深い主張もなさっているわけですけれども、とりあえず受験界で、結構よく採られている四宮先生のお立場を、わかっておけばいいんじゃないかと思うんです。

　さあ、この四宮説によると、つまり「取消しの遡及効」を取消後の第三者の場合にも貫くとどうなるのかというと、Aが取消しをすると、この取消しによって、初めからAからBへの所有権移転はなかったと扱うことになりますよね。そうするとBは無権利者だから、無権利者からの譲受人Cを保護する理論を考える必要があるわけです。

　そこで、四宮先生はどう考えたのかというと、94条2項の類推という理論でCを保護しましょうと。94条2項というのは「通謀虚偽表示は本来無効だけれども、善意の第三者が出てきたときはこれを保護する」というものでしたね。だから、この場合も、Aの取消しでBは初めから無権利者になるわけだけど、例えば登記名義がB名義になっているという虚偽の外観を放っておいたことについては、真の権利者であるAにも帰責性が認められる。しかも、Cは善意だと。そんな場合には、以前説明した「権利外観法理」の3要件を満たしているから、94条2項の類推という判例とは全く別の理論でCを保護するといっているわけです。

　この四宮先生の考え方と、判例の考え方とは、かなりいい勝負という状況ですので、四宮説についても理解しておく必要があると思います。

③　契約解除の場合

　では、次に「契約解除の場合」について見ておきたいと思います。

　解除の場合も、取消しと似ていますが、少し違っているんです。まず、契約が解除されると、その契約は遡及的に消滅します。この「遡及的に消滅」という個所は要チェックです。この解除の効果は条文に書いてあるわけではなく、「直接効果説」という判例・通説の立場なわけですが、要す

るに、解除がなされるとＡＢ間の契約は初めからなかったということになるわけです。

　そうすると、取消しと同じように、Ａが保護されてＣは保護されないということになりそうですね。しかし、Ｃを保護するために、解除によって、「第三者の権利を害することはできない」という条文（545条１項ただし書）があるわけです。

> ▶ 第545条
> ①　当事者の一方がその解除権を行使したときは、各当事者は、その相手方を原状に復させる義務を負う。ただし、第三者の権利を害することはできない。

　解除の場合も、「解除前の第三者」と「解除後の第三者」に分けて考えるのが便利かと思いますので、まずは「解除前の第三者」からボードを使って説明したいと思います。その前に、取消しと解除の違いについて、簡単に説明しておきましょう。

　取消権というのは、もともと契約時にＡが制限行為能力者だったとか、詐欺にあった、強迫されたということで、契約の成立過程それ自体に問題があった場合に行使できる権利なんですね。それに対して、解除権というのは、契約の成立段階ではなんの問題もなく、有効に契約は成立しているんだけれども、例えば、Ｂが買主なのにＡに代金を支払わないといった約束違反、これを債務不履行というわけですが、このような債務不履行があったときに、それを根拠に契約を破棄することができる権利のことです。

　では、**ボード9**を見てください。

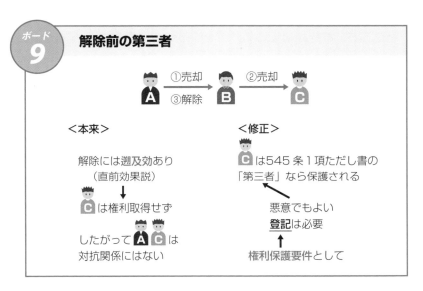

今、AからBに売却があり、BからCに転売されました。その後AがB
の債務不履行を理由にBとの契約を解除をしました。この場合、どのよう
な処理になるのかというと、本来は、解除には遡及効があると考えます。
これは「直接効果説」といって、日本では判例・通説になっていますの
で、解除されると、契約関係はもともとなかったという扱いになると思っ
てください。ここまでは取消しと全く同じです。

そうすると、Cは権利取得できませんね。解除にも遡及効があるから、
Bはもともと所有者じゃなかったと扱われてしまうので、無権利者Bから
買ったCは権利を取得できないからです。これが本来の展開です。ところ
が、これだとCがあまりにも気の毒です。そこで修正理論として、545条
1項ただし書の第三者にCが該当すればCを保護しましょう。解除して
も、Aに物は戻ってきませんよ、という扱いにしようと。つまり、この
545条1項ただし書は、ちょうど詐欺のところの96条3項と同じように、
解除の遡及効を制限する働きをしているわけです。

その次が、若干微妙な問題なんです。96条3項の第三者は「善意無過失

の第三者」ということで、善意でなければ保護してもらえませんでしたよね。ところが、解除の場合の第三者というのは、悪意であってもよいとされているんです。これは、結論だけを覚えるのではなく、どうして悪意であってもCが保護されるのかということをきちんと考えておいてほしいと思うんですよ。

　今、Cが悪意というのはある事実を知っていることで、どんな事実かというと、まだBがAに代金を支払っていない、債務不履行状態にあるという事実です。そんな場合にCがBから買い受け、その後、Aが契約を解除した。このとき、AはCに対して「Cさん、あなたはBがまだ代金を払ってないという事実を知ってたのだから、権利を取得できなくても仕方ないですよ」と言えるか、というと、これは言えません。

　なぜかというと、CがBから買うと、CはBにお金を払いますよね。そうすると、Bの手元にキャッシュがくるので、BはこれでAに支払うことができる。これが通常なわけです。だから、BがAにお金をまだ払っていないという事実をCが知っていた。つまり、悪意だったとしても、Cは保護に値しないとはいえないんです。Cがお金を払えば、そのお金でBがAに払えるわけですから。だから、悪意のCでも保護する必要がある。このあたりが、96条3項の詐欺の場合の第三者との違いです。

　ただ、そうすると、今度はAが気の毒に思えてきます。Cが善意でも悪意でも保護されると、AはBからお金を払ってもらえないから解除した。なのに、その物を取り戻すことができないということになってしまうわけですから。そこで、Cが保護される範囲を少し狭めて、AとCとのバランスを図ってあげる必要があります。どのようにするかというと、Cは悪意でも保護してあげるけれども、登記は備えておくように、ともっていくわけです。

　ここで注意したいのは、別にAとCとは対抗関係にあるわけではないという点です。なぜかというと、解除の遡及効ありと考えれば、Aは100％

所有者、Ｃは所有権ゼロ％です。逆に、解除の遡及効を545条１項ただし書で制限すると、今度はＣが100％所有者、Ａは所有権ゼロ％です。だから、両立し得ない物的支配を相争う関係という対抗関係には、ＡとＣは立たないわけです。

しかし、Ｃが悪意でも保護されると、Ａがかわいそうだから、Ｃの保護される範囲を少し狭めるために、理論的には登記が必要なわけではないけれども、実際上の妥当な結論を出すために、Ｃに登記を備えておくことを要求しているというわけです。

この場合の登記を「権利保護要件」といいます。対抗要件ではありません。理論上は登記はいらないはずだけど、権利保護要件としてＣは登記を備えておきなさいと。そのような形でＡとＣとの利益状況をバランシングするわけです。この点も、96条３項の第三者と545条１項ただし書の第三者の違いを理解したうえで、記憶しておいてほしいと思います。

では、次に「解除後の第三者」について説明しましょう。

ＡＢ間の契約をＡが解除した後に、ＣがＢから買い受けた場合は、どのように考えるのかというと、解除により土地の所有権はＡに復帰します。この「Ａに復帰」というところにチェックして、「復帰的物権変動」と書いてもらうといいでしょう。

これは取消後の第三者と完全に同じ扱いになります。したがって、解除後の第三者については、Ｂ→Ａ、Ｂ→Ｃという二重譲渡の関係と考え、ＡとＣとは登記の先後で優劣を決することになるわけです。

④ 時効取得の場合

次は、時効取得の場合です。

時効によって所有権を取得するのも、物権変動には違いありません。では、時効取得によって新たに所有者となったということを、ある一定の人に主張するのに、登記を備えておく必要はあるのでしょうか。

例えば、土地の所有者BがCにその土地を売りました。しかし、その土地はAが占有しています。こういう場合、Aが土地を時効取得したときに、Aは登記なしでCに対して、自分が時効により所有権を取得したことを対抗できるのかという問題を考えてみたいと思うんですね。これもおなじみのパターンですが、「時効完成前にCが譲り受けた場合」と、「時効完成後にCが譲り受けた場合」とに分けて、ボードを使って説明したいと思います。

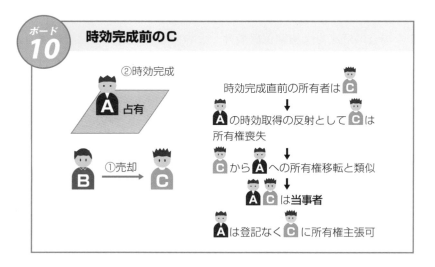

　まずは「時効完成前にCが譲り受けた場合」です（**ボード10**）。
　BがCに土地を売却したのが先で、Aの時効取得が後というケースです。まずBからCへの土地の売却がありました。ということは、土地の所有権は契約時に移転するのだから、この時点ですでにCが所有者なわけで、そのCが所有している土地を、Aが時効で取得したということになりますね。
　そうすると、Aの時効取得の反射として、Cが所有権を失うことになります。「反射として」という表現が少しわかりにくいかもしれませんが、Aが時効で所有権を取りますよね。そうすると、一物一権主義の問題があ

るので、この土地はAの所有する土地だということになり、その結果として、Cは所有権を喪失するということです。

　これは、まるでCからAに所有権が移転したのとそっくりでしょう。厳密にいうと、所有権の取得原因としての時効というのは、前の持ち主の所有権が移ってくる「承継取得」ではなく、Aの手元に新しい所有権がポンと生まれる「原始取得」です。だから、Cの所有権がAに移転したわけではないんです。でも、Aが所有権を手に入れ、その反射としてCが所有権を失うというのは、CからAに所有権が移転したのと類似しています。

　だから、どうなるのかというと、CからAへの所有権移転と類似しているので、ACは当事者である。当事者だとすると、AとCは対抗関係ではないので、Aに登記は必要ありません。したがって、Aは登記なくCに対して時効による所有権の主張をすることができるというのが結論です。

　これは無理して結論を覚えなくても、AとCが当事者と類似の関係になるということがわかれば、容易に結論が導けると思います。

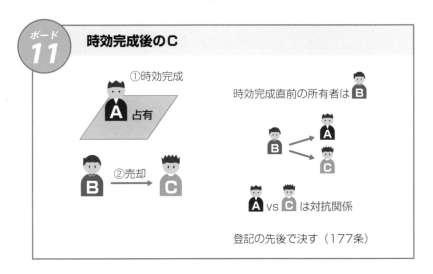

ボード **11**　時効完成後のC

①時効完成

A　占有

②売却　B → C

時効完成直前の所有者は B

B → A
　→ C

A vs C は対抗関係

登記の先後で決す（177条）

　では、次に「時効完成後にCが譲り受けた場合」について、Aが時効で所有権を取ったということを、Cに対して主張するのに登記が必要かどう

かという問題を考えていきたいと思います（**ボード11**）。

　まず時効完成直前の所有者は誰かというと、先ほどはCでしたが、今回はBですね。まだ、Cに売却していないわけですから。ということは、Aは時効で誰の土地を取ったのかというと、Bの土地を取ったわけです。他方、その後に、CがBから譲渡を受けている。そうすると、今度はBを基点として、B→A、B→Cというように二重譲渡があったのと類似の関係になっているわけです。

　もちろん、時効取得は先ほど説明したように、承継取得ではなく原始取得ですから、B→Aの矢印は不正確です。しかし、判例はあまり理論的にかっちりしたことを追求しないという面があるので、このように二重譲渡に類似していると考えるわけです。そうすると、結論はもうわかりますね。二重譲渡に類似しているから、AとCは対抗関係になる。だから、登記の先後で決するという結論になるわけです。

　ポイントは「Aが誰の土地を時効で取ったのか」を考えることです。そうすれば、必ず判例の結論にたどり着けるという仕組みになっていますので、このポイントをしっかり押さえておいてください。

⑤　相続の場合

　続いて、相続の場合に進みますが、まず具体的な論点に入る前に、ごく基本的なことを押さえておきたいと思います。

　相続が発生すると、相続人のBは被相続人A（死んでいく人）の権利義務を包括的に承継することになります。この「包括的に承継」という個所をチェックしておいてください。

　そうすると、どうなるかということについて、**ボード12**を見ながら説明しましょう。

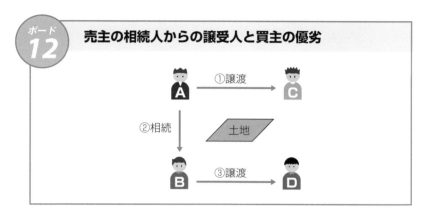

　今、被相続人A、死んでいくAが、生前、所有する土地をCに譲渡しました。その後、Aが亡くなり、相続人BがAを相続したという事例です。この場合、Cから見ると、BはAと同視されることになります。「同視される」という個所は要チェックです。つまり、BはAの権利義務を包括的に承継することになるので、BとAは同一人物だとみなすわけです。

　したがって、Bは177条の「第三者」ではなく、当事者ということになり、Cは相続人Bに対しては、登記をしていなくても所有権の取得を対抗できるということになります。ここまでは先ほどの内容とそう変わらないので、わかりやすいと思います。

　しかし、BからDが土地を譲り受けた場合はどうなるかというと、この場合のCとDは二重譲渡の第一譲受人と第二譲受人の関係になります。なぜかというと、AとBは同一視されるからCDはともにABから不動産を譲り受けた人なわけです。したがって、この場合のCとDの優劣は177条の問題となり、登記の先後で決するという処理になるわけです。実は、ここまではウォーミングアップ程度な話で、次からがいよいよ非常にメジャーな論点になっていくわけです。

　その論点というのは、「共同相続と登記」「遺産分割と登記」「相続の放棄と登記」と、全部で3つあります。これについて、これから順にボード

を使って説明していくことにします。まずは「共同相続と登記」から始めますので、**ボード13**を見てください。

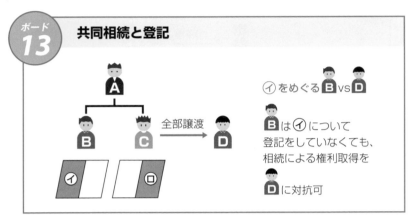

ボード **13**　共同相続と登記

⑦をめぐる**B** vs **D**

Bは⑦について登記をしていなくても、相続による権利取得を**D**に対抗可

全部譲渡

　今、土地を持っているAが亡くなり、その財産である土地を相続人のBとCが2分の1ずつ相続しました。ただし、土地を半分ずつにきっちり分けたわけではなく、半分の⑦がBの所有、残りの半分の㋺がCの所有というように、BとCが持ち分2分の1ずつで共有しているという状態です。ところが、Cが本当は㋺の部分だけを相続しているはずなのに、Dに対して土地を⑦・㋺とも全部譲渡してしまいました。この「全部」というところが大切です。

　そうすると、㋺の部分についてDに所有権が移転するのは、そう問題ない感じがしますよね。なぜなら、Cは㋺については自分の持ち分なので、単独で自由に処分できるからです。問題は⑦の部分、⑦をめぐるB対Dの関係です。BとDでは、どちらが⑦を確保できるのかという点が、この「共同相続と登記」と呼ばれる問題なわけです。

　これについての結論はこうです。Bは自分の相続分である⑦の部分については、登記をしていなくても、相続による権利取得をDに対して対抗することができると扱われているのです。では、どういう理由で登記が不要なのかということについて、考えてみたいと思います。

　今、Cは㋑と㋺をDに売却したわけですが、Cは㋺の所有権は持っているけど、㋑については全くの無権利者でしょう。そのような無権利者CからDが譲り受けたわけですから、Dのところに㋑の所有権は全くきませんよね。したがって、㋑の所有権については、Bが100％でDはゼロ％だから、対抗関係に立たないので、Bは登記をしていなくてもDに㋑の所有権を主張できるというわけです。

　では、次に第2の論点である「遺産分割と登記」について説明したいと思います。

　これは少し前に説明した「解除と登記」という論点と全く同じ処理になっていることに、気付いてもらえると思うのですが、まずは**ボード14**の場面設定から確認しましょう。

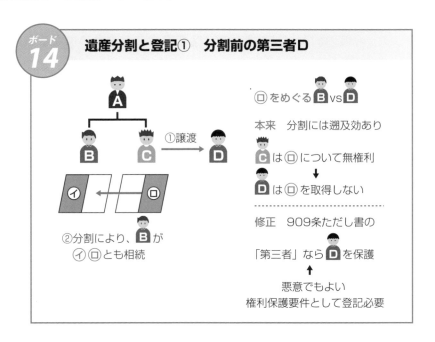

ボード
14

遺産分割と登記①　分割前の第三者D

㋺をめぐる **B** vs **D**

本来　分割には遡及効あり

C は㋺について無権利
↓
D は㋺を取得しない

- -

修正　909条ただし書の

「第三者」なら **D** を保護
↑
悪意でもよい
権利保護要件として登記必要

①譲渡

②分割により、**B** が
㋑㋺とも相続

　ここも先ほどと同じです。Aが亡くなってBとCが、Aの土地を2分の1ずつ相続しました。Bの相続分を㋑、Cの相続分を㋺としておきましょ

う。そして、今度はCが回の部分だけをDに譲渡しました。これは有効で
すよね。自分の持ち分を売却するのはCの自由なわけですから、Dは回の
所有権を取得しました。

　ところが、その後で相続人ＢＣ間で遺産分割協議が調いました。遺産分
割というのは、例えば、Ａの財産がこの土地だけではなく、銀行預金や株
券等の有価証券もあった場合、兄弟で話し合って、土地についてはＢが全
部相続する代わりに、現金と有価証券はＣが相続するというように、兄弟
間でいろんな種類で存在している父親の財産を分け合うことをいいます。

　そこで、この遺産分割協議によって、土地に関してはＢがすべて相続す
ることになったとします。そうするとＢは①も回も両方とも相続すること
になり、土地はＢが単独相続したという扱いになるわけです。ところが、
遺産分割の前に、回については、すでにＣがＤに売却してしまっています。

　そこで、今度の問題点は回をめぐってのＢとＤとの争いになるわけで
す。さあ、これについては、次のように考えます。まず、本来、遺産分割
には遡及効があります。遡って及ぶという効力があるわけです。というこ
とは、Ｃは回についてももともと無権利者だったことになります。Ａの死亡
時から①も回も全部Ｂが相続していたと扱うからです。そうすると、無権
利者のＣから回を譲り受けたＤには、回の所有権はこないということにな
りますね。

　しかし、これだと少しＤが気の毒だという感じは否めませんよね。そこ
で、本来はこうなるはずだけど、修正理論が用意されているわけです。そ
れは909条ただし書の第三者です。Ｄが909条ただし書の第三者といえる場
合には、Ｄを保護してあげますということです。

> ▶ **第909条**
> 　遺産の分割は、相続開始の時にさかのぼってその効力を生ずる。ただ
> し、第三者の権利を害することはできない。

　さあ、第三者というのが出てくると、今度は詐欺による取消しの96条3

項の第三者と同じパターンか、それとも解除の場合の545条１項ただし書の第三者なのか。皆さん、どっちかなという感じがしていると思います。

　この場合の第三者は、悪意でもいいんです。というより、善意か悪意かということで絞り込むことができないといったほうが正確でしょう。なぜかというと、今、Ｄは遺産分割協議が調う前の段階で、Ｃから㋺を譲り受けていますよね。だから、将来のある事実について、知りようがないわけです。だから、善意か悪意かということでＤの保護要件を絞り込むことができないということです。つまり、これは解除の場合と同じ状態になっているというわけです。

　そうすると、今度はＢが気の毒だなという感じがしますよね。そこでＢとＤとの利益状況のバランシングを考えて、Ｄは悪意でも保護してあげるけれども、権利保護要件としての登記は備えておくように、という形で扱うわけです。

　これは、解除の復習にもなるので、もう一度整理しますが、あくまで遺産分割には遡及効があるということを前提にしておいて、第三者のＤを保護するための修正理論を用意する。この修正理論で使っているところの第三者は悪意でも結構です。その代わり、権利保護要件としての登記を備えておいてください、と。これは解除前の第三者と完全に同じ処理になっているという点、押さえておいてください。

　では、遺産分割後の第三者はどうでしょうか。**ボード15**を見てください。

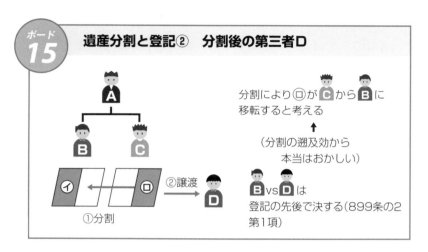

ボード15　遺産分割と登記②　分割後の第三者Ｄ

分割により回がＣからＢに
移転すると考える

（分割の遡及効から
本当はおかしい）

ＢvsＤは
登記の先後で決する（899条の2
第1項）

②譲渡

①分割

　これは皆さん、だいたい予想がつくかと思います。ここでも判例は、取消前と取消後、解除前と解除後でやったのと同じような理論的な矛盾を、堂々と犯すわけです。

　今、Ａが亡くなって、ＢとＣが相続します。今回は先に遺産分割が行われ、土地についてはＢが全部もらって、現金等はＣがもらうというように財産を分け合いました。それなのに、Ｃが回をＤに売却してしまうわけです。

　ここでも、先ほどの分割の遡及効を考えるのが筋ですよね。ところが、判例は分割後は、取消後や解除後と同じように遡及効のことをすっかり忘れてしまうんです。そして、次のような処理をします。遺産分割によって、回の部分がＣからＢに移転したと考えるんです。本来、分割には遡及効があるのだから、もともと①も回もＡからＢに相続されるはずなんです、理論的にはね。ところが、判例はあまり理論的なところは気にせずに、一貫して「取消後・解除後・分割後」については、このように考えるわけです。

　そうすると、分割後に、回がＣからＤに譲渡によって移転したことで、Ｃ→Ｂ、Ｃ→Ｄという二重譲渡の状態になりますね。したがって、ＢとＤ

の優劣は登記の先後で決するというわけです。この「遺産分割と登記」という論点は、解除の場合と同じように考えて、分割前は遡及効を前提に、909条ただし書で一定の保護をする。分割後は899条の2第1項で処理をするという扱いなわけです。今のが相続関係の3つある論点の第2番目だったわけですが、これが一番メインの論点といえます。

　さて、次は3つ目の論点、「相続の放棄と登記」です。これについて説明することにしましょう。まずは**ボード16**を見てください。

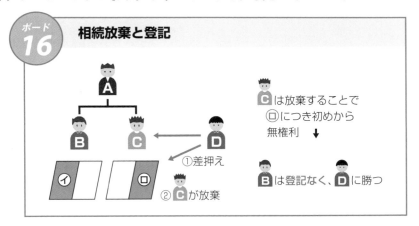

ボード
16　　**相続放棄と登記**

Cは放棄することで
ロにつき初めから
無権利　↓

①差押え

②Cが放棄

Bは登記なく、Dに勝つ

　これも同じような事案で、Aが亡くなって、BとCが土地を相続し、それぞれの持ち分がイとロとします。そこで、Cに対して債権を持っているDが、Cが土地を相続したのを聞きつけて、ロについて差押えをしてきました。差押えというのは強制執行の初動期に債務者の物や権利の処分を禁止することです。強制執行をかけるために、まず差押えをしてきたわけです。

　ところが、Cは相続を放棄したのです。財産は要りませんという人のために、放棄という選択肢が与えられているわけです。Cが放棄をすると、相続人はBただ1人になります。そこで、Bが全部の土地を相続したという旨の登記をしていなくても、債権者Dの差押えを免れることができるのでしょうかという問題です。

放棄にも遡及効があるんです。したがって、㋺についてはCは初めから無権利者だったという処理になるわけです。そうすると結論は見えましたね。Bは登記をしていなくても、Dに勝つことができます。この結論に対して、お金を借りているCが、債権者Dの利益を犠牲にして、相続を放棄してもいいのかという感じがしたかもしれません。しかし、この結論はそんなにおかしくないと私は思います。

　なぜかというと、Dは誰にお金を貸しているんですか。Cでしょう。Aに貸しているわけではありません。だから、近い将来Cの父親Aが亡くなりそうだから、Aの土地をCが相続するだろうという、相続財産まで債権者Dはアテにすべきではないからです。

　近代市民社会というか個人主義社会にあっては、DはCの資力をアテにしてお金を貸すべきで、Cの資力がアテにならないのであれば、Aの土地に抵当権を設定してもらうなり、Aに保証人になってもらうなりしておけばよかったわけです。だから、相続放棄によって債権者Dが損をするかのように見えるけれども、これはあながちおかしいことではないというふうに理解してもらえばいいと思います。

　以上で、相続についての3つの論点が終わりました。そこで、不動産物権変動の中でも難しいところを表にまとめておきましたので、**ボード17**を見てください。

ボード17　不動産物権変動のまとめ

		前	後
取消し	原則　Aの勝ち		177条
	例外　95条4項、96条3項		
解除	原則　Aの勝ち		177条
	例外　545条1項ただし書		
遺産分割	原則　Bの勝ち		899条の2第1項
	例外　909条ただし書		

　取消しと解除と遺産分割。この３つが若干難しくて、時効や共同相続、相続放棄は比較的易しいと思うんです。表を見ながら、もう一度振り返ってみましょう。

　まず、取消前は、原則的には取消しをしたＡが勝ちます。解除前もＡが勝つ。これが大原則なわけです。ただし、それぞれ遡及効を制限する条文がありました。取消しの場合は95条４項、96条３項で、第三者が保護されるには善意無過失でなければならない。登記は不要。それに対して、解除の場合は545条１項ただし書です。これは善意、悪意は問いません。だけど、権利保護要件としての登記は必要でした。遺産分割前も、原則的には普通の相続人のＢが勝つ。ただし、例外的に909条ただし書で、第三者のＤを保護するという扱いになっていたわけです。これらは、いずれも遡及効を大前提にして立論されています。

　それに対して、取消後、解除後は177条、分割後は899条の２第１項、いずれも対抗関係で考えるということです。判例は取消前と取消後、解除前と解除後、遺産分割前と遺産分割後で、遡及効を前提にしたり、しなかったりで矛盾しているといわれています。確かに矛盾しているんだけれども、この表で見てみると非常にきれいな形になっていますね。一貫して矛盾している、あるいは美しく矛盾しているという、よくわからない状態に判例はなっているというところです。この表を丸覚えするのではなくて、それぞれの理屈をきちんと復習してもらうと、この部分については受験界最高峰といえると思いますので、しっかりと復習してください。

（２）不動産登記の方法

　続いて、中間省略登記について説明しておきたいと思います。まずは**ボード 18** の左側を見てください。

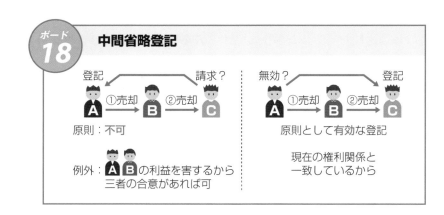

ボード **18** 中間省略登記

登記 　　　　　請求？ Ⓐ ①売却 Ⓑ ②売却 Ⓒ 原則：不可 例外：**AB** の利益を害するから 三者の合意があれば可	無効？ 　　　　　登記 Ⓐ ①売却 Ⓑ ②売却 Ⓒ 原則として有効な登記 現在の権利関係と 一致しているから

　今、不動産がAからB、BからCへと順次譲渡されました。したがって、不動産の所有者はCです。ところが、登記名義は未だAの下にとどまっています。このような場合、CがBを飛び越えて、直接Aに対して、A名義からC名義に登記を移してくれという請求ができるのかという問題です。

　結論はどうかというと、原則としてできません。なぜ、できないかというと、AやBの利益を害するからと考えるのが、判例の考え方にフィットすると思います。もちろん、権利の変動過程を登記簿に正確に反映させる必要があるからという理由もあります。どういうことかというと、所有権はA→B→Cと移っているのであって、A→Cに直接移っているわけではないから認められないということです。ただ、判例の結論をしっかり理解するためには、これを強調するよりも、むしろA、Bの利益を中心に考えたほうがいいと思います。よく予備校本には専ら中間者Bの利益を問題にする記述を見ますが不正確です。私も予備校の講師ですが（笑）。

　そこで、A、Bの利益っていったい何なのかというと、どうしてAが登記を自分のもとに持っているかを考えてください。普通はBが代金をまだAに支払っていないからです。代金と引き換えに登記名義を移すというのが、取引社会で一般に行われていることなんですよ。だから、Aは今、登記をまだ自分のところに持っているわけです。それなのに、その登記をC

に取られてしまうと、Bから代金を払ってもらいにくくなります。

　Bもそうですよね。CがまだBに代金を支払っていない場合もあるわけだから、それなのにCがいきなりAから登記を取ってしまうと、Cが自分に代金の支払いをしてくれなくなるかもしれないですよね。だから、Cの請求を認めると、AやBが代金債権を回収しにくくなるという不利益を受けることになるので、原則としてCの中間省略登記請求はできないとされているわけです。

　この理由を理解すると、例外もすぐにわかるのではないでしょうか。この三者、つまりA、B、Cの合意があれば、中間省略登記請求は認められることになります。損をするAとBがそれでいいといっているんだから、権利の変動過程は登記簿には反映されないけれども、三者の合意があれば、Cの中間省略登記請求は認められると、判例はいっているということです。これが中間省略登記請求というお話。

　では、先ほどの**ボード18**の右側を見てください。今度は、何らかの事情でAから直接、B名義を経ずに、直接C名義に登記が移転してしまった場合に、このC名義の登記を有効と考えるか、それとも無効と考えるかという問題です。これは原則として有効な登記だと考えてください。先ほどと感じが違うでしょう。

　先ほどの話は、これからこんなことをしてもいいですか、という行為に関するルールの問題でした。それに対して、今回の話は、こんな状態になっていますが有効と評価できますか、という事後的な評価のルールなわけです。実際、今、C名義の登記があるとすれば、それを前提に次の取引が進んでいくわけだから、法的安定性という見地からすると、これは原則として有効な登記と扱わざるを得ないわけです。

　その理由は、現在の権利関係と登記名義が一致している。つまり、現在の権利関係と一致しているわけだから、このようなできてしまった中間省略登記は、まあ仕方ないかなっていうところです。このような左右の事案

の違いを、いつも選択肢を読みながら、気にかけてほしいと思います。

ここまでをCHECK

①取消後、解除後、第三者との関係は177条、分割後の第
　三者との関係は899条の２第１項。
②解除前、分割前の第三者は遡及効を制限する545条１項
　ただし書、909条ただし書で処理。
③上記両条項の「第三者」は善意悪意は不問である代わ
　り、権利保護要件としての登記が必要。
④時効完成前の第三者に対しては登記不要、完成後の第
　三者には登記必要。

では次へ行きましょう！

---

3 動産の物権変動

（1）動産物権変動の特色

　では、次に進みましょう。今までは不動産の物権変動の説明だったわけ
ですが、今度は動産の物権変動についてです。

　不動産の場合、対抗要件は「登記」でしたが、動産の場合の対抗要件は
何かというと「引渡し」なんです。例えば、パソコンをAがBとCに二重
譲渡したとします。この場合、BとCのどちらが勝つかというと、先に引
渡しを受けたほうが勝つということになるわけです。

　ただし、引渡しには４種類の形態がありますので、それについて順に説
明していくことにします。

（2）「引渡し」の形態

　引渡しには、**ボード19**のような①現実の引渡し、②簡易の引渡し、③

指図による占有移転、④占有改定という、４つの方法があります。

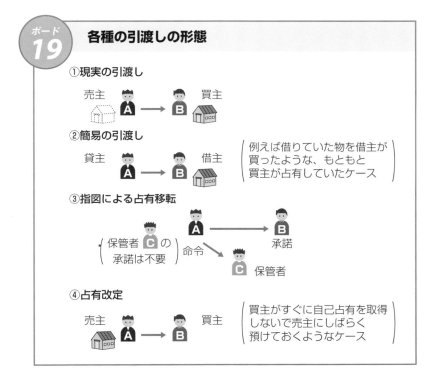

ボード19　各種の引渡しの形態

①現実の引渡し

売主 A → B 買主

②簡易の引渡し

貸主 A → B 借主

例えば借りていた物を借主が買ったような、もともと買主が占有していたケース

③指図による占有移転

A → B 承諾

（保管者 C の承諾は不要）命令

C 保管者

④占有改定

売主 A → B 買主

買主がすぐに自己占有を取得しないで売主にしばらく預けておくようなケース

　まず①現実の引渡しですが、これは通常一般的に行われていることで、例えば売主が買主に「ありがとうございました」といって、本当に物を渡す。これが現実の引渡しで、これは特に問題はないと思います。ただ、次からが少しややこしくなるんです。

　②簡易の引渡しというのは、どういうことかというと、今、AがBにある物を貸しているとしましょう。つまり、Aが貸主でBが借主です。そうすると、物の占有はBの手元にありますね。今はBが物を持っているわけです。

　このような状況下で、AがBにその物を売却したとします。売却すると引渡しが必要になりますが、わざわざBからその物を返してもらって、も

う一度Bに渡すというのは面倒ですよね。もともとBに貸していたものを
Bに売るわけだから、わざわざ返してもらって、もう一度渡す必要なんて
ありませんよね。

　したがって、このような場合は、AとBの意思表示だけで、Bに引渡し
があったものと扱われる。これを簡易の引渡しと呼ぶわけです。

　③指図による占有移転というのは、今、AがCに物を預けているとしま
す。そのCに預けた状態のままで、Aがその物をBに売るわけです。その
際、AはBに対して「その目的物はCに預けているんですけど、いいでし
ょうか」と聞いて、Bが「結構ですよ」と承諾する。この承諾はBがする
という点、注意してください。

　そして、AはCに対して、「もうその物はBに売ったから、今日から君
はBのために占有しなさい」と命令するわけです。そうすることで、Aが
持っていたCによる代理占有がBに移転する、と。これも引渡しだという
わけです。

　最後の④占有改定はどんなものかというと、AがBに物を売ります。と
ころが、売主Aがその物を使い続けるんです。ただし、今までは自分の物
として占有していたけれども、「今日からはBさん、あなたのために私は
占有します」と、このようにAがBに言う。そうすることで、今までBに
は占有がなかったけれども、Bは新たに代理占有つまりAを介した間接的
な占有を手に入れるというわけです。このような引渡し方法を占有改定と
いって、これも動産物権変動の対抗要件として認められるということにな
っています。この占有改定は4つの占有移転方法の中で一番不完全なもの
ですよね。このことが後ほど2か所で問題になりますので、意識しておき
ましょう。

　これらの言葉の意味は若干ややこしいと思いますので、**ボード19**の図
をときどき見返して、頭の中に定着させてほしいと思います。

ここまでをCHECK

①動産物権変動の対抗要件は引渡しである。
②引渡には、現実の引渡し、簡易の引渡し、指図による占
　有移転、占有改定の4種がある。

2

物

権

では次へ行きましょう！

Chapter 2
Section 3　即時取得

　今回の学習テーマは、「即時取得」です。ここも大切な分野ですので、即時取得が認められるための要件をしっかりと学習してください。また、盗品・遺失物についての特則も理解するようにしましょう。

1　即時取得とは

（1）即時取得

　では、即時取得（そくじしゅとく）の説明に入りましょう。

　先ほど説明したように、動産の物権変動には、不動産のような登記制度がありませんでした。そうすると、物を占有していれば、まるで所有者のように見える。でも、占有している人がいつも真の所有者だとは限らないでしょう。この人は占有しているから所有者だろうなと思って物を買ったら、意外にもその人は所有者じゃなかったということもあり得ますよね。

　そのような場合に、買主が所有権を取得できないということになると、取引社会はスピーディーに回りません。そこで、**ボード1**のように、実際に物を占有している占有者Bから買った買主Cは、たとえその物が本当はBの所有物ではなくAの物であったとしても、買主Cはその物の所有権を手に入れることができるようにしてあげましょう、というのが「即時取得」という制度なのです。

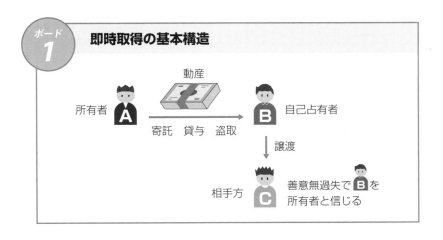

ボード1　即時取得の基本構造

動産

所有者 A　寄託　貸与　盗取　B　自己占有者

↓譲渡

相手方　C　善意無過失でBを所有者と信じる

（2）公信力

　このように占有者Bを信頼して取引をしたCは、たとえBに所有権がなくても、所有権を取得することができます。これを「占有に公信力を付与した」といいます。つまり、動産の占有には公信力があるというわけですが、このあたりを**ボード2**を使って説明したいと思います。

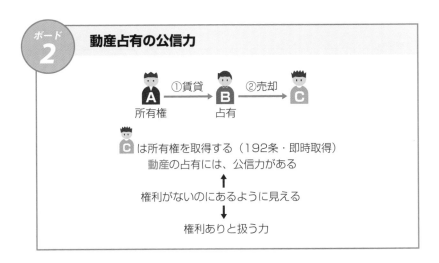

ボード2　動産占有の公信力

A　①賃貸　B　②売却　C
所有権　　　　占有

Cは所有権を取得する（192条・即時取得）
動産の占有には、公信力がある
↑
権利がないのにあるように見える
↓
権利ありと扱う力

　今、AがBにある物を賃貸しています。したがって、その物の所有権

は、もちろんＡの下にとどまっていますよね。しかし、借りているＢは物を占有しています。そうすると、まるでＢが持ち主のように見えます。そこで、ＣがＢを持ち主だと過失なく信じて、その物を購入しました。このような場合どうなるかというと、先ほど説明したように、Ｃはその物の所有権を取得することができます。このことを、「即時取得」といいます。

▶ 第192条
　取引行為によって、平穏に、かつ、公然と動産の占有を始めた者は、善意であり、かつ、過失がないときは、即時にその動産について行使する権利を取得する。

　では、なぜＣが、所有者でもないＢから買い受けたのに、所有権を取得できるのかというと、「動産の占有には公信力があるから」だと説明されているわけです。「動産」というところに注意してくださいね。不動産の場合は、こんなことは起こりませんからね。

　さて、そこで「公信力」というのがどんなものかというと、権利がないのにあるように見える場合には「権利あり」と扱ってしまう、という力を公信力というわけです。無から有を生み出す錬金術みたいなものです。

　これとの対比で、不動産の場合も**ボード３**で見ておきましょう。

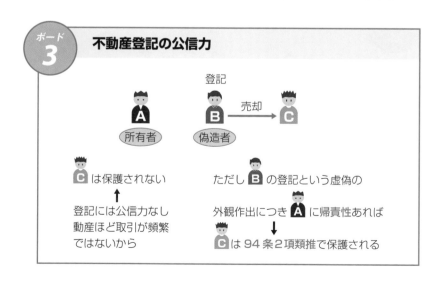

ボード3　不動産登記の公信力

登記

Ａ　所有者　　Ｂ　偽造者　売却　Ｃ

Ｃは保護されない
↑
登記には公信力なし
動産ほど取引が頻繁
ではないから

ただしＢの登記という虚偽の
外観作出につきＡに帰責性あれば
↓
Ｃは94条2項類推で保護される

　今、Aが不動産（土地）の所有者で所有権を持っています。ところが、Bが土地の権利証や委任状を偽造して、本当はAの土地なのに、登記名義をB名義に書き換えてしまいました。したがって、Bは所有者ではないけれど、登記名義人なので所有者っぽく見えますよね。それを過失なく信じたCが、Bからその土地を買い受けたとします。この場合、Cは保護されるのでしょうか。

　動産の場合は、占有に公信力があるからCは保護されました。ところが、不動産の場合には、Cは保護されません。なぜ保護されないのかという理由として、よく使われるのが「登記には公信力がないから」ということです。登記には公信力がないとされているのです。なぜ、動産の占有には公信力があるのに、不動産の登記には公信力がないのかというと、動産ほど取引が頻繁ではないからです。

　例えば、皆さんはこれまでに不動産の売買契約を何回したことがありますか。おそらく、普通の学生であれば、不動産取引というのは、したことがないのが一般的じゃないでしょうか。賃貸借はあるかもしれないけれど、売買はそんなにしていないと思うんですよ。

　ところが、動産の売買というと、もう何百回、何千回としてるわけですね。だから、この世の中で動産取引と不動産取引を比べると、圧倒的に動産取引のほうが頻繁なんです。したがって、日常頻繁に行われるわけだから、スピーディーに事を処理する必要があるわけです。

　ところが、今、Cが買ったのは不動産ですね。不動産だから、一生に1回とか2回という問題でしょう。したがって、目的物が不動産の場合には、何度もBのもとに足を運んで、本当にBが所有者かどうかを調べてから決断して契約を結びなさい、という慎重な態度をCに要求することができるわけです。

　しかし、動産の場合は1日に何回も売買をするわけですから、「あなた本当に所有者なんですか？」なんてことを確かめている時間はないわけで

すよね。なんならコンビニで「これホントにあなたの物ですか？　どこから仕入れたの？」と聞いてみてください。間違いなく「ヘンなヤツ」と思われますよ（笑）。だから、動産の占有には公信力を認めて、所有者ではない人から買った場合にも所有権がCにくる。不動産の場合には、そんなに急ぎの場面ではないので、あくまで登記には公信力がないというふうに扱われるわけなんです。

　ただし、不動産の場合にも、例外的な処理の余地があります。それは、Bが登記名義人であるという虚偽の外観があって、それをCが信頼した。そして、その虚偽の外観作出について、Aにも落ち度（帰責性）があるという場合には、あの有名な権利外観法理の話になるわけですね。「虚偽の外観」「相手方の信頼」「真の権利者の帰責性」という３つの要件が揃った場合には、94条2項の類推という形でCを保護する場合があるということです。

　あくまで原則は、動産の占有には公信力があり、不動産の登記には公信力がないということを、まずしっかりと押さえたうえで、例外として、不動産の場合は権利外観法理によって相手方のCが保護される場合もあるということも覚えておくようにしましょう。

ここまでをCHECK

①即時取得とは、無権利者からの譲受人に所有権を原始取得させる制度である。
②その根拠は動産の占有には公信力が認められる点にある。
③公信力とは、権利がないのにあるように見える場合に権利ありと扱う力である。

では次へ行きましょう！

2　即時取得の要件

　では、即時取得が成立するための要件は何なのかということについて、これから説明したいと思います。即時取得の要件は全部で5つあります。このような要件を覚える際のコツは、まず最初に個数を覚えることです。この場合は「即時取得の要件は5つ」だと。そして、あとから1つひとつを思い出していくという練習を繰り返す。思い出せなければ何度も面倒くさがらずにこの本を読み返すのが効果的だと思います。では、具体的に5つの要件を見ていくことにしましょう。

（1）目的が動産であること

　第1の要件は、「目的物が動産であること」です。ここでは論点2つ。自動車と貨幣です。

　まず、自動車ですが、自動車は余裕で動産です。不動産ではありません。しかし、登録制度があるから、不動産の登記と同じような形になっています。したがって、普通の登録済みの自動車については即時取得は適用されません。ただし、未登録自動車の場合は、適用されます。

　次に、貨幣はどうかというと、貨幣というのは占有者に常に所有権があります。例えば、私が誰かに1万円を貸したとしますよね。すると、貸したその1万円札の所有権は私に残っているかというと、残っていません。借りた人の1万円札なんです。なぜかというと、お金は、借りたらその1万円札を返すものではなくて、いったん使って別の1万円札で返しますよね。だから、お金というものは、占有している人が、その紙幣や硬貨の所有権を持っているわけです。

　ところで、即時取得というのは、所有者と占有者とが別人になっている場合に生じるものですよね。だから、貨幣というものは即時取得の対象にはならないというわけです。

第1要件の「動産」については、自動車と貨幣について覚えておいてください。

（2）　Bが無権利であること

　第2の要件は「Bが無権利であること」です。

　この要件で試験に出るのは、Bが無権代理人である場合に即時取得が適用されるのかどうかという問題です。これは**ボード4**で説明しましょう。

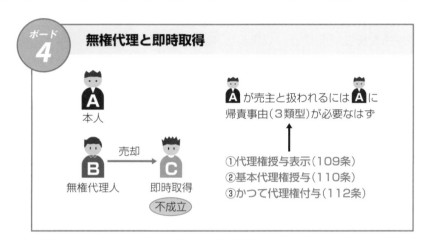

ボード4
無権代理と即時取得

A
本人

B　　　売却　　　C
無権代理人　　　即時取得
不成立

Aが売主と扱われるには**A**に帰責事由（3類型）が必要なはず

①代理権授与表示（109条）
②基本代理権授与（110条）
③かつて代理権付与（112条）

　この図は久しぶりですね。今、本人がAで、Bが無権代理人で、Bは代理権がないのに勝手にAの所有物をCに売却してきました。このような場合、無権代理だからCは所有権を取得できないはずですが、Cが善意無過失で物が動産の場合だったら、即時取得できるのでしょうかという問題です。

　結論は、即時取得は成立しません。なぜかというと、Aが売主として扱われるには、言い換えると、表見代理が成立してBC間の行為の効果がAC間に帰属するには、Aに帰責事由が必要です。表見代理によってCが保護されるのは、条文で列挙されている3つの類型のいずれかが満たされる場合に限られましたよね。皆さん覚えていますか。

2

物
権

　3類型をここでもう一度復習しておくと、①代理権授与表示があった、②基本代理権を授与していた、③かつて代理権を与えていた、ということですね。そして、このような帰責事由のいずれかがＡにあった場合に初めて、Ｃを保護する。逆に、このような帰責事由がＡに認められない場合には、Ａは悪くないからＡが勝ってＣは保護されません。それが表見代理の規定なわけです。それなのに、即時取得でＣを保護することになると、表見代理の制度が台無しになってしまいます。したがって、このような場合には、即時取得の適用はないということです。

（3）Ｃが取引により占有を開始したこと

　第3の要件は「Ｃが取引により占有を開始したこと」です。ここは「取引により」という個所が要チェックです。例えば、拾った場合や間違って持って帰った場合は、即時取得にはなりません。即時取得というのは、あくまで取引安全のための制度ですから、取引でなければならないわけです。

（4）Ｃの平穏・公然・善意無過失

　第4の要件は「Ｃの平穏・公然・善意無過失」です。この要件は186条と188条によって推定されますので、訴訟ではＣ自身がこの要件を証明する必要はありません。これに関しては、こういう要件があるということを覚えておけばいいと思います。

> ▶ 第186条
> ①　占有者は、所有の意思をもって、善意で、平穏に、かつ、公然と占有をするものと推定する。
> ②　前後の両時点において占有をした証拠があるときは、占有は、その間継続したものと推定する。
> ▶ 第188条
> 占有者が占有物について行使する権利は、適法に有するものと推定する。

（5）Cの占有取得

　第5の要件は「Cの占有取得」です。つまり、Cが動産の引渡しを受ける必要があるということです。さて「引渡し」には4つの形態がありますよね。①現実の引渡し、②簡易の引渡し、③指図による占有移転、④占有改定。このうち、④占有改定では即時取得は成立しません。占有改定は引渡しをした者のもとに直接の占有、つまり自己占有が残っている。この点で占有改定は4つの引渡方法のうち最も不完全な形態なわけです。だから占有改定では即時取得は成立しません。これは非常に大切なので、しっかりチェックしておきましょう。過去問にも出ています。

ここまでをCHECK

①即時取得の要件は、動産、前主無権利、取引、平穏・公然・善意無過失、占有取得の5つ。
②無権代理人の相手方は即時取得しない。移転の瑕疵だから。
③即時取得の要件としての占有取得には占有改定を含まない。

では次へ行きましょう！

3　盗品・遺失物の特則

　次に、「盗品・遺失物の特則」について説明したいと思います。

　これはどういうことかというと、以下、**ボード5**を使って説明したいと思います。

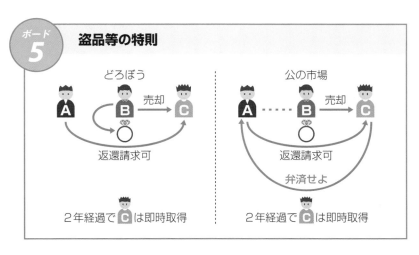

ボード 5　盗品等の特則

どろぼう

A ─→ B ─売却→ C

返還請求可

2年経過で C は即時取得

公の市場

A ┄┄ B ─売却→ C

返還請求可

弁済せよ

2年経過で C は即時取得

2　物権

　まず**ボード5**の左側の図を見てください。今、Aの指輪をどろぼうB
が盗んで、それをCに売却しました。そうすると、指輪は動産ですから、
Cが善意無過失なら即時取得するはずですよね。しかし、それを認めると
盗まれたAが気の毒でしょう。だから、この場合には、2年間はCに対し
て返還請求をすることができるとされている。ただ、ここで微妙な議論が
あります。ただちに即時取得は生じ、ただ2年間は債権的返還請求ができ
るという、神戸大学の安永先生のお立場も非常にメジャーです。これに対
し判例は2年経過して、初めて即時取得というふうに考えています。そし
て、Aからの返還請求がないまま2年が経過すれば、その時点で初めてC
は即時取得する。この判例の立場を記憶しましょう。

　次は、右側の図です。今、Cは誰から指輪を購入しましたか。Bです
ね。Bはどろぼうではありません。公の市場で商売をしている人です。そ
うすると、確かに盗まれたAも気の毒だけど、信用のできる店から買い受
けたCの利益も考えてあげる必要があります。

　だから、Aは確かに2年間は返還請求できるんですよ。できるんだけ
ど、それをするに際して、Aは、CがBに対して支払った代金をCに払わ
なければいけない。CがBに払ったお金を、AがCに返してあげること

で、盗まれたものを取り戻すことができるというふうに扱われているわけです。

　即時取得のところについては、ここまでやっておけば、まず大丈夫かと思います。

ここまでをCHECK

①窃盗の被害者は、占有喪失から2年以内であれば、善意無過失の買主に対しても返還請求ができる。
②公の市場からの買主は所有者の返還請求に対し、代価を弁償せよと請求できる。

　では次へ行きましょう！

Chapter 3

担保物権

　担保物権は、債権の履行を確保するため、一定の物の交換価値を把握する物権。抵当権のところは新しい判例が目白押し。またとりわけ法定地上権のところで、利益衡量の筋道を問う問題が出されます。留置権も頻出です。

今回の学習テーマは、「担保物権の性質」です。ここでは「付従性」「随伴性」「不可分性」「物上代位性」といった担保物権の通有性（共通の性質）をしっかりと押さえてください。また、留置権、先取特権、質権の内容も理解するようにしましょう。

1　担保物権とは

（1）意　義

　ここからは「担保物権」の説明に入ります。

　まず、担保というのは、「債権が弁済されない場合の肩代わりとなるもの」と理解してもらえばいいでしょう。そして、その肩代わりとなるものが、物自体である場合を「物的担保」、他人が自分の一般財産をもって肩代わりする場合を「人的担保」といいます。この **Chapter 3** で扱うのは「物的担保」です。

　では、担保物権とは何かというと、債権者が債務者または第三者の物を担保として支配することによって弁済を促したり、場合によってはその物を処分してその代金から優先的に弁済を受けたりすることができる権利のことです。このような場合に、担保される債権を「被担保債権」といいます。「被」はbe動詞＋過去分詞ですよね。

　例えば、**ボード1** は、AがBに対してお金を貸す際に、Bの持っている物を担保に取った事例です。この場合にAがBに対して持っている債権がありますね。この債権のことを、担保物権によって担保されている債権という意味で、「被担保債権」と呼ぶわけです。この言葉にも少しずつなじんでいってほしいと思います。

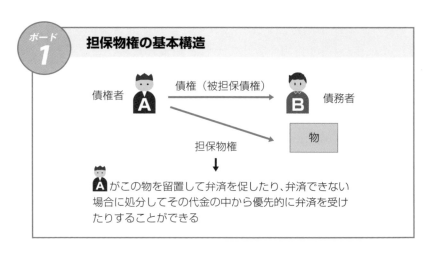

ボード1 担保物権の基本構造

債権者 A —— 債権（被担保債権） →→ B 債務者

担保物権 → 物

Aがこの物を留置して弁済を促したり、弁済できない場合に処分してその代金の中から優先的に弁済を受けたりすることができる

では、担保物権の意義を説明するにあたって、実際に担保物権の中で一番多く利用される抵当権を例にとって、抵当権がない場合の処理とある場合の処理とを比較しながら、抵当権がどんな形で債権者の利益を守るのかというあたりを、**ボード2**を使って説明したいと思います。

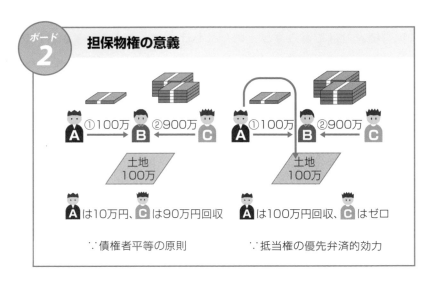

ボード2 担保物権の意義

A ①100万 → B ←② 900万 C
土地 100万
Aは10万円、Cは90万円回収
∵ 債権者平等の原則

A ①100万 → B ←② 900万 C
土地 100万
Aは100万円回収、Cはゼロ
∵ 抵当権の優先弁済的効力

まず**ボード2**の左側の図を見てください。これは抵当権がない場合です。

　今、AがBから100万円を貸してくれと頼まれたわけですが、その段階でBは100万円の価値のある土地を持っていた。だから、Aは「もしBが返せなくなっても、Bの土地に強制執行をかければいい」と思って、100万円を貸し付けたのです。ところが、その後でCがBに対して900万円貸し付けました。

　このような状況下でBが経済的に破綻したとしますよね。そうすると、債権者のAとCは、Bが持っている土地について強制執行をかけて、それぞれ自分の債権を回収しようと思うわけだけど、はたしてAとCはいくらずつ回収できるのかというと、Aは10万円、Cが90万円という扱いになるんですよ。Aが先にBに貸し付けていたとしても、AとCの取り分は、債権額の比率（100万円と900万円なので1対9）に応じた形で分配されるということになるわけです。これを「債権者平等の原則」といいます。

　これではAにとっては不都合ですよね。安心して人にお金を貸せません。そこで、Aはボードの右側の図のような形で、Bの時価100万円の土地に抵当権を付けてもらうことにしたわけです。つまり、AがBに100万円を貸すとともに、Bの所有する土地について抵当権を設定してもらったというわけです。そして、その後で、CがBに900万円を貸したとしましょう。

　このような場合は、仮にBが経済的に破綻したとすると、債権者AとCがBの持っている土地100万円からいくらずつ債権を回収できるかというと、Aは100万円全額の回収をすることができます。それに対して、Cは1円も回収することはできません。これを、担保物権（抵当権）の持っている「優先弁済的効力」というわけです。この優先弁済的効力があるから、Aは100万円の土地を持っているBに対して、安心して100万円を貸すことができるわけです。逆にいうと、このような目的のために、担保物権というものがあるということです。物権の絶対性・排他性を思い出してください。

　ついでに、ここで言葉づかいについて若干説明しておくと、Aは債権者、Bは債務者ですよね。と同時に、物権の世界に着目した場合は、Aのことを「抵当権者」といいます。それに対して、Bは自分の土地に抵当権を付けた人という意味で「抵当権設定者」と呼びます。そして、この抵当権によって担保されているAの債権のことを「被担保債権」というふうに呼ぶわけです。

（2）担保物権の種類

　続いて、担保物権の種類について説明したいと思います。担保物権は、**ボード3**にあるように「留置権」「先取特権」「質権」「抵当権」の4種類があります。

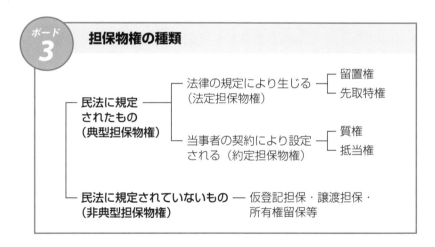

この中で抵当権が一番大切で、試験にもよく出るわけですが、民法に規定されているのが今の4つで、これを「典型担保物権」といいます。**ボード3**を見てもらうと、典型担保物権はさらに「法定担保物権」と「約定担保物権」の2つに分かれていますね。法定担保物権というのは、当事者の意思に基づいて発生するものではなく、法律の規定上、自動的に生じる担保物権で、留置権と先取特権がこれにあたります。それに対して、約定

担保物権というのは、お互いの契約によって生じるもので、これには質権と抵当権があるわけです。

（3）各種の典型担保物権の形態

　4つの典型担保物権の形態については、後ほど1つひとつ詳しく説明することになりますので、ここでは概略をつかんでもらう意味で、簡単に説明しておくことにします。

　まず留置権ですが、これは、例えばAがBにカメラの修理を依頼したとします。そうすると、BはAに対して修理代金債権を持つわけです。このような場合に、AがBに修理代金を支払うまでは、Bは手元にあるカメラを自分の手元に留め置く、すなわち留置することができることになっています。そこで、Aはカメラを返してほしいから、修理代金を支払うことになり、Bの持っている修理代金債権が担保されるというわけです。このような担保物権が留置権です。

　2つ目の先取特権は地味なので、後の説明に譲りたいと思います。

　3つ目の質権ですが、この特徴は、お金を借りる人が、実際に指輪か何かを、お金を貸してくれる人に渡すことによって成立します。つまり、「目的物の引渡し」が必要であるというのが、質権の特徴です。このように引渡しがあって初めて成立する契約を要物契約といいます。

　それに対して4つ目の抵当権は、目的物を引き渡さなくてもいいのが特徴です。目的物はお金を借りる人が手元に置いておきながら、お金を借りることができるわけです。この点がお金を借りる債務者にとっては非常に好都合です。だから、抵当権が世の中で一番よく利用され、「担保物権の王様」と呼ばれます。

（4）担保物権の効力

　続いて、「担保物権の効力」について説明したいと思います。

　担保物権の効力は 3 つあります。まず 1 つは「優先弁済的効力」です。これについては、先ほど説明したとおりです。

　2 つ目が「留置的効力」。これは、先ほど留置権のところでカメラの修理の事例で説明したように、担保物を手元に留め置くことによって、間接的に弁済を促す効力のことです。この留置的効力は質権にもあります。質権は目的物の引渡しが必要ですから、例えば「指輪を返してほしければ、借りたお金をきちんと返してね」と弁済を促すことができますよね。そこで、「このような留置的効力は、留置権と質権についてのみ認められる」という点をチェックしておいてください。

　3 つ目は「収益的効力」です。これは「債権者が担保物を使用・収益しうる効力」のことで、珍しいところなので、「不動産質権にのみ認められる効力」という点を記憶しておいてもらえば十分でしょう。

（5）担保物権の共通性（通有性）

　次は「担保物権の共通性」、これを「通有性」というわけですが、これについて説明することにします。担保物権に共通する性質としては、「付従性」「随伴性」「不可分性」「物上代位性」の 4 つがあります。順に、どんな性質なのか見ていくことにしましょう。

　まず 1 つ目の「付従性」については、皆さん、すでに別の個所で勉強しているんですよ。時効の援用権者のところで、「被担保債権が消滅すれば、抵当権も消滅する」という話をしたのを覚えてますか。そもそも抵当権というのは、被担保債権の弁済が受けられなくなった場合に初めて、抵当権の出番がくるわけですよね。そうすると、被担保債権が弁済によって消えてしまったら、抵当権だけ残しておく意味はない。だから、被担保債権が消えれば、抵当権もまた消えてしまうということで、このような性質のことを「付従性」というわけです。このあたりは大丈夫かと思います。

　問題はここからなんですが、2 つ目の「随伴性」。これは「付いていく」

という意味なんですが、皆さんはまだ債権の勉強をしていないのでわかりにくいでしょうから、**ボード4**を使って説明したいと思います。

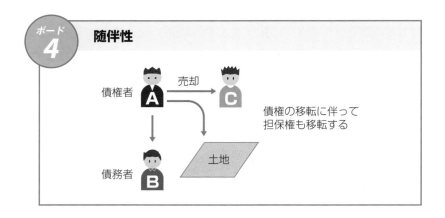

ボード4の図は皆さんは初めて見る図ですが、今、債権者がAで債務者がBです。いつもは横に書いているものが、ここでは縦になっていますので注意してください。そして、このAがBに対して持っている債権には抵当権が付いています。Bが所有する土地によって、Aの債権が担保されているという状態です。

このような状況下で、AがCに対して、Bに対する**債権を売却**しました。債権は売却することができます。そうすると、今まで債権者はAだったのが、今後はCがBに対する債権者になります。**債権者が替わる**わけです。

今、債権がAからCに移転しました。すると、それに伴って**抵当権もAからCに移転**する。債権の移転に伴って、抵当権等の担保権も一緒に移転するわけです。このような性質が「随伴性」です。

3つ目は「不可分性」です。これは、「分けることができない性質」という意味で、担保物権はこのような性質も持っています。これも**ボード5**で説明しましょう。

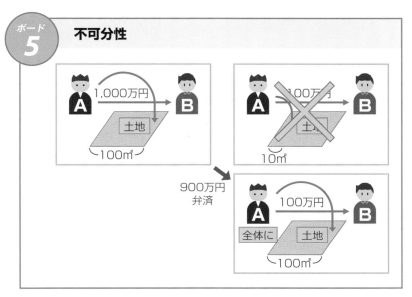

今、AがBに対して1,000万円の金銭債権を持っていて、Bが所有する100㎡の土地にAが抵当権を付けてもらっているとします。こういう状況下で、Bが1,000万円のうち900万円だけAに弁済しました。そうすると、被担保債権は1,000万円から100万円に減ったわけだから、これに伴って抵当権の及ぶ範囲もだんだん減っていくのでしょうかという問題です。

普通に考えると次のようになりそうです。今、BがAに900万円返したので、被担保債権は100万円に減っています。そうすると、今まで100㎡の土地にかかっていた抵当権も、10分の1になって10㎡のところにのみ及んでいるかのようにも思えます。しかし、担保物権には不可分性、つまり分けることができないという性質があるので、そのような状態にはなりません。では、どうなるのかというと、たとえ被担保債権が10分の1になったとしても、それでも抵当権は100㎡の土地全体に及んでいるというわけです。たとえ弁済が進んで被担保債権が減ったとしても、抵当権の及ぶ範囲が縮むことはない。このように、分けることができないという性質を「不可分性」というわけです。

最後の４つ目は「**物上代位性**」です。これも**ボード6**を使って説明しましょう。

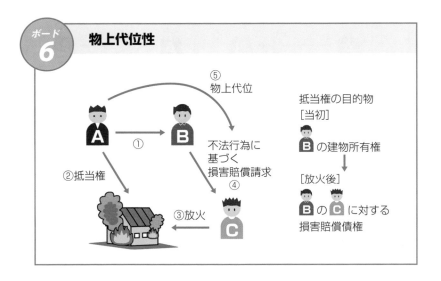

　ボード6の図は、ＡがＢにお金を貸すときに、Ｂの所有する家に抵当権を付けてもらっているという事例です。もし、Ｂがお金を返さなかったら、Ｂの家を競売にかけて、その代金から優先弁済を受けようと、Ａは考えているわけです。だから、今、この状態でＡが持っている抵当権の目的物は、Ｂの建物所有権ということになるわけです。

　ところが、この建物がＣの放火によって、焼失してしまいました。そうすると、建物の持ち主であるＢは、Ｃに対して不法行為に基づく損害賠償債権を持つことになります。一方、Ａの抵当権はというと、Ｂの建物に及ぼしているのが、放火によって建物が焼失してしまったから、抵当権も消えてしまうのかというと、そうではありません。

　Ｂの財産の存在形態が建物の所有権という形態から、不法行為者Ｃに対する損害賠償債権という形態に変化したわけだから、その変化に伴ってＡの抵当権も、その目的物は当初はＢが所有する建物所有権だったのが、放

火後は、ＢがＣに対して持っている損害賠償債権に乗り移るという扱いになる。つまり、建物の代償物である損害賠償債権に、Ａの抵当権が乗り移っていくわけです。このような担保物権の性質が「物上代位性」です。

　これら４つの担保物権の共通性は、それ自体を問われる問題も十分出題が予想されますし、あるいは各個別の留置権なり質権なり抵当権なりのところでも、さりげなく関連してきますので、このあたりの復習は慎重にしておいてほしいと思います。

（6）各種の担保物権の異同

　先ほど説明したように、担保物権には４つの共通性、すなわち付従性、随伴性、不可分性、物上代位性があるわけです。ただ、この４つの性質が４つの担保物権すべてに備わっているわけではありません。その異同について効力も含めてまとめたのが**ボード7**です。

ボード7　各種の担保物権の異同

	留置権	先取特権	質　権	抵当権
付　従　性	○	○	○	○
随　伴　性	○	○	○	○
不　可　分　性	○	○	○	○
物　上　代　位　性	×	○	○	○
優先弁済的効力	×	○	○	○
留　置　的　効　力	○	×	○	×

○あり　×なし

　この表を見てもらうと、ほとんどが○（あり）になっているわけですが、いくつか×（なし）もありますね。その×の個所の意味を説明しておきたいと思います。

　まず留置権のところの物上代位性と優先弁済的効力が×になっています

ね。これはどういうことかというと、留置権は先ほど説明したように、ある人がカメラが故障したのでカメラ屋に修理に出しました。そうすると、カメラ屋は修理代金債権を持つに至ります。その修理代金債権を確保するために、カメラ屋はカメラを自分の手元に留め置くことができました。これが留置権なわけです。そこで、カメラ屋が修理代を支払ってもらえない場合に、そのカメラを競売にかけて、売却代金から優先弁済を取ることができるとしたら、これはちょっと行きすぎという感じがしますよね。したがって、留置権には優先弁済的効力はありません。まずここをしっかりと覚えてください。そうすると、優先弁済的効力がないのであれば、物上代位性もないということは、必然的に出てくるわけです。

　物上代位というのは、代償物に対して優先弁済的効力を及ぼすものである、という言葉の意味からすれば、優先弁済的効力がなければ物上代位性もないというのは、わかってもらえると思います。

　あと2つ×がありますね。先取特権と抵当権には、留置的効力が認められていないという個所です。これはなぜかというと、先取特権と抵当権は、債権者が目的物を占有するものではないからです。「債権者が目的物を占有していないから」あるいは「非占有担保」と、2つの×の下に説明を書き加えておくと、この表は非常に覚えやすくなると思います。

ここまでをCHECK

①典型担保物権は法定担保物権である留置権、先取特権と、約定担保物権である質権、抵当権がある。
②担保物権には、優先弁済的効力、留置的効力、収益的効力がある。
③担保物権の共通性として、付従性、随伴性、不可分性、物上代位性がある。

では次へ行きましょう！

2　留置権・先取特権・質権

（1）留置権

では、次に4つの担保物権について、1つひとつ説明していきたいと思います。まずは「留置権」からです。

①　性　質

留置権の意味は、すでに皆さんおわかりだと思います。そこで、留置権の性質なんですが、例えば、カメラ屋が「このカメラを返してほしければ、修理代をお支払いください」と、債務者の弁済を促すというのが留置権の意味でしたよね。だから、カメラ屋がカメラの占有を失えば、留置権も消滅することになります。例えば、修理し終えたカメラを誰かに盗まれたといった場合には、留置権が消滅するということです。まずは、この点を押さえておいてください。

②　成立要件

次に、留置権の成立要件ですが、これには4つあります。

まず第1の要件が「他人の物を占有すること」です。これはいいですね。

2つ目は「債権がその物に関して生じたこと」です。これを「物と債権との牽連性」といいます。牽連性というのは耳慣れない言葉だと思いますが、密接な関連性と思ってもらえばいいでしょう。つまり、物と債権とに牽連性がある場合に初めて、物を留置できるということです。これについては、後ほど**ボード8**を使って詳しく説明します。

3つ目の要件は「債権が弁済期にあること」です。ここも要チェックです。

そして、最後の第4要件は「占有が不法行為によって始まったものではないこと」です。

以上のような４つの要件をすべて満たせば留置権が成立するわけですが、中でも一番大切なのが、２番目の「物と債権との牽連性」というところです。

　では、どのような場合に牽連性ありとされるのかというと、これには２つあります。

　まず１つが「債権が物自体から生じた場合」です。例えば、物に支出した必要費・有益費の償還請求権です。借家の雨漏り・床暖房のケースをモデルに物と債権との牽連性について、**ボード8**を使って説明したいと思います。

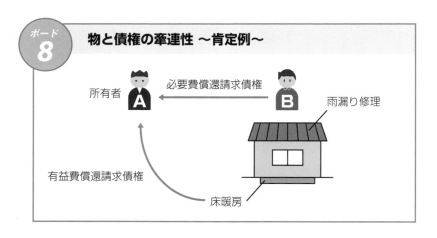

ボード 8 物と債権の牽連性 ～肯定例～

必要費償還請求債権

所有者 A ← B 雨漏り修理

有益費償還請求債権

床暖房

　ボード8の図はどういうことかというと、今、この家の所有者はＡなんだけれども、ＢがＡの家を占有しています。このような状況下で雨漏りが生じたために、Ｂが雨漏りの修理をしましたという事例です。そうすると、ＢはＡに対して、必要費償還請求債権を持つに至りますね。このような場合に、物と債権との牽連性があるというふうに表現するわけです。

　では、この場合、物というのはいったい何かというと、Ｂが占有している家全体です。その家全体と、ＢがＡに対して持っている必要費償還請求債権という債権には、牽連性がありますね。したがって、この場合、Ｂは

必要費（雨漏りの修理代）をＡから返してもらうまでは、留置権を行使して家の留置ができるわけです。これが必要費の例です。

　もう１つ、同じボードで有益費も見ておきたいのですが、今度はＢが床暖房を付けた場合です。床暖房というのは、なくても生活できるけれども、あったらその分だけ快適に生活ができますよね。このような床暖房設置費用を有益費というわけですが、この床暖房をＢが自分のお金で設置した場合にも、有益費という形でＡに償還請求ができるというわけです。

　したがって、Ｂが持っている有益費償還請求債権と、家という物の間にも牽連性が認められますので、この場合も同じです。Ｂが床暖房を付けたことによって、家の価値が上がったわけだから、その費用をＡから支払ってもらうまでは、Ｂは留置権を行使して家を占有することができるというわけです。これが、物と債権との牽連性の肯定例です。

　では、逆に、物と債権の牽連性が認められないのはどういう場合でしょうか。これについても、十分出題が予想されますので、**ボード9**を使って１つ事例を説明しておきたいと思います。

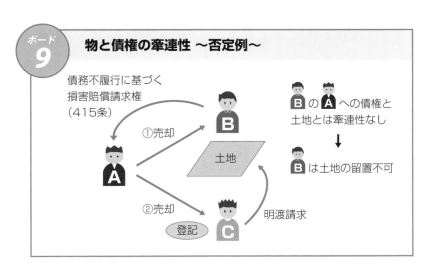

ボード9　物と債権の牽連性　～否定例～

債務不履行に基づく
損害賠償請求権
（415条）

①売却

土地

②売却

登記　C

明渡請求

B の A への債権と
土地とは牽連性なし

↓

B は土地の留置不可

　ボード9の図は、割と皆さん見慣れていると思うのですが、不動産の

二重譲渡の事例です。

　今、まずAがBに対して土地を売却し、引渡しもしました。ところが、同じ土地をAがCにも売却してしまいました。典型的な二重譲渡ですね。そして、登記名義はCに移転されたとします。このような場合、BとCとではどちらが勝つんでしたか。余裕でCです。そうすると、CはBに対して土地の明渡請求をすることができます。なぜなら、BC間でCが勝ったので、Cが土地の所有者になったからです。

　物権変動のところで、この二重譲渡の説明をしたとき、Bはかわいそうだなと感じた人もいたのではないかと思うのですが、確かにCとの関係ではBは負けます。しかし、このような場合、BはAに対して、債務不履行に基づく損害賠償請求をすることができるのです。なぜかというと、Aは売主として、Bに対して登記を移転するという債務を負っていたわけです。それなのに、登記をBに移さずCに移してしまいました。これは明らかに、やるべきことをやっていないということで、Aは債務不履行だからです。

　そこで、BがAに対して持っている損害賠償債権を被担保債権として、土地の明渡しを請求してきたCに対して、「Cさん、私はAに対して債権を持っているので、Aから支払ってもらうまでは、あなたに土地を渡しません」と言って土地を留置できるのか、という問題です。

　もう皆さん、結論はおわかりかと思います。今、牽連性の否定例を勉強しているわけですから、BのAに対する損害賠償債権と土地という物の牽連性が認められるかというと、これは認められません。牽連性がないから、Bは土地を留置することができず、したがって、Cから明渡請求を受けたBは、たとえAから損害賠償をしてもらっていなかったとしても、土地を明け渡さなければならないということになるわけです。

　この牽連性が留置権の一番のポイントなので、ぜひ肯定例だけではなく否定例についても理解しておいてほしいと思います。

　では、話を元に戻しましょう。先ほど、牽連性ありとされる場合には2つあるという話をしていて、その1つ目が「債権が物自体から生じた場合」で、その具体例として、必要費・有益費の償還請求権の説明をしたわけですね。

　では、牽連性ありとされる場合の2つ目はどういう場合かというと、「債権が物の返還義務と同一の法律関係から生じた場合」です。これは少しわかりにくいかもしれませんが、簡単にいうと、先ほどから何度も事例として紹介している、カメラを修理に出したような場合です。

　カメラを修理に出した場合、カメラ屋は修理代金債権を持つことになると同時に、カメラの返還義務も負うことになりますね。これらは、カメラの修理契約という同一の法律関係から生じたわけです。したがって、このような場合にも、留置権が成立する牽連性が認められることになるというわけです。

　少し話が飛びましたが、もう一度整理しておくと、留置権成立の第2要件である「物と債権との牽連性」があると認められるのは、①債権が物自体から生じた場合と、②債権が物の返還義務と同一の法律関係から生じた場合の2つがあるということです。そして、①の具体例が必要費・有益費の償還請求権で、②の具体例がカメラの修理代金債権ということで、否定例が二重譲渡の事例だったというわけです。

　この牽連性については非常に重要ですので、ときどき読み返して、しっかりと記憶するようにしてください。

　それから留置権の成立要件のところで、もう1つ補足しておかなければいけないことがあります。それは、第4要件の「占有が不法行為によって始まったものではないこと」に関してです。何かというと、「賃貸借契約が途中で解除された場合のように、適法に始まった占有が途中から不法になったときも、留置権は成立しない」ということです。

　賃貸借契約が途中で解除されたということは、賃借人は最初は不法行為

ではなく、きちんと契約に基づいて占有を始めているわけです。したがって、第4要件の「占有が不法行為によって始まったものではないこと」に該当しそうですよね。

ところが、途中で契約が解除されました。そして、その後で、例えば雨漏りの修理をしたり、床暖房を設置したりして、そのための費用を支出した場合は、その費用償還債権を被担保債権として、解除されたマンションを留置するというのは、やはりちょっとまずいですよね。

したがって、このような場合は、留置権は成立しないと扱われているわけです。これは大正10年の判例ですが、これも結構大切ですので、ぜひ知っておいてほしいと思います。

③　効　力

では、次に留置権にはどのような効力があるのか、ということについて説明したいと思います。ここはそれほど大した問題ではありませんので、ポイントだけチェックしておきましょう。

留置権の効力としては、当然、留置的効力がありますね。それから、果実収取権（果実を収取して債権の弁済に充当する権利）もあります。果実というのはフルーツという意味ではないですよ。ここでは新しく生み出された価値という意味です。この果実収取権は要チェックです。そのほか、物を留置している間に支出した必要費や有益費の償還請求権も認められています。

ただし、その物の使用・収益はできません。それは、そうですよね。カメラ屋が修理のために預かったカメラで、自分が休日に出かけたときにバシバシ写真を撮るというのは変な話ですから、使用・収益はできないということです。

あと、留置権の行使に時効の完成猶予・更新の効力があるかどうかという問題は、結構重要です。結論をいうと、留置権を行使しただけでは、自

分の被担保債権を行使したわけではないので、原則として時効は猶予も更新もしません。つまり、カメラ屋がカメラを留置しているだけでは、修理代金債権の消滅時効はどんどん進行していくということです。

　最後にもう１つ、債務者が債権者の承諾を得て、代担保を提供した場合は、留置権を消滅させることができることになっています。これについては、後ほど「質権との異同」のところで、改めて確認したいと思います。留置権については、このレベルまでわかっていればかなりいいかなという感じでしょう。

（2）先取特権

　では、担保物権の２つ目、先取特権（さきどりとっけん）に進みましょう。これは皆さん、ちょっとイメージを持ちにくいかもしれません。

　先取特権というのは、「法定の特殊な債権を政策的に保護するために、優先弁済権を認めたもの」のことです。つまり、特にこの債権だけは手厚く保護するのが社会政策上望ましい、あるいは債権者間の公平という点で妥当であるという事情から、当事者間の契約がなくても、法律上、自動的に優先して弁済が受けられるようにした債権のことです。

　この先取特権には、①一般の先取特権、②動産の先取特権、③不動産の先取特権という３種類があります。これはどういう基準で分類してあるのかというと、債務者の財産のどの部分から、債権者が優先弁済を受けることができるのかという点に着目した分類です。

　そこで、この３つの種類を、順に**ボード10**を使って説明していこうと思います。

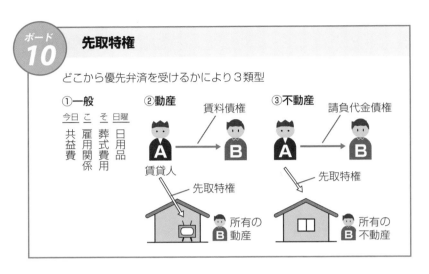

ボード10　先取特権

どこから優先弁済を受けるかにより3類型

①一般
今日　こ　そ　日曜
共益費　雇用関係　葬式費用　日用品

②動産
賃貸人 A → B　賃料債権
先取特権 → B 所有の動産

③不動産
A → B　請負代金債権
先取特権 → B 所有の不動産

　まず1つ目の「一般の先取特権」です。これには、共益費、雇用関係、葬式費用、日用品などがあり、これらに関する債権は特に優遇してもらえます。例えば、会社が倒産した場合、別の債権者よりもまず真っ先に、共益費を支出した人や雇人（サラリーマン）が、共益費や給料をもらうことができるということです。

　葬式費用については、葬式費用をまず最初に回収できるようにしてあげないと、貧しい人に対しては葬儀屋が葬式をしてくれなくなってしまいます。これはまずいですよね。同様に、日用品についても、貧しそうな人が食料品などを売ってもらえなくなるとまずいですから、日用品も優遇することで、一見貧しそうな人にも売ってあげてくださいという要請から、このような扱いになっているわけです。

　上のボードに書いてある「今日こそ日曜」というのは何なのかというと、若干間抜けな気もしますが（笑）、「今日（きょう）」が共益費、「こ」が雇用関係、「そ」が葬式費用、「日曜（にちよう）」が日用品というゴロ合わせです。こんなゴロ合わせがなくても、私は覚えることができるという人もいるでしょうが、こういうのが受験界で一般的なので、よければこ

れを使って覚えてもらえればと思います。そういうことで、これら4つの費用については、債務者の一般財産、つまり全財産から真っ先に取ることができるという形で、かなり手厚く保護されているということです。

2つ目の「動産の先取特権」はどんなものかというと、**ボード10**の真ん中の②を見てください。Aが大家さん（賃貸人）でBが賃借人です。そうすると、AはBに対して賃料債権を持っています。そして、Bは自分の借りている家の中でテレビを持っています。仮に数万円としておきましょう。

このような場合に、もしBが家賃を払わない場合には、Bの部屋の中にあるB所有の動産から、賃貸人Aは優先弁済を受けることができるわけです。具体的には、テレビを売却してしまって、その代金から、自分の賃料債権を優先弁済で取ることができます。このような形で、大家さんの賃料債権というのは、法律上、自動的に確保されて守られているわけです。これは債務者たるBの動産から回収できるので、動産の先取特権といいます。

第3類型は「不動産の先取特権」です。今、大工のAが、注文者のBに対して請負代金債権を持っています。大工と注文者との関係は請負契約といいます。そして、大工のAが家を建ててあげました。そうすると、Bは家屋という不動産を持ったわけです。

そこで、もし注文者Bが工事代金を支払わない場合には、債権者（大工）Aは、担保物権としての不動産の先取特権を行使して、Bの家屋を売却し、その中から優先弁済を受けることができるわけです。これが不動産の先取特権です。

このような形で、先取特権については、一定の種類の債権は特に優遇されているということを押さえておいてください。

（3）質　権

①　性　質

　では、質権に進みましょう。

　まず、質権の性質です。質権設定契約というのは、設定の合意のみならず、それに加えて実際にお金を借りる債務者が、例えば指輪を債権者に引き渡すというような、占有の移転があって初めて成立する契約です。このように当事者の意思の合致だけでは足りずに、物を引き渡すという行為があって初めて成立する契約のことを、「要物契約」と呼ぶわけですが、この「要物契約」という言葉は非常に重要なので、チェックしておいてください。

　さて、引渡しと聞いて、皆さん、パッと頭の中で４つの形態が浮かびましたか？　引渡しには４つの形態がありましたね。現実の引渡し、簡易の引渡し、指図による占有移転、占有改定、と。そこで、質権の成立には引渡しが必要なわけですが、この４つの形態のうち、どれでもいいのかというと、違います。

　占有改定による引渡しでは、質権は成立しません。これはなぜだか、わかりますか。質権にも留置的効力があるからです。つまり、「指輪を返してほしかったら、貸した金を返せ」という形で、債権者が指輪を自分の手元に置くからこそ、債務者が指輪を返してもらうために、一生懸命お金を工面して弁済するわけですから、留置的効力を発揮するためには、債務者の手元に指輪があってはまずいのです。

　ところが、占有改定はというと、「今日から私はあなたのために占有します」と口で言うだけで、実際に物は動きませんでしたよね。だから、占有改定によっては質権は成立しないというわけです。この点については、質権の留置的効力というところから考えると「なるほど」と思えますね。このように勉強していくのがコツだと思います。

②　流質契約の禁止

　次に「流質契約の禁止」ですが、これについては**ボード11**を使って説明しましょう。

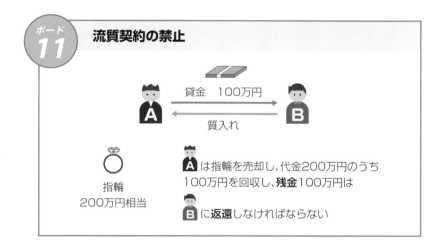

ボード11　流質契約の禁止

貸金　100万円

質入れ

指輪
200万円相当

Ⓐは指輪を売却し、代金200万円のうち
100万円を回収し、**残金**100万円は
Ⓑに**返還**しなければならない

　今、AがBに対して100万円を貸し付けます。その際、BがAに対して200万円相当の指輪を質入れしたとします。そして、Bがお金を返せなくなりました。このような場合、本来の処理はどうなるのかというと、Aはその指輪を売却して、売却代金200万円のうちからBに貸していた100万円を回収し、残った100万円はBに返還する。これが本来の処理なわけです。

　ところが、「流質契約」というのは何かというと、Bが借りた100万円を返せない場合には、Aがその指輪を丸取りしてしまうことです。こんなことが許されるとすると、困っている債務者の弱みにつけ込んで、Aが不当な利益を得ることになりますよね。だから、このような流質契約は禁止されているのです。損をするBがそれでもよいといっても、それでも流質契約は無効です。このように当事者の意思によっても逆らえない条文を強行法規とか強行規定といいます。法律行為の有効要件の1つとして「強行法規違反でないこと」というのがありますのでこれも併せて覚えておきまし

ょう。「流質契約の禁止」は強行法規の典型例です。

　ただし、Bがお金を借りて弁済期になったけれども、お金が準備できないときに「すいません。お金は用意できませんでしたので、その指輪で勘弁してください。その指輪を差し上げます」と、Bのほうから言うことは、別にかまわないわけです。違いはわかりますか。

　どの瞬間に債務者がボラれるのかというと、「お金を今借りたい。直ちに100万円ないと、腎臓を１つ失う」というような場合に、弱みにつけ込まれがちなわけですね。だから、お金を借りるに際しての流質契約は許されないけれども、お金を借りた後で弁済期になって、Bが「流質で結構です」というのは自由。つまり、**弁済期後の流質契約はOK**というあたりも押さえておけばいいんじゃないかと思います。

③　転　質

　転質についても、**ボード12**で説明しましょう。

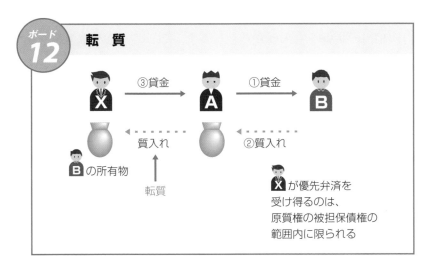

　今、AがBにお金を貸しました。そして、BはAに壺を質入れしました。その後、質権者のAが、今度は自分がXからお金を借りるに際して、

Bの持ち物である壺を質入れしました。勝手にそんなことをしてもいいのか、と思った人もいるかもしれませんが、これはできるんです。AがXに、Bから預かった壺を質入れするのに、Bの承諾はなくてもいいんです。これを「転質」といいます。

さて、ここで1つ注意してほしいのは、Xが優先弁済を受けることができるのは、どの範囲かという問題です。それは、「**原質権の被担保債権の範囲内**」に限られます。原質権とは何かというと、「原」というのは「もとの」とか「はじめの」という意味ですから、**ボード12**でいうとB→Aの②。つまり、BからAに質入れされたものになります。被担保債権は分かりますよね。質権によって担保されている債権のことですから、原質権の被担保債権というのは、AがBに対して持っている貸金債権のことになります。

したがって、Xが優先弁済を受けられる範囲は、AがBに対して持っている貸金債権の範囲内ということで、仮にXがAに貸した金額のほうが、AがBに貸した金額よりも多かったとしても、XはAがBに対して持っている債権の範囲内でしか優先弁済を受けることができないということです。ここの部分はぜひチェックしておいてください。

④　留置権との異同

続いて、留置権との異同について説明したいと思います。ここも本試験でかなり出やすいところですので、しっかり勉強してください。

まず共通点ですが、①物の使用・収益に債務者の承諾が必要であること（ただし転質を除く）、②果実収取権・費用償還請求権・質権の行使にかかわらず、被担保債権の消滅時効は進行する、という点です。共通点はざっと読んでおいてもらう程度でいいと思うのですが、これから説明する3つの相違点は、必ずしっかり覚えてほしいと思います。

まず1つ目は、「**代担保の提供による消滅請求**ができるかどうか」です。

留置権はできますが、質権ではできません。代担保の提供とはどういうことかというと、例えば、カメラの修理を頼んだカメラ屋が、修理代金を払ってもらっていないということでカメラを留置しています。このような場合に、どうしてもそのカメラを使いたいけれど、修理代が払えないという状況はあり得ますよね。そんなときに、「すいません。今度どうしてもそのカメラが必要なので、別にこのビデオ（代担保）をお預けしますから、カメラを返してもらえませんか」といって、ビデオ（代担保）を提供して、留置権の消滅請求をするわけです。これは留置権ではOKなのです。

　ところが、質権の場合には、「指輪の代わりに着物か何かを入れますので、指輪を返してもらえませんか」ということはできないとされています。これは知っておく必要があるところですね。物と債権との価値の違いが留置権のほうが大きいからですよ。

　2つ目の相違点は、「占有の喪失によって消滅するかどうか」です。留置権の場合は、目的物の占有を失うと、留置権自体も消滅してしまいましたね。ところが、質権は目的物の占有を失っても、質権自体は消滅しません。この違いは、留置権には優先弁済的効力がないのに対し、質権には優先弁済的効力があるからです。

　3つ目の相違点は、「目的物が財産権でもいいかどうか」です。質権の場合は、債権質というのがあって、指輪や壺などの有体物のみならず、債権にも質権を設定することができます。しかし、留置権の場合は、債権を留置するなんてことは考えられませんね。だから、留置権は×です。

　以上、留置権と質権の3つの相違点は、しっかり復習しておいてください。

ここまでをCHECK

①留置権の要件は、占有、債権と物の牽連性、被担保債権
　弁済期、不法行為による占有でないことの4つがある。
②質権設定契約には物の引渡しが必要である。この引渡しは
　占有改定を含まない。
③占有を失えば留置権は消滅するが、質権は存続する。

3

担保物権

では次へ行きましょう！

Chapter 3
Section 2　抵当権

今回の学習テーマは、「抵当権」です。ここでは非占有担保である抵当権の性質をしっかりと理解したうえで、その効力がどこまで及ぶのか、また用益権との調和をどのように図るのかを学習してください。

1 ｜ 抵当権とは

では、いよいよ担保物権の中で一番大切な「抵当権」に入っていこうと思います。

すでに何度か抵当権の話は出てきましたが、改めて言葉づかいの説明をしておきましょう。**ボード1**を見てください。

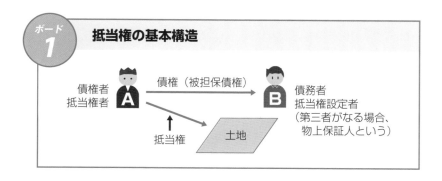

ボード
1
抵当権の基本構造

債権者
抵当権者
A

債権（被担保債権）→

債務者
抵当権設定者
（第三者がなる場合、
　物上保証人という）
B

抵当権　土地

ボード1の図は、Aが債権者で、Bが債務者。つまり、AがBに対してお金を貸していて、その担保として、AがBの土地に抵当権を付けているという状態です。このような場合、Aが抵当権を持っているので「抵当権者」といいます。それに対して、お金を借りている債務者Bは、自分の土地にAのために抵当権を設定したということで、「抵当権設定者」とい

います。本試験でも、選択肢でこの言葉を使って出題されますので、慣れておいてください。

　では、抵当権の特徴ですが、それは何かというと、抵当権設定者、つまり債務者は、そのまま目的物を使うことができるということです。質権の場合は、指輪なり壺なりを、実際に債権者に引き渡さなければなりませんでしたよね。これを「要物契約」といいました。ところが、抵当権の場合には、お金を借りている人が、自分の物を自分の手元に置いておくことができるのです。抵当権者Aに物の占有を取られることがないから、お金を借りる側にとっては非常に便利なわけです。そのため、「非占有担保」といわれたりします。

（1）目的物

　では、抵当権の目的物は何でもいいのかというと、そうではありません。抵当権の目的物は「登記可能なもの」でなければいけません。具体例としては、「不動産」がその中心ですが、ほかにも「地上権」や「永小作権」「抵当権自体」も目的物として認められていますので、一応チェックしておいてください。

　また、抵当権は登記があれば、第三者に対抗できます。したがって、抵当権設定者が目的物を第三者に譲渡したとしても、この第三者に抵当権を主張することができます。「登記があれば」と言いましたが、抵当権は基本的に設定時に登記もなされていると考えます。試験問題では「登記を行った」と書かれないことも多いですが、登記はあると考えてください。ちなみに、このような第三者を、「抵当目的物の第三取得者」といいます。

（2）抵当権者

　次に、抵当権者についての説明に移りますが、ここで押さえておいてほしいのは次の点です。**ボード2** を見てください。

担保物権

3

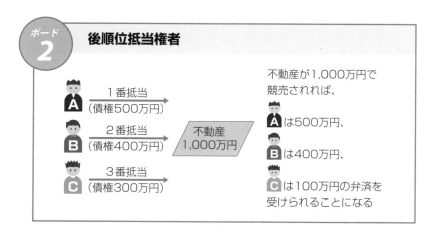

今、1,000万円の不動産（土地）を持っている人が、A、B、Cの3人からお金を借りるにあたって、その不動産に抵当権を設定するわけですが、まず最初にAから500万円借りました。したがって、Aが1番抵当権を持っているわけです。ただ、土地の価値は1,000万円で、1番抵当権者（A）の被担保債権は500万円だから、この土地は、まだ500万円担保にする余力があります。

そこで、今度はBから400万円借りました。その際、Bに2番抵当権を付けてあげたわけです。それでも、まだ100万円余力があります。そこで、またCから300万円借りることにして、Cに3番抵当権を付けてあげました。

このような状態で、もし土地が値上がりしなければ、Cは100万円しか抵当権によって自分の債権を担保されないという状況になりますよね。なのに、なぜ300万円も貸したのでしょうか。

その理由は、債務者がAに500万円全額返済すると、Aが持っている1番抵当権は付従性によって消えます。そうすると、2番抵当権者のBが1番抵当権者にランクアップするからです。これを「順位上昇の原則」といいます。こういうことがあるので、3番抵当権、4番抵当権というように、どんどん後順位抵当権者はついてくるものなんだということを、ここでは理解しておいてもらえばいいと思います。

ここまでをCHECK

①抵当権の客体は、不動産、地上権、永小作権、抵当権自体の4つである。
②抵当権は先順位抵当権が消滅すると順位上昇する。

では次へ行きましょう！

2　抵当権の効力

（1）効力の及ぶ範囲

では、次に「抵当権の効力」に進みたいと思います。

まずは、抵当権の効力はどこまで及ぶのかという「効力の及ぶ範囲」について、**ボード3**の図を見ながら説明していきたいと思います。ここはかなり大切な話が出てきますので、しっかり勉強してください。出ますよ。

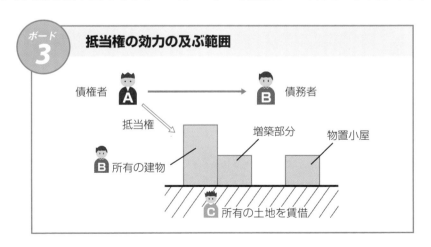

ボード3　抵当権の効力の及ぶ範囲

債権者 A → B 債務者

抵当権

B 所有の建物　　増築部分　　物置小屋

C 所有の土地を賃借

今、Aが債権者でBが債務者で、Bが所有する建物に、Aが抵当権を設

定してもらったという状態です。そこで、仮にBがお金を返せなかった場合、Aは抵当権を実行することになるわけですが、問題はBの財産のどの部分まで売却して、どの部分から優先弁済を取っていいんですか、という点です。これが「抵当権の効力の及ぶ範囲」という問題です。

ボード3でいうと、B所有の建物本体を売却して優先弁済が取れることについては、問題ありませんね。しかし、微妙なのは、Bの建物の右側にある①増築部分や②物置小屋、それからBがC所有の土地を借りている③土地賃借権について、Aは抵当権の効力を及ぼすことができるのか、ということです。

それともう1つ、④果実について抵当権の効力は及ぶのかという問題も、非常にメジャーな論点なので、これらについて順に**ボード4**を使って説明していくことにします。

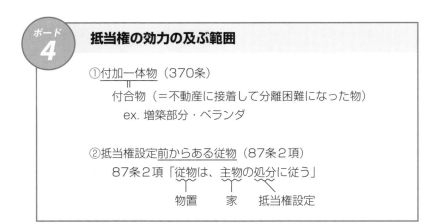

ボード
4

抵当権の効力の及ぶ範囲

①付加一体物（370条）
‖
付合物（＝不動産に接着して分離困難になった物）
ex. 増築部分・ベランダ

②抵当権設定前からある従物（87条2項）
87条2項「従物は、主物の処分に従う」
物置　家　抵当権設定

まず、条文上はどうなっているのかというと、370条「付加して一体となっている物に及ぶ」となっています。

▶ **第370条**
　抵当権は、抵当地の上に存する建物を除き、その目的である不動産（以下「抵当不動産」という。）に付加して一体となっている物に及ぶ。ただし、設定行為に別段の定めがある場合及び債務者の行為について第424条第3項に規定する詐害行為取消請求をすることができる場合は、この限りでない。

付加一体物とは何かというと判例によると付合物のことで、付合物というのは不動産に接着し、分離困難になったものをいうわけです。判例の解釈では、付合物には抵当権の効力は及ぶとなっています。例えば増築部分です。これで先ほどの①の課題が解決したわけです。

増築部分は分離困難なので付合物です。付合物は付加一体物にあたります。そして、付加一体物には抵当権の効力が及ぶということなので、結論として、増築部分やベランダには抵当権の効力が及ぶということになるわけです。

したがって、債権者AはBの家屋本体を売却するに際し、もちろん増築部分も一緒に売り払って、合わせた部分の売却代金から優先弁済を取ることができるということになります。まずは、付加一体物がどんなものかということを、しっかりと固めておいてほしいと思います。

さて、もう1つ抵当権の効力が及ぶとされているものがあり、それは何かというと、抵当権の設定前からある従物です。条文は87条2項です。どういう条文かというと、「従物は、主物の処分に従う」という内容です。

> **第87条**
> ②　従物は、主物の処分に従う。

従物というのは、主物とは独立の物でありながら、その主物の効用を増すもので、「従物は、主物の処分に従う」と87条2項に書いてある。そうすると、これを本件に当てはめてみると、従物というのが②物置小屋にあたるわけです。物置小屋というのは、家本体とは独立したものでありながら、実際上は家本体の効用を増進させています。だから、従物なわけです。

そして、従物である物置小屋は、主物たる家の処分に従うことになります。ここでいう処分というのは、「抵当権の設定」を意味しています。したがって、抵当権設定前から物置小屋があり、その状態で家に抵当権を設定したとすると、物置小屋にも抵当権の効力が及ぶことになるというわけ

です。

　それに対して、家に抵当権を付けた後で物置小屋を建てた場合には、従うといっても、処分がもう終わってしまっているわけだから、抵当権設定後に建てた物置小屋は従いようがないわけ。だから抵当権設定後に生じた従物には抵当権の効力は及ばないということになります。

　③の土地賃借権についても、判例は「従たる権利」として従物と同じように考えることで、抵当権の効力が及ぶとしています。なぜなら、土地の利用権（土地賃借権）がない建物を処分することは、事実上不可能だからです。家を買っても土地の所有者から建物収去土地明渡請求を食らってしまうなら、家を買う意味がないからです。

　では、次に④の果実について説明することにします。ここは平成15年改正があった個所ですね。簡単に改正前の制度を説明しますと、まず条文は旧371条ですけど、次のようになっていました。

　▶ 旧第371条
　　① 　前条ノ規定ハ果実ニハ之ヲ適用セス但抵当不動産ノ差押アリタル後又ハ第三取得者カ第381条ノ通知ヲ受ケタル後ハ比限ニ在ラス

　前条とは370条で、これは抵当権の効力は付加一体物に及ぶ、というものですから旧371条は簡単にいえば、果実には抵当権の効力は及ばない、という規定だったのです。そこで抵当権の特徴を思い出してほしいのですが、先ほど非占有担保だといいましたよね。お金を借りている債務者が、目的物となる土地や建物を占有し続けることができるから抵当権は便利だと。そうすると自分の持ち物から果実が生まれた場合、その果実は債務者たる抵当権設定者のもので、債権者たる抵当権者はそれを取ることはできないというのが自然ですよね。だから抵当権の効力は果実には及ばないという条文があったわけ。

　ただ旧法の下でも、法定果実、例えば賃料に対しては抵当権の効力を及ぼしたいという社会的要請はあり、そこで判例は抵当権の効力が及ばない

とされる旧371条の「果実」を天然果実のみを意味し、法定果実は含まないものと解釈して法定果実には抵当権の効力を及ぼしていたわけです。

　しかし現在では次のように規定されています。

> ▶ **第371条**
>   抵当権は、その担保する債権について不履行があったときは、その後に生じた抵当不動産の果実に及ぶ。

　改正の狙いはズバリ不良債権の後始末。失われた13年をこれ以上長引かせるわけにはいかず、日本経済の癌である不良債権を少しでも回収したい。そのためにまず民事執行法が改正されました。

	競売	管理
一般債権者	強制競売	強制管理
担保権者	不動産競売	従来制度なし→担保不動産収益執行

　上記の表にあるように、従来から、競売に関しては一般債権者にも担保権者にもそれぞれに同じような制度がありました。ところが競売にかけてしまうのではなく、債務者の財産を債権者が管理し、その収益から債権を回収するという制度として、一般債権者には「強制管理」と呼ばれる制度が認められていました。これに対して、担保権者にはこれに相当する制度がありませんでした。もちろん従来から賃料債権への物上代位という形で、ある程度の介入は可能でしたが、これでは、①賃借人の入れ替わりが頻繁な場合、賃借人からの債権回収が事実上困難、②賃借人の用法違反に対して賃貸人は無関心で抵当権者が担保価値を維持しにくい、③建物に空室ができても賃貸人は新たな賃借人を探そうとしない、との問題性があったわけ。そこで、抵当権者の申し立てにより裁判所が選任する管理人が、賃料取立て・契約解除・契約締結・果実収取をする、という担保不動産収益執行という制度が新設されました。やる気のない債務者に担保不動産の収益活動を任せていてもらちが明かないので、プロが乗り込んでいって、がっちり回収するぞという制度ですね。

これに伴って、民法371条も上記のように改正されたのです。はい、結論です。**果実には天然果実、法定果実を問わず、被担保債権につき不履行があったときは、その後に生じたものにつき抵当権の効力は及ぶ**、と改正されました。

（2）物上代位

　次は「物上代位」です。物上代位がどういうものかということについては、すでに説明しましたので、ここでは主に手続きについて確認しておきたいと思います。

　例えば、抵当権者（債権者）は、抵当権設定者（債務者）の持っている賃料債権などに物上代位することができるわけですが、そのための手続としては、「差押えが必要である」ということを、まず知っておく必要があります。ただこの差押えは誰のために必要とされるのでしょうか。

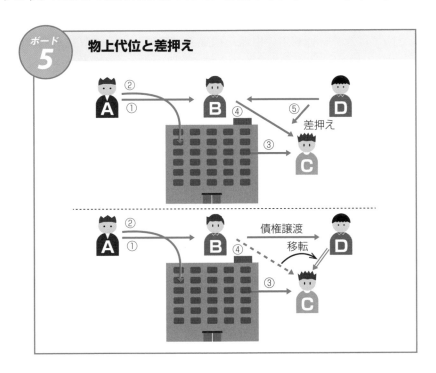

　AはBにお金を貸し付け、B所有のマンションに抵当権を設定してもらいました。BはそのマンションをCに賃貸し賃料債権を取得しました。さてここからですよ。BのCに対する賃料債権を抵当権者Aと一般債権者Dが狙っています。この状態でDがAより先にBの賃料債権を差し押さえました。さて賃料債権をめぐるADの優劣はどうなるのでしょう？　これはAの勝ち。まだAは賃料債権を差し押さえていないのにDに勝てます。このことは抵当権の性質を考えてみるとよくわかります。つまりAの抵当権の効力はBの賃料債権を差し押さえたことによって初めて賃料債権に及び始めるのではなく、何もしなくても当たり前に及びます。ではそれがなぜかというと抵当権等の担保物権は価値支配権だからです。物体としてのマンションを支配しているのではなく、そのマンションは売ったらいくらになるか、壊されたらいくら取れるかという背後にある価値そのものに及んでいる。だからある時点での価値の存在形態がマンション所有権という形であり、それが次の時点で賃料債権に姿を変えてもその賃料債権に当たり前に抵当権の効力は及びます。判例は、抵当権の登記と差押命令の送達のどちらか早いほうが勝ち、としています。当然Aは抵当権設定時に登記を済ませているので、何もしなくてもDに勝てるというわけです。

　もうお分かりなのに、くどくて済みませんが、たとえばH_2Oを押さえていればそれが現在氷の存在形態であり、次の時点で水に変化してもやはりH_2O。だから水に対しても当たり前に効力を及ぼせる。

　じゃあなんで物上代位に差押えが必要とされたのか？　それは賃借人Cに対して「Bに払っちゃだめですよ。私Aに払ってね」と知らしめるためです。これが判例の「第三債務者保護説」といわれる立場です。第三債務者は**ボード5**でいうとCですね。CがAにもBにも二重に支払ってしまうことを避ける趣旨です。ですからAはCから賃料債権を回収するのには差押えが必要とされるけど、Dとの関係ではそれは不要となるのです。

　まとめると、

　もう１つ。**ボード5**の下半分を見ていただいて、ＢがＣに対する賃料債権をＤに債権譲渡しました。この場合抵当権者Ａと債権譲受人Ｄの優劣はどうでしょう？

　これもＡが優先。なんでかというとＡの権利は抵当権ですよね。これは不動産登記制度によってきちんと公示されている。誰でも法務局に行けば、ＢのマンションにはＡの抵当権が設定されていることを知ることができる。だから抵当権には追及効があるのです。追及効というのは、目的物が譲渡された場合、譲渡先にも追い及ぶ効力。債権譲受人Ｄに対しても、Ａは抵当権を主張できます。これが追及効。ＤはＡの抵当権の負担付きの債権を譲り受けたことになるわけですね。これも先ほどの判例と同様に考えるとわかりやすい。つまり、Ｄに対しては抵当権の本来的な性質によってＡが優先となる。ただ、第三債務者Ｃが二重に弁済するのを防ぐためにはＡは差押えをしてやる必要がある。このように、抵当権者は、物上代位の目的債権が譲渡されて第三者に対する対抗要件が備えられた後も、自ら目的債権を差し押さえて物上代位権を行使できます。ただそれは第三債務者Ｃのため。

　じゃあせっかくだからもう１つだけ欲張らせて下さい。Ａの権利が抵当権ではなく動産先取特権だったらＡと債権の譲受人Ｄの優劣は？　これはＤが優先。なんでかというと動産先取特権には公示がありません。外から見ててわかんないわけ。だから動産先取特権には追及効がない。ですからＢの債権にはＡの先取特権が及んでいたけれども、その債権が売却されたからＡは追いかけていけません。ここまでわかったら公務員試験では安心してよいと思います。

（3）第三者が抵当目的物を侵害した場合

　続いて、「第三者が抵当目的物を侵害した場合」という説明に入りたいと思います。侵害といってもいろんな侵害があるわけですが、ここでいう抵当権侵害とは、「通常の使用・収益の範囲を超えて、抵当目的物の担保価値を減少させること」を意味しています。

　具体的には、①目的不動産の不法占拠、②目的物の損傷、③目的物の分離・搬出という３つの場合があります。そこで、第三者からこのような侵害を受けた場合、抵当権者はその第三者に対して文句を言うことができるのかという点について、順に見ていきたいと思います。

①　目的不動産の不法占拠

　まずは、目的不動産を不法占拠された場合からです。**ボード6**を見てください。

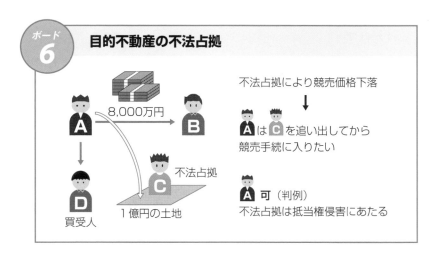

　今、AがBに対して8,000万円を貸しています。なぜ8,000万円かというと、B所有の１億円の土地に抵当権を設定してもらったからです。私も元銀行員ですが、通常は担保目的物の８割まで貸し付けるということが行わ

れています。だから、この事例も１億円の土地をBが持っているので、土地に抵当権を付けてもらって、その８割の8,000万円を貸すという状態になっているわけです。

　ところが、Bの差し金で、Cが不法占拠者として、ドンとこの土地に居座ってしまいました。そうすると、これはどうなるか、皆さんわかりますか。もしBが8,000万円をAに返さない場合、Aは抵当権を実行して競売にかけます。競売にかけると、例えばDが買受人として現れるわけです。しかし、我々日本人は割とトラブル嫌いというか、穏やかな国民性がありますので、ややこしいCが占有しているそんな土地は、誰も買いたがらないという現状があるわけです。すると、競売価格は下落します。

　本来、この土地は１億円の価値があるんだけれども、競売に参加しようという人は現場を見にいきますから、Cが土地を占有していることがわかると、「ちょっとこれはややこしそうだから、こんな土地を買うのはやめよう」とか、「5,000万円とか3,000万円なら買いますよ」ということになってしまうわけです。

　そうなると、抵当権者Aはこの土地を１億円と評価して、８割の8,000万円を貸し付けたわけですから、競売価格が下落してしまったら、全額回収できなくなってしまいます。そこで、Aとしては自分でCを追い出したいわけです。そうすると、競売価格の下落が防げますから、自分が貸し付けたお金が焦げ付くという、まずい状況が避けられるわけです。

　ただ、従来の判例はこれを認めていませんでした。なぜかというと、民事執行法83条の１項に、「引渡命令」という有名な制度があるからです。

> ▶ 民事執行法第83条
> ①　執行裁判所は、代金を納付した買受人の申立てにより、債務者又は不動産の占有者に対し、不動産を買受人に引き渡すべき旨を命ずることができる。ただし、事件の記録上買受人に対抗することができる権原により占有していると認められる者に対しては、この限りでない。

この制度を使うことで、買受人Dは簡単に悪いCを追い出すことができ

る。だから、競売価格が下がるなんてことはおかしい、と判例はいっていたわけです。なにも抵当権者Aがわざわざ自分でCを追い出してから競売手続を始めなくても、普通に競売して、その土地を買い受けたDが追い出せばいいじゃないですか。そのために引渡命令という制度を用意しているのだから。あえてトラブルを避けて、権利のために闘おうとしない国民のほうが悪いんじゃないですか、といったノリだったわけです。ところがようやく平成11年11月24日の判例で、抵当権者の抵当権に基づく妨害排除請求が認められました。経済的損害概念を採り、現実に価格が下落する以上、不法占拠は抵当権侵害にあたるとしたわけです。すると抵当権は物権であり、絶対性・排他性を持つわけですから、物権的請求権として妨害排除請求ができるとされたわけです。

　さらに平成17年3月10日の判例。これは抵当権者に対しての明渡しを認めた判例です。抵当権は非占有担保なのになんで抵当権者は自分に明け渡してもらえたのでしょうか？　**ボード6**の抵当権者が土地の所有者Bに占有されたくない理由を考えてみましょう。Bは占有屋Cを雇い、抵当権の実行を妨害しようとした人です。だからBに戻させるとまたBは別の占有屋を雇い占有させちゃう。そうするとAはまたその新しい占有屋を排除する必要に迫られる。これを避けるためにA自らが占有する。日本のやくざはちゃんと刑法を勉強しています。Aが占有していると寄ってこない。Aを無理やり排除すると不動産侵奪罪で10年以下の懲役を食らうからです。だからAは抵当不動産の価値下落原因、つまり不法占有を予防するために自らに明け渡せといえるわけですね。

　　平成11年　価値下落原因を除去

　　平成17年　価値下落原因を予防

　このように2つの判例をワンセットで覚えておきましょう。

② 目的物の損傷

　では、次に目的物を損傷された場合について、**ボード7**で見てみましょう。

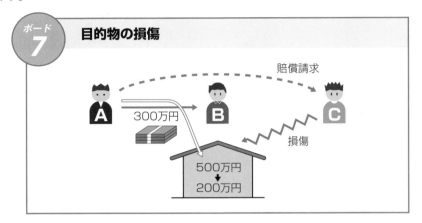

ボード7　目的物の損傷

賠償請求

300万円

損傷

500万円
↓
200万円

　今、Ｂ所有の500万円の家があって、その家に抵当権を付けてもらって、ＡがＢに300万円を貸し付けています。ところが、この500万円の家をＣが損傷するんです。つまり、傷つけたわけです。その結果、500万円あったＢ所有の家屋の価値が200万円に下落したとしましょう。

　このような場合には、所有者ＢがＣに対して文句が言える。これは当たり前です。さてＡもＣに対して、不法行為に基づく損害賠償請求ができていいのではないですか。考えてください。この場合、ＡはＣに対して、いったいいくらの請求ができるんでしょうね。

　自分が貸しているお金は300万円です。それに対して、現在担保価値は200万円になってしまいました。そんな場合に、ＡはＣに対して賠償請求ができるということだけれども、いったいいくらできるのかというのは、皆さんおわかりですか。このＡの被担保債権は300万円。今、確かにＣはＢの家を損傷しているんだけれども、その価値が500万円から400万円とか300万円に下がったという場合には、Ａは300万円しか貸していないわけだから、抵当権者Ａには損害は生じません。

　では、どんな場合にＡに損害が生じるのかというと、目的物の価値が、自分の被担保債権額を下回った場合、その下回った部分について、Ａは損害を受けるということですよね。今、500万円のものが200万円になってしまいました。そうすると、本来300万円回収するために抵当権があるのに、その抵当目的物の価値が200万円しかないというふうになってしまったから、ＡはＣに対して損害賠償をするわけですけれども、これは100万円ですね。100万円について、抵当権侵害ということで、不法行為に基づく損害賠償請求ができるということになるわけです。

　目的物の損傷の場合は、目的物の価値が被担保債権額を下回った場合に限り、その不足分だけ損害賠償請求ができるという点、しっかりと押さえておいてください。

③　目的物の分離・搬出

　目的物の分離・搬出の場合については、判例がはっきりしていないので、若干出題の可能性は低いといえようかと思いますので、結論だけをざっと見ておきましょう。

　この目的物の分離・搬出というのは、どういう状況で起こるかというと、例えば、債務者が所有している山林に、債権者が抵当権の設定を受けたような場合です。このような場合に、抵当権設定者（債務者）が通常の利用の範囲内で、山林に生えている木を伐採しているのであれば、いくら抵当権設定者が木を切って持ち出しても抵当目的物の侵害にはなりません。

　しかし、田舎の山奥の山林だと、山自体にはあまり価値はなくて、その山に生えているヒノキやスギのほうによっぽど価値があるという場合があるわけです。そのような場合に、抵当権設定者がどんどん木を切って持ち出していくと、山に抵当権を付けている債権者は、山林の価値が下がるので困りますよね。

3

担保物権

したがって、そのような場合には、「伐採するのはやめてください」、あるいは「切ってしまった伐木の搬出はしないでください」と言える。この程度でよいでしょう。

（4）被担保債権の範囲

　では、「被担保債権の範囲」というところに進みたいと思います。これは、抵当権によって担保される債権の範囲はどこまでなのかという問題です。

　元本が抵当権によって担保されるのは当然ですが、利息や遅延損害金等も担保されるのでしょうか。原則として、利息や遅延損害金等も担保されます。ただ、「配当直前の2年分だけが、抵当権によって担保される」という制限があります。その理由については、**ボード8**を使って説明することにしましょう。

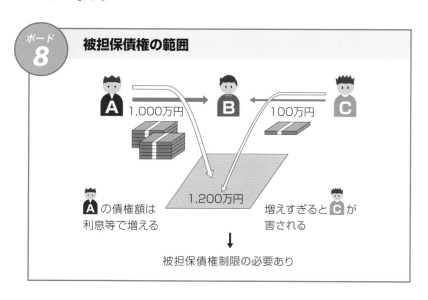

　今、AがBに対して1,000万円を貸していて、時価1,200万円のBの土地に抵当権を付けています。ということは、いくらかまだ担保としての余力がありますね。そこで、CがさらにBに100万円を貸し付けて、2番抵当

権を付けてもらいました。

ところが、Aの被担保債権は1,000万円ですが、実際には利息や遅延損害金などが発生しますから、Aの被担保債権はだんだん増えていくわけです。そうすると、脅かされるのは2番抵当権者Cの利益です。

これは皆さんわかりますよね。土地の価値は1,200万円しかないわけですから、Aの被担保債権に利息がどんどん付いて1,100万円を突破したその瞬間から、Cの権利は少しずつ害され始め、1,200万円を超えると、Cの抵当権は全く意味がないことになってしまいます。

だから、被担保債権は後順位抵当権者を保護するために「いくら膨らんでも最大ここまでですよ」という上限を設定する必要があるわけです。その制限というのが、先ほど説明した「利息等は配当直前の最後の2年分のみ」ということなのです。このことも覚えておいてください。

ここまでをCHECK

①抵当権の効力は370条による付加一体物、87条2項による従物、371条による果実に及ぶ。
②物上代位には抵当権者のなす差押えが必要である。
③目的不動産の不法占拠者に対しては抵当権に基づく明渡請求ができる。
④被担保債権の利息等は配当直近の2年分に限定される。

では次へ行きましょう！

3 抵当権と目的物利用権との関係

では、次に「抵当権と目的物利用権との関係」に進みます。

ちょっとこれだけだとピンときにくいのですが、抵当権というのは、お金を貸している債権者が持っている権利です。他方、目的物利用権という

のは、これは債務者が持っている権利ですよね。抵当権はよく非占有担保といわれるように、お金を借りている側が抵当権の目的物を占有し続けることができるというのが最大のメリットなわけです。

そこで、一方では債権者の抵当権を保護しなければならないが、他方では債務者の目的物利用権も保護しなければならないという問題がある。このテーマで「賃借権の保護」と「法定地上権」をどう扱うかという問題があって、いずれも非常に大切なところです。ここは、先ほどの「効力の及ぶ範囲」と並んで最もよく出題されるところで、しかも、関係当事者の利益衡量をその場で考えさせる問題を作りやすい個所でもあるので、ここは時間をかけてじっくりと説明していきたいと思います。

（1）賃借権の保護（建物明渡猶予制度）
① 従来の制度

まずは「賃借権の保護」です。これは平成15年改正までは、短期賃借権の保護という制度として、メジャー論点目白押しの個所でした。一応簡単に従来の制度を説明しておきましょう。**ボード9**を見てください。

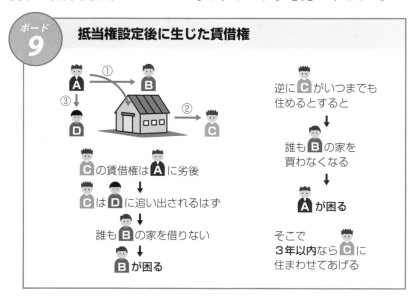

　今、AがBにお金を貸し付け、B所有の家屋に抵当権を付けてもらった。その後で、BがCに対して、その家屋を賃貸したという場合です。このような状況下で、Bがお金を返せなくなったので、Aが抵当権を実行してその家を競売にかけ、Dが買い受けました。さあ、この場合、DはCを追い出すことができるのでしょうか。

　物権変動論で勉強したように、両立し得ない物的支配をあい争うA対Cですから、Aの抵当権設定登記とCの賃借権の対抗要件具備の先後で決まるんだな、と考えている人が多いと思います。そのとおりなんですが、この場合は、Aの抵当権設定登記とCの賃借権の対抗要件具備では、必ずAの抵当権設定登記のほうが早くなるんです。なぜなら、お金を貸すに際して抵当権を設定してもらっておきながら、その旨の登記をしないというような間抜けな債権者は、この世の中にまずいないからです。

　例えば、銀行が住宅ローンの融資をする場合にも、司法書士の方を支店にお呼びして、登記に必要な関係書類が全部揃っているかどうかをチェックしてもらうんです。そして、司法書士が「OKです」と言ったら、機械を操作してお客さんの口座に住宅ローンの金額を振り込み、それを確認したら、司法書士とお客さんが直ちに書類を持って法務局へ行って登記をするという流れになっている。だから、お金を貸して抵当権を付けてもらいながら登記をしないということは考えられないのです。

　そうすると、必ずAの抵当権設定登記のほうがCの賃借権対抗要件具備より先行する、ということになりますよね。したがって、Cは必ずDに追い出されることになるというのが、特殊なルールを仮に用意しなかった場合の、一般ルールから考えた帰結なんです。

　それでいいんじゃないですか、と皆さんは思うかもしれません。しかし、いつ追い出されるかもしれない家は誰も借りませんよね。そうすると、困るのはBです。せっかくBは目的物たる家屋を使用・収益できるというメリットがある抵当権を設定して、家を誰かに賃貸した家賃収入でA

に借りたお金を返そうと考えていたのに、借り手が付かなければ抵当権のメリットが台無しですよね。そうなると、ひいては債権者Aも貸したお金が返ってこなくなるかもしれないので、困ることになります。

そこで、Bが困らないようにするためには、いったいどうすればいいと思いますか。Cに「あなた住み続けていいですよ。どうぞ安心して住み続けてください」と言えるようにすればいいということは、皆さんもすぐに思い付いたのではないでしょうか。しかし、そうすると、今度は逆に誰が困るか、皆さんわかりますか。

いつまでもCが住めるということは、買受人DはCを追い出すことができないということでしょう。そうすると、せっかく自分の家になっても自分が使えないのなら、今度は誰もそんな家を買わなくなりますね。Aが抵当権を実行して競売にかけても、誰もBの家を買いません。たとえ競落したとしても、Cが住んでいるために自分は使えないわけですから。となると、今度はAが優先弁済を受けることができずに困ってしまうわけです。

したがって、Cが直ちに追い出されるという結論だと、目的物利用権者で債務者たるBが困る。逆に、Cにいつまでも住まわせてあげると、今度は抵当権者で債権者のAが困るということになるわけです。そこで、お互い歩み寄って妥当な調和点を見出しましょう。矛盾する反対要求の調整というのが、「短期賃貸借」の問題なのです。

そこで、これは建物の場合ですが、「3年以内ならCさん住めますよ。その代わり、3年経ったら、Cに出ていってもらって買受人Dが自分で使えます」とすることで、Cの利益とDの利益、ひいては抵当権者Aの利益と目的物利用権者Bの利益の調整を図っているわけです。このような3年以内の賃貸借のことを「短期賃貸借」といいます。

もう少し詳しく説明すると、「602条に定める期間を超えない賃貸借（短期賃貸借）は、抵当権設定登記後に登記されたものであっても、抵当権者に対抗できる」と扱ってあげましょうというわけです。

　では、602条に定める期間とはいったい何年なのかというと、これは物によって違っているんです。山林は10年。これは試験には出にくいですね。土地は５年。建物は３年。東郷さん、あのバルチック艦隊を日本海に沈めた10・５・３。私はゴロ合わせはプライドが許しませんが、まあ常識として知っておきましょう。教習所の試験ではないので、こんなせこい数字は出ませんけれども。

▶ 第602条
　　処分の権限を有しない者が賃貸借をする場合には、次の各号に掲げる賃貸借は、それぞれ当該各号に定める期間を超えることができない。契約でこれより長い期間を定めたときであっても、その期間は、当該各号に定める期間とする。
一　樹木の栽植又は伐採を目的とする山林の賃貸借　10年
二　前号に掲げる賃貸借以外の土地の賃貸借　５年
三　建物の賃貸借　３年
四　動産の賃貸借　６箇月

②　平成15年改正

　さて以上が従来の制度である短期賃借権の保護と呼ばれる制度です。この制度は抵当権実行を妨害するために、すさまじく濫用されました。**ボード9**で説明すると、債務者Ｂが債権者に言うんですよ。「利息を負けろ」って。もちろん債権者Ａも負けてません。「うちも慈善事業ではないんで。馬鹿なことを言うんじゃねえ」。するとＢが開き直るんです。「えっ、いいのＡさん。じゃあＣ組に、あの元気なお兄さん達がいっぱいいる、Ｃ組に短賃しちゃおうかなぁ」。この「短賃」というのが短期賃貸借なんです。このあたりは皆さんも「ナニワ金融道」とか「ミナミの帝王」でおなじみでしょう。さてＡはＢに短期賃貸借されると３年間は追い出せません。しかも借りているのが怖い人ですから、実際には３年経ってもおとなしく出ていってくれるとは思えません。だから短期賃貸借がなされると確実に競売価格が下がる。下がるどころか買い手がつかないということになるわけです。ですから債務者は短期賃貸借をちらつかせ、債権者に利息の支払い

を免除させたり、元本までいくらか放棄せよと迫ってくる。こんなのはむちゃくちゃですよね。でもそれが従来まかり通っていました。

そこで15年改正で短期賃貸借制度を廃止しました。抵当権に劣後する賃貸借は、その期間の長短にかかわらず原則として抵当権者や競落人に対抗できないとされたのです。ただ濫用的でない賃借人もいるわけで、彼らを即時に追い出すというのも逆に問題ですから、明渡猶予制度が設けられました。これは目的物賃借人が①競売手続の開始前から使用収益している場合と、②強制管理または担保不動産収益執行の管理人が競売手続の開始後になした賃貸借により使用収益している場合には、競売による買受人の買受時から 6 か月を経過するまでは、目的建物の明渡しを猶予されるとするものです（395条1項）。よく考えて作ってますよね。

③　抵当権者の同意を登記した賃貸借

さらに平成15年の改正の目玉をもう 1 つ。不良債権を回収整理するために、抵当権者泣かせの「短期賃貸借」という制度は廃止しましたが、目的物賃貸借がすべて抵当権者にとって不都合というわけではない。例えば大規模なテナントビルを何十軒もの小さなお店に貸すよりも、大企業に一棟貸しする方が安定的に賃貸料が入ってきますし、そこに物上代位を及ぼせばよいのだし、競売価格も下がりませんからこれは抵当権者にとっておいしいわけ。そこで抵当権の登記後に登記された賃借権について、これに優先するすべての抵当権者が同意をし、その同意について登記されたときは、それを抵当権者や買受人に対抗することができるとする制度が創設されました（387条1項）。

具体的に事例で説明しましょう。**ボード10** を見てください。

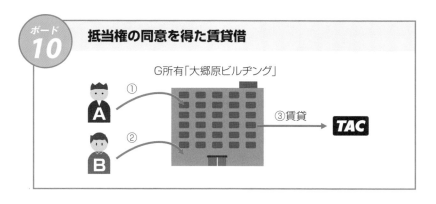

ボード 10　抵当権の同意を得た賃貸借

G所有「大郷原ビルヂング」

①

②

③賃貸　**TAC**

A

B

　Gが所有する「大郷原ビルヂング」（名古屋駅前のビルに匹敵する立派なビル）にAが1番抵当権、Bが2番抵当権を有し、これらの抵当権設定登記がなされた後でTACがGからビルを丸ごと賃借するわけです。TACが賃借権の登記をし、さらにA、Bが同意した旨を示す登記がなされると賃借人TACは、賃借権の登記に記載された契約内容の賃借権をもって、競売に際して現れた買受人に対抗することができるのです。この制度があるとTACのような、はっきりいって優良な、つまり必ず賃料を支払うし、用法も遵守する。また若いインテリが出入りしますからビルのステイタスも上がるという、ビルのオーナーにとってありがたい賃借人が入ってくれるのです。これはオーナーにとって有利なことですから、競売価格も上がり、抵当権者にとって有利です。だから抵当権者も同意をするというわけです。この制度は我が国で世界初のものとして導入されたものであり、注目を浴びているものです。

（2）法定地上権

①　法定地上権とは

　続いて、抵当権者と目的物利用権者との利益調整を図るための第2の制度である「法定地上権」について説明したいと思います。まずは、そもそも「法定地上権」というのがどんな制度なのかという概略から、**ボード**

11 で見ていきましょう。

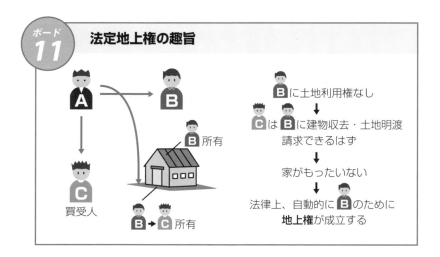

ボード
11　**法定地上権の趣旨**

Bに土地利用権なし
↓
Cは**B**に建物収去・土地明渡
請求できるはず
↓
家がもったいない
↓
法律上、自動的に**B**のために
地上権が成立する

B 所有

買受人

B→**C** 所有

　今、AがBに対してお金を貸しています。そして、Bは土地と建物の両方を所有しているのですが、土地についてだけ抵当権を設定しました。つまり、AがB所有の土地に抵当権を付けてもらったというわけです。ところが、Bがお金を返せなくなったので、Aは抵当権を実行しました。その結果、Cが買受人として出てきたという状態です。

　そうすると、当初Bの土地だったものが、Cの土地になりました。しかし、Cが買った土地の上には、Bが建物を持っています。このような場合、土地の所有者Cは建物所有者Bに対して、「建物が邪魔なので取り壊してください」ということが、本来は言えることになりますね。なぜなら、Bには土地の利用権がないから、土地の所有者CはBに対して、建物収去土地明渡請求というものができることになるはずだからです。

　ここで、ちょっと確認しておきたいのですが、どうしてBに土地利用権がないのか、皆さん、わかりますか。

　今、Bは建物だけを持っているわけですが、もともとどんな状態だったかというと、Bは自分の土地の上に建物を持っていたわけです。だから、

自分が自分に対して、「ねえねえＢさん、私の土地を使ってください。あなた建物を建ててもいいですよ」というように、ＢがＢに土地を貸す、自分と自分が契約するなんてことはありませんよね。

したがって、もともとＢは自分の土地に利用権を設定した状態で、建物を持っていたわけではなかったところに、抵当権が実行されて土地だけがＣの持ち物になったということで、Ｂは土地賃借権を持っていません。だから、Ｂは、Ｃに追い出されてしまうと、普通に考えればそうなるわけです。

しかし、それでは家がもったいないですよね。まだ20年も30年も住める家なのに、たまたま抵当権が実行されて、土地と建物の所有者が別人になったということで、まだまだ住める家を取り壊すのはもったいない話です。そこで、このような場合には、法律上、自動的に地上権が発生することになります。このような地上権のことを「法定地上権」と呼ぶわけです。

皆さん、地上権というのはどんなものだか覚えていますか。物権は全部で10種類あったけれども、そのうちの用益物権には４つありましたね。そのうちの第１番目が地上権です。地上権、地役権、永小作権、入会権と４つ出てきたところだけれども、地上権というのは、建物とか工作物、あるいは竹木を所有するために土地を使用するという権利です。建物とか竹木所有のために土地を使用する権利を地上権というのだけれども、特にこの場合に、ＢとＣとの間で何らの契約がなくても、法律上自動的に、建物所有者Ｂのために地上権が成立する。これを法定地上権というわけです。

そうすることによって、まだ住めるＢ所有の家屋が、取り壊しを余儀なくされるという結論を避けようとしているわけです。これが法定地上権の基本的な枠組みです。

②　法定地上権成立の要件

では、どのような場合に法定地上権が成立するのか。その要件について

見ていきたいと思います。

　法定地上権が成立するための要件は、全部で4つあります。①抵当権設定当時に土地の上に建物が存在すること、②その土地と建物が同一人の所有に属すること、③土地または建物のいずれか一方または双方に抵当権が設定されたこと、④抵当権が実行され、両者が別人の所有に帰したこと、の4つです。この4つの中で、とりわけ①②の2つの要件が大切ですので、ボードを使って説明することにしましょう。

　まず①の要件ですが、なぜ抵当権設定当時に、土地の上に建物が存在していなければいけないのでしょうか。逆にいうと、抵当権の設定当時は更地（建物がなにも建っていない状態）で、後に建物が建った場合には、法定地上権は成立しないことになるのは、なぜなのか、という点について考えてみたいと思います。**ボード12** を見てください。

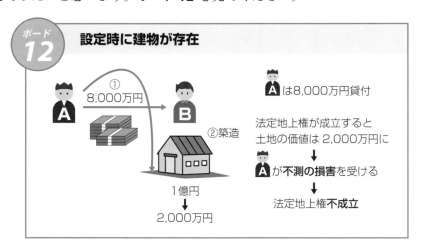

　今、AがBの所有する更地（時価1億円）に抵当権を付けてもらうということで、担保目的物の価値の8割に相当する8,000万円を貸し付けました。その後、Bが建物を築造するわけです。つまり、抵当権設定当時は更地だったけれども、後に建物が建ったという事例です。

　このような場合に、法定地上権を成立させてしまうと、土地の価値はガ

クッと下がってしまいます。通常2,000万円ぐらいにまで下がるでしょう。東京や大阪では、土地利用権にこそ価値があって、所有しても使えないのなら2割ぐらいしか価値がないといわれているからです。

　そうなると、Aにとっては、ちょっと我慢できない結論ですよね。1億円だと評価しているから、8,000万円貸しているのに、2,000万円でしか売れないとなると、焦げ付く危険性が出ます。だから、このような場合に法定地上権の成立を認めてしまうと、Aがものすごく困るわけですね。Aが不測の損害を受けるわけです。したがって、更地の場合には法定地上権は成立しないということです。

　逆にいうと、抵当権を設定するときから、すでに建物が存在している場合には、Aは「この土地と建物はどちらもB所有だから法定地上権が成立する。これはやばい。土地の時価は1億円といっても、実際には2,000万円の価値しかない。だから1,600万円しか貸し付けないでおこう」というように、法定地上権の成立について予期できますから、それに応じて融資額を決めることができるわけです。

　やはり、不意討ちというか、卑怯なことはよくないですよね。だから、抵当権設定時に建物がなければ、法定地上権は成立しないということです。

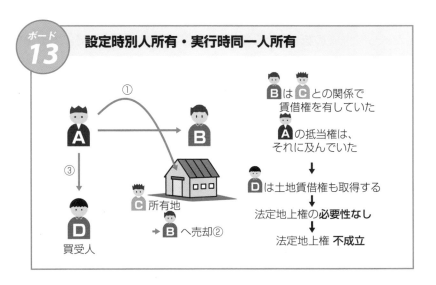

ボード13　設定時別人所有・実行時同一人所有

次は、②の「その土地と建物が同一人の所有に属すること」という要件について、**ボード13**を使って見ていきたいと思います。

　まずは、次のようなケースから考えてみてくだい。今、Cが土地を所有していて、その土地の上の建物はBが所有しています。そのような状態で、AがBにお金を貸して、Bの建物に抵当権を付けました。

　ところが、抵当権が実行される前に、その土地をBが買い受けました。その後、BがAにお金を返せなくなり、Aが抵当権を実行してBの建物を競売にかけ、それをDが買い受けたという事例です。

　したがって、抵当権設定時には、土地と建物が別人所有だったわけですが、抵当権実行時には同一人所有です。さて、このような場合に、法定地上権は成立するのかという問題です。

　結論から先にいうと、×です。法定地上権は成立しません。なぜ成立しないのかという理由を、一緒に考えてみましょう。

　AがBの建物に抵当権を設定してもらった当時、土地はCのものでしたね。ということは、BC間には、Cが土地をBに貸しているという関係があったということです。BはCとの関係で、賃借権を有していたわけで、Bは建物の所有権のみならず、土地利用権としての賃借権も持っていたというわけです。

　したがって、Aの抵当権は、従たる権利としてBが持っている土地賃借権にも及んでいたことになります。そうすると、Dは建物だけでなく、土地の賃借権も取得するわけです。なぜかというと、Dが買い受けたのは、Bが所有していた建物だけれども、その建物には土地賃借権という従たる権利が、おまけとして付いていたからです。だから、BがCとの関係で持っていた賃借権を、Dも取得するというわけです。

　そうすると、このような場合には、わざわざ法定地上権というものを、新しくDに与える必要性がありませんよね。だから、法定地上権は成立しないと扱われるわけです。

それに対して、次のような場合はどうでしょうか。今度は、先ほどと逆で、抵当権の設定時が同一人所有で、実行時が別人所有というケースです。**ボード14**を見てください。

AがBの土地に抵当権を付けた時には、土地はB所有、建物もB所有ということで、同一人所有でした。ところが、Aが抵当権を実行するよりも前の段階で、建物だけがBからCに売却されたわけです。

そうすると、抵当権の実行時を基準に考えると、土地と建物は別人所有になっていますね。ところが、設定時にはどちらもBの所有物だったという状態です。このような場合には、法定地上権は成立します。結論的には〇ですが、どうしてそうなるのか、利益状況をきちんと考えておきましょう。結論を忘れた場合に自分で結論が導き出せるためには、こういう勉強がすごく大切なのです。

建物をBから買ったCは、Bから土地を賃借していますが、これはAの抵当権に劣後します。どういうことかというと、AがBの土地に抵当権を付けた後で、Bは建物をCに売ったわけですが、そのときBはCとの間で

土地についての賃貸借契約をしているはずですね。しかし、Ｃの土地利用権は、Ａの抵当権設定のほうが早いために、Ａの抵当権のほうが優先してしまうわけです。そうすると、ＣがＢとの関係で持っていた土地利用権は無意味です。

したがって、法定地上権を新たに作って、Ｃに対して土地利用権を認めてあげる必要性がありますよね。法定地上権を用意しないと、まだ住めるはずの建物が取り壊しを余儀なくされてもったいないですから。

ところが、必要だからということで、何でもかんでも認めてしまうというのは、やはりまずいわけです。認めることのプラス効果もあるけれども、マイナス効果がどの程度かということも必ず考えて、両方向からバランシングをする必要があります。

まさに、皆さんが民法を勉強する意味は、このあたりにあるわけです。公務員になられて、公権力を行使する場合に、一方の要請があって、それに応えてあげたい。だけど、ある行為をすることでマイナス効果も生じるかもしれない。そこで、それでもいいかどうかを必ずチェックするということが非常に重要なわけです。

話を戻すと、今、法定地上権を認める必要性はありますよね。しかし、法定地上権の成立を認めてまずい点がないかどうかも、チェックしておかなければなりません。法定地上権が認められると困りそうなのは債権者Ａですが、Ａは設定時から法定地上権の成立を予測していたと考えられます。

なぜなら、ＡがＢ所有の土地に抵当権を付けた当時、土地はＢ所有、建物もＢ所有になっていましたね。同一人所有で建物が存在しているから、Ａとしては「これは法定地上権が成立するな。じゃあ、１億円の土地も2,000万円と評価して、1,600万円だけ貸し付けよう」というように、法定地上権の成立を予測できていたはずです。

だから、Ａに不測の損害は生じません。「ちょっと、それは話が違うじ

ゃないですか。私はBに8,000万円貸し付けたんですよ」というような話にはなりません。ということで、法定地上権成立の許容性もあります。法定地上権の成立を、抵当権者Aや買受人Dに突きつけても、「大丈夫ですよ。了解済みですよ」と理解してもらえるわけです。

　民法の各論点を考えるに際しては、必要性があるかどうかをきっちり考えることが大切です。しかし、直ちに一定の結論に飛びつくのはまずいわけです。許容性もあるかどうかを必ず考えなければなりません。まさにこのあたりに、これから公務員になる方が民法を勉強する意味があるといえるのではないかと思います。

ここまでをCHECK

①抵当権設定後の建物賃借権であっても、競売開始前からいる賃借人や担保不動産収益執行の管理人からの賃借人は、6か月明渡しを猶予してもらえる。
②法定地上権の成否は、建物関係者が欲しがるかという必要性と、土地関係者が嫌がらないかという許容性の2点から論理で導出できる。

以上で第Ⅰ巻の内容を終わります。お疲れさまでした。

キーワード索引

赤く表示してある語句は特に重要なキーワードです。

ドバイのブルジュ・ハリファを
背に立つ郷原先生

公務員試験　まるごと講義生中継シリーズ

ごうはらとよしげ　みんぽう　　　　しん　　　　　　　　　　　こう ぎ なまちゅうけい
郷原豊茂の民法Ⅰ　新・まるごと講義生中継　第2版

（2000年12月14日　初　版　第1刷発行）

2019年3月28日　初　版　第1刷発行
2020年3月25日　第2版　第1刷発行

著　　者　郷　　原　　豊　　茂
発　行　者　多　　田　　敏　　男
発　行　所　TAC株式会社　出版事業部
　　　　　　　　　　　　　（TAC出版）

〒101-8383
東京都千代田区神田三崎町3-2-18
電　話　03（5276）9492（営業）
FAX　03（5276）9674
https://shuppan.tac-school.co.jp

印　　刷　日　新　印　刷　株　式　会　社
製　　本　株式会社　常　川　製　本

ⒸToyoshige Gohara 2020　　　Printed in Japan　　　ISBN 978-4-8132-8814-5
　　　　　　　　　　　　　　　　　　　　　　　　　N.D.C. 317
落丁・乱丁本はお取り替えいたします。

公務員講座のご案内

大卒レベルの公務員試験に強い！

2018年度 公務員試験

公務員講座生[1]
最終合格者延べ人数[2]

6,194名

※1 公務員講座生とは公務員試験対策講座において、目標年度に合格するために必要と考えられる、講義、演習、論文対策、面接対策等をパッケージ化したカリキュラムの受講生です。単科講座や公開模試のみの受講生は含まれておりません。
※2 同一の方が複数の試験種に合格している場合は、それぞれの試験種に最終合格者としてカウントしています。(実合格者数は3,468名です。)
＊2019年2月6日時点で、調査にご協力いただいた方の人数です。

地方公務員 (大卒程度)	計3,127名
国家公務員 (大卒程度)	計2,838名
国立大学法人等	大卒レベル試験 221名
独立行政法人	大卒レベル試験 8名

1位 全国の公務員試験で合格者を輩出！

詳細は公務員講座(地方上級・国家一般職)パンフレットをご覧ください。

2018年度 国家総合職試験

公務員講座生[1]

最終合格者数 244名[2]

法律区分	109名	院卒者試験 行政区分	11名
政治・国際区分	26名	教養区分	29名
経済区分	52名	その他区分	17名

※1 公務員講座生とは公務員試験対策講座において、目標年度に合格するために必要と考えられる、講義、演習、論文対策、面接対策等をパッケージ化したカリキュラムの受講生です。各種オプション講座や公開模試など、単科講座のみの受講生は含まれておりません。
※2 上記は2018年度目標の公務員講座生最終合格者のほか、2019年目標公務員講座生の最終合格者が29名含まれています。
＊ 上記は2019年1月31日時点で調査にご協力いただいた方の人数です。

2018年度 外務専門職試験

最終合格者総数49名のうち
44名がWセミナー講座生[1]です。

合格者占有率[2] 89.8%

外交官を目指すなら、実績のWセミナー

※1 Wセミナー講座生とは、公務員試験対策講座において、目標年度に合格するために必要と考えられる、講義、演習、論文対策、面接対策等をパッケージ化したカリキュラムの受講生です。各種オプション講座や公開模試など、単科講座のみの受講生は含まれておりません。また、Wセミナー講座生はそのボリュームから他校の講座生と掛け持ちすることは困難です。
※2 合格者占有率は「Wセミナー講座生(※1)最終合格者数」を、「外務専門職試験の最終合格者総数」で除して算出しています。また、算出した数字の小数点第二位以下を四捨五入して表記しています。
＊ 上記は2018年11月13日時点で調査にご協力いただいた方の人数です。

WセミナーはTACのブランドです

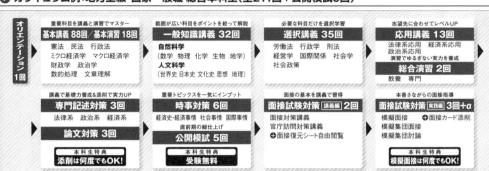

公務員講座のご案内

無料体験のご案内
3つの方法で **TAC** の講義が体験できる!

教室で体験
迫力の生講義に出席
予約不要! 3回連続出席OK!

1. 校舎と日時を決めて、当日TACの校舎へ
TACでは各校舎で毎月体験入学の日程を設けています。

2. オリエンテーションに参加(体験入学1回目)
初回講義「オリエンテーション」にご参加ください。終了後は個別にご相談をお受けいたします。

3. 講義に出席(体験入学2・3回目)
引き続き、各科目の講義をご受講いただけます。参加者には講義で使用する教材をプレゼントいたします。

- 3回連続無料体験講義の日程はTACホームページと公務員パンフレットでご覧いただけます。
- 体験入学はお申込み予定の校舎に限らず、お好きな校舎でご利用いただけます。
- 4回目の講義前までに、ご入会手続きをしていただければ、カリキュラム通りに受講することができます。

※地方上級・国家一般職・警察官・消防官レベル以外の講座では、2回連続体験入学を実施しています。

ビデオで体験
校舎でDVD講義を体験視聴

TAC各校の個別ビデオブースで、講義を無料でご視聴いただけます。(要予約)

各校のビデオブースでお好きな講義を視聴できます。視聴前日までに視聴する校舎受付窓口にてご予約をお願い致します。

ビデオブース利用時間 ※日曜日は④の時間帯はありません。
① 9:30 ～ 12:30 ② 12:30 ～ 15:30
③ 15:30 ～ 18:30 ④ 18:30 ～ 21:30

※受講可能な曜日・時間帯は一部校舎により異なります。
※年末年始・夏期休業・その他特別な休業以外は、通常平日・土日祝祭日にご覧いただけます。
※予約時にご希望日とご希望時間帯を合わせてお申込みください。
※基本講義の中からお好きな科目をご視聴いただけます。(視聴できる科目は時期により異なります)
※TAC提携校での体験視聴につきましては、提携校各校へお問合せください。

Webで体験
パソコンで講義を体験視聴

TACホームページの「TAC動画チャンネル」で無料体験講義を配信しています。時期に応じて多彩な講義がご覧いただけます。

TACホームページ **https://www.tac-school.co.jp/**

※体験講義は教室講義の一部を抜粋したものになります。

TAC出版 書籍のご案内

TAC出版では、資格の学校TAC各講座の定評ある執筆陣による資格試験の参考書をはじめ、資格取得者の開業法や仕事術、実務書、ビジネス書、一般書などを発行しています!

TAC出版の書籍

*一部書籍は、早稲田経営出版のブランドにて刊行しております。

資格・検定試験の受験対策書籍

- ◎日商簿記検定
- ◎建設業経理士
- ◎全経簿記上級
- ◎税 理 士
- ◎公認会計士
- ◎社会保険労務士
- ◎中小企業診断士

- ◎証券アナリスト
- ◎ファイナンシャルプランナー(FP)
- ◎証券外務員
- ◎貸金業務取扱主任者
- ◎不動産鑑定士
- ◎宅地建物取引士
- ◎マンション管理士

- ◎管理業務主任者
- ◎司法書士
- ◎行政書士
- ◎司法試験
- ◎弁理士
- ◎公務員試験(大卒程度・高卒者)
- ◎情報処理試験
- ◎介護福祉士
- ◎ケアマネジャー
- ◎社会福祉士　ほか

実務書・ビジネス書

- ◎会計実務、税法、税務、経理
- ◎総務、労務、人事
- ◎ビジネススキル、マナー、就職、自己啓発
- ◎資格取得者の開業法、仕事術、営業術
- ◎翻訳書 (T's BUSINESS DESIGN)

一般書・エンタメ書

- ◎エッセイ、コラム
- ◎スポーツ
- ◎旅行ガイド (おとな旅プレミアム)
- ◎翻訳小説 (BLOOM COLLECTION)

書籍のご購入は

1 全国の書店、大学生協、ネット書店で

2 TAC各校の書籍コーナーで

資格の学校TACの校舎は全国に展開!
校舎のご確認はホームページにて

資格の学校TAC ホームページ
https://www.tac-school.co.jp

3 TAC出版書籍販売サイトで

CYBER TAC出版書籍販売サイト
OOK STORE

24時間
ご注文
受付中

TAC 出版　で　検索

https://bookstore.tac-school.co.jp/

新刊情報を
いち早くチェック!

たっぷり読める
立ち読み機能

学習お役立ちの
特設ページも充実!

TAC出版書籍販売サイト「サイバーブックストア」では、TAC出版および早稲田経営出版から刊行されている、すべての最新書籍をお取り扱いしています。

また、無料の会員登録をしていただくことで、会員様限定キャンペーンのほか、送料無料サービス、メールマガジン配信サービス、マイページのご利用など、うれしい特典がたくさん受けられます。

サイバーブックストア会員は、特典がいっぱい!(一部抜粋)

通常、1万円(税込)未満のご注文につきましては、送料・手数料として500円(全国一律・税込)頂戴しておりますが、1冊から無料となります。

専用の「マイページ」は、「購入履歴・配送状況の確認」のほか、「ほしいものリスト」や「マイフォルダ」など、便利な機能が満載です。

メールマガジンでは、キャンペーンやおすすめ書籍、新刊情報のほか、「電子ブック版TACNEWS(ダイジェスト版)」をお届けします。

書籍の発売を、販売開始当日にメールにてお知らせします。これなら買い忘れの心配もありません。

公務員試験対策書籍のご案内

TAC出版の公務員試験対策書籍は、独学用、およびスクール学習の副教材として、各商品を取り揃えています。学習の各段階に対応していますので、あなたのステップに応じて、合格に向けてご活用ください!

INPUT

『新・まるごと講義生中継』
A5判
TAC公務員講座講師
新谷 一郎 ほか

●TACのわかりやすい生講義を誌上で!
●初学者の科目導入に最適!
●豊富な図表で、理解度アップ!

・郷原豊茂の憲法
・新谷一郎の行政法

『まるごと講義生中継』
A5判
TAC公務員講座講師
渕元 哲 ほか

●TACのわかりやすい生講義を誌上で!
●初学者の科目導入に最適!

・郷原豊茂の刑法
・渕元哲の政治学
・渕元哲の行政学
・ミクロ経済学
・マクロ経済学
・関野喬のパターンでわかる数的推理
・関野喬のパターンでわかる判断整理
・関野喬のパターンでわかる
　空間把握・資料解釈

INPUT

『過去問攻略Vテキスト』
A5判
TAC公務員講座

●TACが総力をあげてまとめた
公務員試験対策テキスト

全21点

・専門科目:15点
・教養科目:6点

要点まとめ

『一般知識
出るとこチェック』
四六判

●知識のチェックや直前期の暗記に最適!
●豊富な図表とチェックテストでスピード学習!

・政治・経済
・思想・文学・芸術
・日本史・世界史
・地理
・数学・物理・化学
・生物・地学

判例対策

『ココで差がつく!
必修判例』A5判
TAC公務員講座

● 公務員試験によく出る憲法・行政法・民法の判例のうち、「基本+α」の345選を収載!
●関連過去問入りなので、出題イメージが把握できる!
●頻出判例がひと目でわかる「出題傾向表」付き!

記述式対策

『公務員試験論文答案集
専門記述』A5判
公務員試験研究会

● 公務員試験(地方上級ほか)の専門記述を攻略するための問題集
● 過去問と新作問題で出題が予想されるテーマを完全網羅!

・憲法(第2版)
・行政法

書籍の正誤についてのお問合わせ

万一誤りと疑われる箇所がございましたら、以下の方法にてご確認いただきますよう、お願いいたします。

なお、正誤のお問合わせ以外の書籍内容に関する解説・受験指導等は、**一切行っておりません。**
そのようなお問合わせにつきましては、お答えいたしかねますので、あらかじめご了承ください。

1 正誤表の確認方法

TAC出版書籍販売サイト「Cyber Book Store」の
トップページ内「正誤表」コーナーにて、正誤表をご確認ください。

CYBER TAC出版書籍販売サイト
BOOK STORE

URL:https://bookstore.tac-school.co.jp/

2 正誤のお問合わせ方法

正誤表がない場合、あるいは該当箇所が掲載されていない場合は、書名、発行年月日、お客様のお名前、ご連絡先を明記の上、下記の方法でお問合わせください。
なお、回答までに1週間前後を要する場合もございます。あらかじめご了承ください。

文書にて問合わせる

●郵 送 先　〒101-8383 東京都千代田区神田三崎町3-2-18
TAC株式会社 出版事業部 正誤問合わせ係

FAXにて問合わせる

●FAX番号　**03-5276-9674**

e-mailにて問合わせる

●お問合わせ先アドレス　**syuppan-h@tac-school.co.jp**

お電話でのお問合わせは、お受けできません。